Next 教科書シリーズ

# 法学

[第3版]

髙橋 雅夫 編

弘文堂

## はじめに［第3版］

　本書第2版刊行後に、債権法、相続法などの重要な法改正がなされ、また新たな判例の蓄積も見られるところである。このような改正等に対応するために、今回改訂を行うこととなった。

　今回の改訂においても、第2版以上に、初学者にもわかりやすい適切なものに改めるべく、表記等の再検討を行っている。

　改訂の編集作業においては、第2版同様、弘文堂編集部の世古宏氏より有益なご支援を受けた。ここに改めて、謝意を申し上げたい。

2020年1月

髙橋雅夫

## はじめに［第2版］

　本書は、初学者にとってわかりやすい入門書として企画されたものである。今回の改訂では、その方針に沿って、初学者にとってより適切なものとなるよう、表記等の再検討を行っている。

　また、第2版に際しての改訂においては、初版よりも充実したものとなるよう、新たな執筆者を加えることとした。

　改訂の編集作業においては、初版同様、弘文堂編集部の世古宏氏より有益なご支援を受けた。ここに改めて、謝意を申し上げたい。

2017年1月

髙橋雅夫

# はじめに［初版］

　現代において、法あるいは法律の存在しない社会を考えることはできない。したがって、社会をコントロールする「法」という手段を理解することは、私たちが日常生活を送るうえでも重要なものと考えられよう。本書は、「法」をこれから学ぼうとする初学者にとってわかりやすい入門書として企画されたものである。

　本書をぜひ手にとってもらいたい読者として、大学で講義を受ける学生を主に想定している。その中には、法学部でこれから専門的に法学を学ぼうとする学生だけではなく、他の学部で学ぶ学生も含まれている。したがって、本書は基礎的事項について平易な解説をこころがけている。

　その際、各実定法分野を理解してもらうために、まず法学の基礎的な一般理論の解説を行っている。その後に、憲法に始まり、民法、刑法等の実定法を通説的な立場から説明する構成となっている。また執筆に当たっては以下の点に留意した。

　1.　本文の記述とは別に、個別に詳しく考えてもらいたい点については別に欄を設けて解説を加える。

　2.　各章の理解を深めてもらうために、章末に典型的な問題とその解決の指針を掲載する。

　本書は、各大学において現在活躍中の研究者により分担執筆されたものであるが、読者の方々のご助言・ご批判を得て今後さらに充実したものにしていくことを志すものである。

　末筆ではあるが、本書の出版に当たり、弘文堂編集部の世古宏氏には、有益なご助言や精緻な編集作業を行っていただいた。この場を借りて心より謝意を申し上げたい。

2015 年 1 月

髙橋雅夫

# 目　次 ▌Next 教科書シリーズ『法学』［第3版］

# 略語表

## 法令名 (略号の五十音順)

| | |
|---|---|
| 一般法人 | 一般社団法人及び一般財団法人に関する法律 |
| 会検 | 会計検査院法 |
| 会社 | 会社法 |
| 家事 | 家事事件手続法 |
| 関税 | 関税法 |
| 基監発 | 厚生労働省労基局監督課長の通達 |
| 行審 | 行政不服審査法 |
| 行組 | 国家行政組織法 |
| 行訴 | 行政事件訴訟法 |
| 行手 | 行政手続法 |
| 刑 | 刑法 |
| 刑事収容 | 刑事収容施設及び被収容者等の処遇に関する法律 |
| 警職 | 警察官職務執行法 |
| 刑訴 | 刑事訴訟法 |
| 憲 | 憲法 |
| 検察 | 検察庁法 |
| 戸 | 戸籍法 |
| 公益法人 | 公益社団法人及び公益財団法人の認定等に関する法律 |
| 公選 | 公職選挙法 |
| 国公 | 国家公務員法 |
| 国籍 | 国籍法 |
| 最高裁規 | 最高裁判所規則 |
| 裁 | 裁判所法 |
| 財 | 財政法 |
| 歳弾 | 裁判官弾劾法 |
| 最賃 | 最低賃金法 |
| 自治 | 地方自治法 |
| 商 | 商法 |
| 少年 | 少年法 |
| 食品 | 食品衛生法 |
| 人訴 | 人事訴訟法 |
| 請願 | 請願法 |
| 整備法 | 一般社団法人及び一般財団法人に関する法律及び公益社団法人及び公益財団法人の認定等に関する法律の施行に伴う関係法律の整備等に関する法律 |
| 地公 | 地方公務員法 |
| 知財高裁 | 知的財産高等裁判所設置法 |
| 地税 | 地方税法 |
| 道交 | 道路交通法 |

| | |
|---|---|
| 内 | 内閣法 |
| 内閣府 | 内閣府設置法 |
| 破産 | 破産法 |
| 不登 | 不動産登記法 |
| 弁護 | 弁護士法 |
| 民 | 民法 |
| 民執 | 民事執行法 |
| 民訴 | 民事訴訟法 |
| 明憲 | 大日本帝国憲法 |
| 薬物一部猶予 | 薬物使用等の罪を犯した者に対する刑の一部の執行猶予に関する法律 |
| 有限組合 | 有限責任事業組合契約に関する法律 |
| 労基 | 労働基準法 |
| 労基則 | 労働基準法施行規則 |
| 労基附則 | 労働基準法附則 |
| 労契 | 労働契約法 |
| 労組 | 労働組合法 |
| 労働者派遣法 | 労働者派遣事業の適正な運営の確保及び派遣労働者の保護等に関する法律 |

## 判例

| | |
|---|---|
| 大判 | 大審院判決 |
| 最大判（決） | 最高裁判所大法廷判決（決定） |
| 最判（決） | 最高裁判所判決（決定） |
| 高判（決） | 高等裁判所判決（決定） |
| 地判（決） | 地方裁判所判決（決定） |

## 判例集

| | |
|---|---|
| 刑録 | 大審院刑事判決録 |
| 民録 | 大審院民事判決録 |
| 刑集 | 最高裁判所刑事判例集 |
| 民集 | 大審院民事判例集、最高裁判所民事判例集 |
| 集民 | 最高裁判所裁判集民事 |
| 下民集 | 下級裁判所民事裁判例集 |
| 判時 | 判例時報 |
| 労判 | 労働判例 |

## 本章のポイント

1. 法というと堅苦しいイメージがあるが、私たちが日常生活を送るうえで必要不可欠なものであることを理解する。

2. 法を学ぶということは、将来的に裁判官、検察官、弁護士といった法曹の仕事に就く者だけに求められることではない。いわゆるリーガルマインドは、多くの人に身につけてもらいたい思考方法である。

3. 普段私たちが用いている言葉でも具体的に法律などを読むときには注意しなければならないものがある。決して分かりづらいものではないが、そのような用語があることを理解しておくことが重要である。

4. 以前であれば法律の条文や判例を調べようと思うと、書籍に当たらなければならなかったが、最近はインターネットを利用して簡単に調べることができる。条文や判例は自分で必ず確認することが重要である。

# 1 法と私たち

　私たちはおそらく子どもの頃から、法あるいは法律といった社会のルールがあることを知ってはいる。皆知ってはいるが実際、日常生活においてそのようなルールを絶えず意識して暮らしているわけではないであろう。しかし、時にはそのようなルールがあることに気づかされることがある。ここでは、次のような例を見てみよう。

　最近の日本では、昔ながらの犬や猫のほかに、プレーリードッグ、ミーアキャット、オオハシ、ヘビ、ワニ、カメレオン等々、驚くほど多くの種類のペット（犬などはコンパニオン・アニマルと呼ばれることもある）が飼われている。何か自分も目立つ動物を飼いたいと思い、動物園に行ってみたらライオンを気に入ってしまった人がいるとする。ぜひともあのふさふさしたたてがみのあるライオンを連れて、銀座の歩行者天国の中を歩いてみたい。そこでペットショップを覗いてみたけれど、子猫や子犬はいるのにかわいい子ライオンはいないし、お店の人に尋ねてみると「ライオンを飼うのは難しいですよ」と言われてしまった。この人はライオンを飼えるだろうか。

　まずライオンのように外来の動物を飼う場合には、ワシントン条約（絶滅のおそれのある野生動植物の種の国際取引に関する条約）や種の保存法（絶滅のおそれのある野生動植物の種の保存に関する法律）が関係する。すなわち、原則、「希少野生動植物種の個体等は、譲渡し若しくは譲受け又は引渡し若しくは引取りをしてはならない」（種の保存法12条）のである。たとえば、インドライオンはワシントン条約の附属書I（種の保存法施行令別表第二）にリストアップされていて、絶滅のおそれのある種であって取引による影響を受けておりまたは受けることのあるものに該当している。このような動物の取引が認められるのは例外的な場合に限られている（同条約3条）。その他のライオンは、ワシントン条約附属書IIにリストアップされ、現在は必ずしも絶滅のおそれはないが、取引を規制しなければ絶滅のおそれのあるものに該当している。このような動物は商業目的の取引は可能であるがさまざまな規制を受ける（同条約4条）。

　さらに、実際にライオンを飼う際にはクリアすべき点がまだまだある。動物愛護管理法（動物の愛護及び管理に関する法律）26条は、「人の生命、身体又は財産に害を加えるおそれがある動物として政令で定める動物（以下「特定動物」という。）の飼養又は保管を行おうとする者は、環境省令で定めるところにより、特定動物の種類ごとに、特定動物の飼養又は保管のための施設の所在地を管轄する都道府県知事の許可を受けなければならない」と規定している。動物愛護管理法のこの規定を受けて、動物愛護管理法施行令2条は「法第26条第1項の政令で定める動物は、別表に掲げる種（亜種を含む。）であつて、特定外来生物による生態系等に係る被害の防止に関する法律施行令別表第一の下欄に掲げる種（亜種を含む。）以外のものとする」と規定し、ライオンは、別表では「ねこ科ヒョウ属全種」の中に含まれている。

　ライオンを飼おうとしている人が東京都に住んでいれば、東京都動物愛護管理条例（東京都動物の愛護及び管理に関する条例）17条が「法第26条の許可を受けようとする者は、あらかじめ、法施行規則第15条の申請書に、規則で定める施設の基準を満たすことを証する書類を添えて、特定動物の種類ごとに知事に申請しなければならない」とされる。犬小屋のような簡単なもので飼おうと思ってもそうはいかない。飼育する施設に関しては、さらに動物愛護管理法27条、同法施行規則17条、東京都動物愛護管理条例施行規則7条及び別表、特定飼養施設の構造及び規模に関する基準の細目（平成18年環境省告示21号）、特定動物の飼養又は保管の方法の細目（平成18年環境省告示22号）が詳細な規定を設けている。

　ここまでくると、おそらくライオンを飼おうと思う気はほとんど失せてくるだろう。しかし、なぜこのような詳細な規定がライオンの飼育に関しておかれているのだろうか。現実にライオンを飼おうとする人が隣に住んでいたら、多くの人はきっと「ぜひ、やめてもらいたい」と思うだろう。時折、新聞報道などで大型犬が犬舎を抜け出して人に危害を加えた記事を目にするが、ライオンが逃げ出したら、その被害は大型犬の比ではない。

　ライオンが絶滅から守られるべき存在であることを前提として、飼いたいと思う人、町中にライオンなど闊歩して欲しくはないと思う人さまざまな思いがある。そのような利害を調整するために、上で見たような規定が設けられているのである。

　このような利害調整は、お金の貸し借り、暴力事件、交通事故等々、日常生活のいたるところで図られている。また現代の科学技術の進歩によって、3Dプリンタで銃を製造できたり、生殖についてもこれまで想像もしなかった問題が生じている。利害調整が円滑に行われるためのルールとして、法あるいは法律といったものが必要とされているのである。このような日々生起する問題を、社会全体にとってプラスになるように解決することが求められている。

　なお、この章では、法と法律をあまり区別せずに述べている。法と法律などの違いは、次章以降で述べられているのでそちらを参照してもらいたいが、個々の法律を検討する前提として、法の理念や法哲学なども、私たちと法を考えるうえで重要なものであることを理解しておいてもらいたい。

## 2　法と論理的思考

　法を学ぶ目的は何かという問いかけに対して、必ずといっていいほど「リーガルマインド（legal mind）」の養成ということがいわれる。そういわれてしまうと、初めて法を学ぼうとする者は、リーガルマインドって法的思考ぐらいの意味かなと、分かったような分からないような納得をしてしまう。また、憲法や法律の条文を数多く覚えれば、そのような思考方法は自ずと身につくのだろうとも考えるかもしれない。

　確かに最低限必要な知識は覚えなければならないけれども、法学はけっして暗記科目ではない。現実に発生する事件に対して、当事者（場合によっては国民全体を含めて）が納得するような解決を図るために法を道具として使うのである。

　Aさんが何らかの理由で他人を死に至らしめてしまったとする。長年の恨みを晴らそうとしてAさんが人を殺した場合、刃物を持った暴漢に襲われたAさんが持っていたバットを振ったら暴漢にたまたま当たった場合、Aさんが自動車を運転中に脇道から急に自転車が飛び出しブレーキをかけても間に合わず轢いてしまった場合など、Aさんの行為により「人

が死んだ」という事実は同じである。この「人が死んだ」という事実だけで、Ａさんに対していかなる刑罰を科すのかが決まるのだろうか。私たちの日常感覚からすると、すべての場合が同じ刑罰ではまずいだろうなと考えると思う。

　おそらくこのような感覚がリーガルマインドの出発点であろう。さまざまな要素を考慮に入れて、多くの人が納得する結論を導き出すことが必要なのである。また、その結論を導き出す過程が論理的なものでなければ、多くの人が納得するとは限らない。突拍子もない考えあるいは屁理屈ではなく、一面的と思われることのない論理的な思考に基づいた結論が求められるのである。

　すなわち、リーガルマインドとは、バランス感覚を伴った論理的思考に基づく柔軟な発想といえよう。このように言い表せば、リーガルマインドは、何も法学を学ぶ者だけに求められることではないことがわかるだろう。ともすると、法を学ぶことが堅苦しいものと考えられがちであるが、けっしてそうではない。

# 3　法律の読み方・探し方

## A　法律の読み方

　私たちがいざ実際に制定されている法律を読もうとするとき、一体何を規定しているのか１回読んだだけではわからず、思わず開いていた六法を閉じてしまいたい気分になるかもしれない。しかし、法学に限らずどの学問領域においてもまず修得すべき約束事は存在するわけで、法律がいかなるルールで書かれているかを身につけることは、法を学ぶうえで重要である。以下の国家公務員法の条文をみてもらいたい。

第２条　国家公務員の職は、これを一般職と特別職とに分つ。
2　一般職は、特別職に属する職以外の国家公務員の一切の職を包含する。
3　特別職は、次に掲げる職員の職とする。

> 一　内閣総理大臣
>
> 二　国務大臣
>
> 三　人事官及び検査官
>
> （以下、略）

　条文は、条・項・号によって構成される。国家公務員法2条は、国家公務員の一般職と特別職の区分に関して規定するが、法律の内容を分類しこのように理解しやすくするために「条」が置かれる。

　さらに、1つの条の中を、内容により細分化する場合には「項」に分ける。1・2・3などの項番号がつけられるが、通常は2項以下に項番号をつける。そのため、国家公務員法2条では第1項の「国家公務員の職は、これを一般職と特別職とに分つ。」という文章の前に項番号はつけられていない。ただし、市販の六法では項を①、②などのように◯数字で表すこともあり、また第1項にも数字が振られることが多い。

　条や項の中で、多くの事項を列記する場合には「号」を用いる。号は、一・二・三のように漢数字で表され、さらに細分化する際には、イ・ロ・ハなどが用いられる。

　このような法律の形式的な構成については、それほど戸惑うこともないと思われるが、私たちが日常用いる言葉が条文中で用いられる場合には、若干その用法に注意すべきものがある。いくつかその例を挙げてみよう。

　「又は」と「若しくは」は、「A又はB」、「A若しくはB」というように、どちらもAかBかという選択肢を示すものとして日常用語では用いられ違いはない。しかし、条文の中で用いられるときには、AかBかCかというように並列的な接続の場合には、「法令又は条約」とか「人種、信条、性別、社会的身分又は門地」というように「又は」が用いられる。条文の内容が複雑になり2段階以上になると、「若しくは」が用いられ小さい接続を示すものとされる。「都道府県の支庁若しくは地方事務所又は市町村の支所」は、「都道府県の支庁若しくは地方事務所」と「市町村の支所」が大きい接続として並べられ、小さい接続として都道府県の「支庁」と「地方事務所」が並べられている。

　「及び」と「並びに」も日常用語として、「A 及び B」、「A 並びに B」というように A も B もという意味で用いられる。条文の中では、単純に A も B も C もというような場合には、「自由及び権利」とか「省、委員会及び庁」というように「及び」が用いられる。条文の内容が 2 段階以上になると、「並びに」が大きい接続に用いられる。「処分、行政指導及び届出に関する手続並びに命令等を定める手続」は、「処分、行政指導及び届出に関する手続」と「命令等を定める手続」が大きい接続として並べられ、小さい接続として「処分」と「行政指導」と「届出」が並べられている。

　また、「その他」と「その他の」というような一見何の違いもないような言葉も、条文の中では異なったものとして用いられている。「A、B その他の C」といった場合、A と B は C に含まれる例示的なものとなる。「初任給、昇給その他の俸給」のように、初任給や昇給は俸給に包含される例として挙げられていることとなる。一方、「A、B その他 C」といった場合、A、B、C はそれぞれ別個独立したものが並列関係にある。「勤続期間、勤務能率その他勤務に関する諸要件」と規定されていると、勤務期間、勤務能率、勤務に関する諸要件は並列関係にあることとなる。

　このほかにも注意すべき法律用語はあるが、実際に法律を読む機会が増えると条文を慎重に読み進めるようになるし、気になる用語があれば法律学辞典などで必ず確認する習慣をぜひ身につけてもらいたい。

## B　法律の探し方

　国の法令は「官報」に掲載して公布する方法が実際上とられている。地方公共団体の条例は「公報」に掲載するなどの方法で公布されている。このような法令を探す際には、市販のいわゆる六法に当たることになる。また最近は国、地方公共団体が提供する法令のデータベースを利用できる。インターネットによって一般に提供される国のデータベースとしては、e-Gov 法令検索（https://elaws.e-gov.go.jp/search/elawsSearch/elaws_search/lsg0100/）がある。また、明治 19 年 2 月公文式施行以降の省令以上の法令について制定・改廃経過等の情報を検索できる、国会図書館のデータベースである日本法令索引（http://hourei.ndl.go.jp/SearchSys/）も廃止・失効となった法令も検索でき有用である。

# 4 判例の読み方・探し方

## A 判例の読み方

　AさんがBさんにお金を貸したけれども期限を過ぎても返してくれない。このような紛争は私たちの身の回りにはよくある話である。まずは紛争の当事者であるAさん、Bさんによる話し合いによって解決されることが望まれるけれども、必ずしも当事者間の話し合いで解決されないこともある。その際には、紛争には直接関係のない第三者が間に入って解決を促すことが考えられる。Aさんが必ず自分のお金を取り戻したければ、裁判所に訴訟を提起するという解決方法もある。

　裁判所によって当事者の請求の適否について終局的な判断が判決によって示されると、当事者はこの裁判所の判断に従わなければならない。その意味で、裁判による紛争解決は強制的なものであるといえよう。

　このように示された判決などの中には、後の同様の裁判においても尊重されるべきルールとして考えられるものが存在する。そのような拘束力のあるルールのことを判例という。具体的に事件を解決する際に適用される法に複数の解釈が存在する場合、あるいは適用すべき法に欠缺があるような場合などに、裁判所によって何が法であるのかが示されることから判例は重要な意義を持っている。したがって、法を学ぶ際には、ただ条文を調べればよいわけではなく、このような先例としての判例についても学ぶ必要があるといえる。

　判決文は、判決の結論部分である主文と、その結論にいたるために不可欠な基礎となった説明部分である判決理由とに大きく分けられる。主文においてどのような判断が裁判所によって示されているのかということも重要であるが、判例は判決理由の中で裁判所によって示された法律上の判断である。

　法律上の論点に対していかに結論にいたるのかを考える前提として、まず事件の事実関係を知る必要がある。この事実関係については、最高裁判所の場合、判決の理由中に示されていないことが多いので、その事件の第一審、二審の判決に当たらなければならない。そのうえで、法律上の論点

が何であるのかを把握しなければならない。

　このように判例を読むということは、まさしくリーガルマインドとされる論理的思考を養うことに大いに資するものがあるといえよう。

## B　判例の探し方

　それでは、自分が調べたい事案に関連した判例はどのように探せばいいのだろうか。学習用の判例集が憲法、民法等の分野ごとに市販されているので、まずはそのような書籍を手にとって、判例を探してみよう。多くの市販の判例集には判例の理解に役立つ解説部分があるので、そのような箇所にも目を通しておくべきである。また、最高裁判所から公式の判例集として、最高裁判所民事判例集、最高裁判所刑事判例集が出されている。

　しかし、このような紙媒体の書籍の判例集は、裁判が行われてから掲載されるまで若干の時間がかかる。その間にも、裁判所は多くの裁判を行っているのであり、たとえば今日の新聞に掲載されていた裁判をすぐ知りたいと思っても、書籍によるのであればなかなか難しいこととなってしまう。

　最近では、このような場合、最高裁判所のウェブサイトで裁判例情報（http://www.courts.go.jp/app/hanrei_jp/search1）を検索することもできるし、いくつかの出版社は裁判例のデータベースも提供しているので、学習の際に役立つものと思われる。

## 知識を確認しよう

・・・・・・・・・・・・・・・・・・・・・・・・・・・・・・

**問題**

(1) 法律用語としての「悪意」と「善意」について述べよ。

(2) 地方自治法242条1項の条文を見て、普通地方公共団体の住民が、いかなる場合にどのような措置を請求できるのか述べよ。

**解答への手がかり**

(1) 法律学辞典などを調べて、法律で用いられるテクニカルタームには、日常生活において私たちが用いているのとは異なる意味があることに注意する。

(2) 条文中に現れる「又は」、「若しくは」などの接続詞に注意して、いくつかのグループに分けることがポイントである。とにかく、多くの条文を自分で見ること、あるいは音読してみることで、堅いと思われている法律の条文に一日でも早く慣れ親しむことが重要である。

## 本章のポイント

1. 法は社会秩序を生み出し、それを支える社会規範の一種である。規範の特徴は、当為の法則である。

2. 法は行為規範、裁判規範、組織規範の複合的立体的構造と捉えられ、道徳には個人道徳、社会道徳がある。

3. 法と道徳の区別基準として、「法の外面性・道徳の内面性」「法の対他性・道徳の対自性」「合法性・道徳性」「法の他律性・道徳の自律性」が挙げられているが、法と社会道徳との区別の説明としては不十分である。

4. 法的強制は定型化・制度化している点で、不定型である道徳的強制とは異なっている。

5. 法的関係は、日常生活を権利・義務関係に構成することである。権利には、公権・私権・社会権などがある。

# 1 法と社会秩序

## A 社会秩序の必要性

　古来、「人間は、社会的動物である」と言われている。この命題は、われ
われ人間が、社会の中で生まれ育ち、社会を維持しながら生きていかなけ
ればならない存在であることを意味している。それゆえに、われわれが生
活している社会を平和的に維持していくためには、社会の構成員の行動や
相互作用に一定の関係性ないし規則性、すなわち、社会秩序が存在してい
ることを必要とする。この社会秩序に混乱が生じているならば、社会その
ものの存続は不可能となってしまうであろう。そして、このような社会秩
序を生み出し支えるものが、社会規範である。法は社会規範の一種であり、
道徳や慣習なども社会規範として社会存続のために協働している。

## B 規範の当為性

　規範とは、存在（Sein〔独〕, is〔英〕）の法則に対して当為（Sollen〔独〕, ought
to〔英〕）の法則と言われている。存在の法則とは、存在事象を説明する法
則であり、その例として、「鉄を熱したならば、膨張する」というような自
然法則が挙げられる。それに対して、当為は、「そうすべし」、「そうしなけ
ればならない」、「そうしてはならない」と表現される。存在の法則はそれ
に反する事象があれば、その法則は不完全とされ、修正されることになる
が、規範はむしろ例外や違反を予想して初めて存在意義を有する。

# 2 法と道徳

## A 法と道徳の問題

　法と道徳は、社会規範の一種として、社会秩序を維持するために相互に
依存し合い、不可分の協力関係に立っている。しかしながら、両者はまた、
それぞれ異なった存在根拠に基づき、自立した領域を形成し、ときには対

立と矛盾さえも生じている。たとえば、「人を殺してはならない」という規範のように、法と道徳は基本的に重なり合うなど深い関連を有している。その一方で、右側通行か左側通行かに関わる交通法規などは道徳とは無関係であったり、「借りた物は返さなければならない」という道徳は、消滅時効の法規（民166条以下）と対立するようにさえみえる。そこで、法と道徳とを対比し、両者の相違・牽連（けんれん）の関係を明らかにしようとするテーマが、法と道徳という問題である。

## B　法の観念（行為規範・裁判規範・組織規範）

まず初めに、法と道徳の一般的な観念を確認しておこう。

法を有機的な全体的体系として見た場合、法は行為規範、裁判規範、組織規範の複合的な立体構造として把握することができる。行為規範は、「人を殺してはならない」というように、一般私人に対して、彼らの行為を直接的に指図する規範である。裁判規範は、刑法199条「人を殺した者は、死刑、無期若しくは5年以上の懲役に処する」というように、行為規範が破られた場合に備えて、裁判官に対して、紛争を裁決し、違法行為を制裁するための基準を規定している規範である。そして、組織規範は、法共同体の公的機関（国会・内閣・裁判所など）の組織の在り方、それらの権限、その行使の基準を規定している規範（憲41条・65条・76条など）である。

## C　道徳の観念（個人道徳と社会道徳）

道徳とは、善悪という観点から見た人間の行為を対象とし、人としての資格において要求される行為やそれを動機付ける指図内容を有する規範である。道徳の目的は、「完全な人間を築き上げること」、すなわち、「人間の人格的完成」であるとされる。それゆえに、道徳は、人間の内面的意思のみならず、外面的行為にも深い関心を抱いている（道徳の「全面性」）。ところで、そのような道徳にも多様なものが考えられる。その中でも「個人道徳」と「社会道徳」の区別が重要視されている。個人道徳は、内面的意思に重点を置き、理想的人間像を想定し、そこから要求される平均以上の高いレベルの指図内容をもち、個人の良心によってその遵守が保障されている規範である。たとえば、「汝の敵を愛せよ」という聖書にある道徳や法隆寺の

玉虫厨子に描かれている捨身飼虎図に見られる自己犠牲の精神を求める道徳が挙げられる。それに対して、社会道徳は、主として社会の構成員相互の外面的行為を規制し、現実的人間像（平均人）を想定し、そこから要求される指図内容をもち、その時々の社会で一般的に受容・共有され、一定の社会的非難によって裏打ちされている道徳である。たとえば、「人を殺してはならない」、「約束は守らなければならない」という道徳がそうである。

　法を裁判規範や組織規範を含めて把握するならば、そこには法と道徳との明確な相違が存在している。というのも、裁判規範や組織規範は、道徳には観念されていないものだからである。すなわち、道徳は、「他人の物を盗んではならない」と指図はするが、裁判規範のように「他人の物を盗んだ者は、これこれの刑に処すべし」と語ることはないからである。したがって、道徳と対比される法は、「行為規範としての法」ということになろう。

## Ｄ　近代における法と道徳の分離論

　法と道徳の相違が明確に意識されてきたのは、近代以降のことである。それ以前は、法と道徳等の社会規範は、未分化のまま、宗教意識に浸透されながら渾然一体化していたと言われている。そして、近代に入って、啓蒙期自然法論者であるトマジウス（Thomasius, Christian）が、「法の外面性・強制可能性」と「道徳の内面性・強制不可能性」という定式で法と道徳の分離論を唱え、それが以下のように形を変えて主張されている。

### [1]「法の外面性」と「道徳の内面性」

　法は、もっぱら他者に向けられた外面的行為を評価規律する（法の外面性）のに対して、道徳は、もっぱら人間の内面的意思を評価規律する（道徳の内面性）という見方である。たとえば、法において、ある人が「人を殺したい」と思ったとしても、そう思っただけでは法的評価の対象にはならず、実際に人を殺したかどうかという外面的行為だけが評価規律の対象となる。それに対して、道徳の場合は、ある人が「人を殺したい」と思ったこと自体を評価規律の対象としていることから、そう思ったこと自体を「あるまじきこと」として非難するのである。

　この区別に対しては、法も人の内面的意思を考慮することもあるし、道

徳もまた内面的意思だけではなく、外面的行為をもその評価対象にしているという批判がある。たとえば、刑法では、法律に特別の規定のある場合（刑 210 条過失致死罪等）を除いて、罪を犯す意思、すなわち故意のある場合のみが処罰の対象とされ（刑 38 条 1 項）、人の内面的意思が法的に重要な意味を持っている。他方で、道徳の場合にも、善き意思を抱いたとしても、それが善き行為として現れなければ、その意思は道徳的に見ても価値が低いものと評価されてしまい、その意味で外面的行為に関わっている。

　そこで、法の外面性と道徳の内面性の区別を、「関心方向」の区別と捉える主張がなされた。それによると、法は、内面的意思が問題とされている場合にも、それがどのような行為になって現れたかに主たる関心を向けているのに対して、道徳は、外面的行為が考慮されたとしても、その主たる関心は行為者の内面的意思に向けられている。この区別は、両者の「関心方向」の区別として、依然として維持できるとも考えられている。

## [2]「法の対他性・社会性」と「道徳の対自性・個人性」

　法の規律の目的は、社会的交渉関係における人間の行為であるから、その規律は、行為者以外の他者にも向けられている（法の対他性・社会性）とするのに対して、道徳は、もっぱら個人の人格的完成の立場から個人の生活自体を評価の対象にしている（道徳の対自性・個人性）という見方である。法においては、法的義務に対応する他者の権利が規律されている。たとえば、お金の借主（義務者）の借金返済債務（義務）は、それに対応するお金の貸主（権利者）の貸金返済請求権（権利）が存在する。それに対して、道徳的義務には、それに対応する権利者は存在しない。あえて述べるならば、道徳的義務には、良心に対する義務という象徴的相手を想定せざるを得ない。

　この区別に関しては、法と道徳いずれにも批判がなされている。すなわち、法にも法的権利者と法的義務者が具体的に想定されていないものも存在している。たとえば、憲法 25 条の生存権の規定は、個々の国民に対して裁判を通じて請求できる具体的権利を保障したものではない、と説明されている。道徳に関しても、個人道徳は別にして、「借りた物は返さなければならない」という社会道徳は、それが働く場所はまさに「人と人との間柄」であって、やはり返すべき相手方が想定されているとも言えるのである。

### [3]「合法性（Legalität）」と「道徳性（Moralität）」（カント）

　法は、行為の動機を全く問題にせず、その行為がただ単に規範に合致していればそれで満足する（「合法性」）のに対して、道徳は、その行為の動機それ自体が問題とされ、純粋な義務意識（動機の純粋性）からその行為が為されていることを必要とする（「道徳性」）という見方である。たとえば、「合法性」の場合、ある人が、どのような動機を抱いていたとしても、他人の物を盗まなかったという行為は、「他人の物を盗んではならない」という規範には合致しているので、「合法的」であると言える。それに対して、「道徳性」の場合、彼がその物を盗まなかったという行為が、純粋な義務意識から、つまり、「人として盗まないのが当然であるから、盗まない」と本心から思わなければ、彼の行為は「道徳的」とは言えないのである。

　この区別に関しては、一般的な道徳意識の立場から見るならば、道徳の性格付けがあまりにも厳格すぎるという批判がなされている。すなわち、嫌悪すべき偽善のような場合は別にして、ある行為が道徳に適った行為のように見える場合に、その行為が純粋な義務意識の他に、尊敬する人物の教えに多少なりとも他律的に従っていたとしても、その行為の道徳的価値が全く無くなるとは考えられないであろうというのである。

### [4]「法の他律性」と「道徳の自律性」

　法は、他者の意思として外部から義務付ける（法の他律性）のに対して、道徳は、個人の自律的意思によって内部から義務付ける（道徳の自律性）とする見方である。この区別は、「法の強制可能性」と「道徳の強制不可能性」とも関連する。すなわち、法は、その遵守を内面の義務意識に求めることはしないのであるから、外部からの強制によって行為を規範に合致させることができると考える（法の強制可能性）。それに対して、道徳は、内面の純粋な義務意識に基づいて自発的に行為が為されることを求めるのであるから、外部からの強制はそもそもありえない（道徳の強制不可能性）と考える。

　この区別に関しては、近代以降において、法がその遵守を国家権力によって「他律的に」保障していることから、今日多くの人々によって法を他の社会規範と区別する最も決定的な特徴として考えられている。しかしながら、個人道徳は別にして、社会道徳においても、道徳的非難は世間とい

う外部からの圧力（強制）によって為され得るものであろうから、その点で「他律的」であるとも言える。しかし、この点は、法と強制の問題とも関わるので、次節で改めて検討する。

## [5] 法と道徳の関係

法と道徳の関係を2つの円で図式化すると、右のようになるであろう（図2-1）。

両者の重なり合う部分が、道徳の側では、社会道徳であり、他方、法の側では、「行為規範としての法」である。また、法の部分で道徳とは重ならない部分は、裁判規範、組織規範、あるいは交通法規等にあたる。

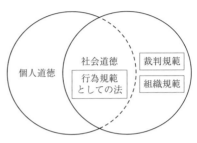

図2-1　法と道徳の相互関係

さらに、道徳の部分で法と重ならない部分は、個人道徳となる。

ところで、法と社会道徳が重なっている部分は、どのような関係になっているのであろうか。法を遵守させるためには、単なる強制手段だけでは巧くいかない場合もあろう。というのも、犯罪行為を抑止するために、法で重罰を科したとしても、法の網を巧みにかいくぐる者も少なくないからである。したがって、法を遵守させるためには、強制の手段だけではなく、法に従わなければならないという義務意識から法を遵守するという遵法精神が、法の遵守の頼みの綱ということになる。この点で、道徳が法の遵守をバックアップしているとも言えるのである。それゆえに、社会が平和的にかつ安定的に維持されるためにも法の内容と道徳の内容が概ね重なっていることが必要とされる。ところで、道徳的には本来無関係な内容が、法によって規定されると、それが道徳的義務に転化してゆく場合もある。たとえば、前述の歩行者の右側通行の交通法規が、「交通道徳」とも呼ばれるようになったことがその例として挙げられるであろう。他方で、道徳もまた、司法的決定をする上で、信義誠実の原則（民1条2項）、公序良俗（民90条）等の一般条項の解釈・適用を通して、法の中に組み入れられている。

## 3　法と強制

### A　法と強制の問題性

　19世紀ドイツの法学者であるイェーリング（Jhering, Rudolf von）は、「強制を欠く法は、それ自身において矛盾であり、燃えない火、輝かない光である」と述べた。この命題は、法と強制が必然的関連を有していることを意味している。しかしながら、道徳や他の社会規範においてもその規範が守られなかった場合には、さまざまな強制ないし制裁（以下、強制とする）が伴っている。たとえば、以前には、地域社会のしきたり（道徳・慣習）を破る者に対して、葬式と火事の2つの場合以外は一切助け合わないという厳しい制裁手段（村八分）が採られていた。これは明らかに強制の一種であり、場合によっては法が想定している強制手段よりも厳しいものと考えられる。そこで、本節では、法の強制とその他の社会規範の強制とでは、どのような点が異なっているかを見ることにしよう。

### B　法的強制の諸形態

　まず初めに、わが国の現行法に即して法的強制の諸形態を概観してみよう[1]。そこには、法的強制として観念されるものに多様な形態とその特徴が見出せる。

①既になされた犯罪行為や不法行為に対するサンクション（制裁）。

　死刑、無期および有期懲役、罰金などの犯罪に対する刑罰（刑9条、刑199条等）、民事上の不法行為に対する損害賠償（民709条）、公務員の義務違反に対する懲戒罰（国公82条、地公29条）などが挙げられる。

②犯罪防止を目的とする一定の心理的・物理的強制。

　犯罪がまさに行われようとしている時に、警察官によって行われる警告や制止（警職5条）などである。

③義務が履行されなかった場合に、権限のある機関の決定に基づき、一定の手続きにより実力を行使して義務履行があったものと事実上同じような状態を実現させる作用。

　金銭債務または特定物引渡債務が履行されていない場合の強制執行（民

執143条以下、同168条以下）、税金を滞納した場合の強制徴収（国税徴収法47条以下）などである。

④司法機関等が、債務を履行しない義務者に対し、一定の期間内に義務を履行しなければ、一定の不利益が科せられるべきことを予告することで、心理的に圧迫し、自発的に義務履行を促すもの。

　　民事執行法上の間接強制（民執172条）などである。

## C　法的強制の定義

　以上のように法的強制の多様な形態を見てきたが、そこには必ず法によって強制の仕方が具体的に、かつ詳細に規定されていることが分かるであろう。したがって、その点を踏まえて法的強制を特徴付けると、次のように説明されている。すなわち、法的強制とは、「法の実効性確保のために、違法行為（又は法的に望ましからざる事態）の事前・事後にとられる強制力行使であり、そしてそれは、強制主体、強制対象、強制作用発動の要件、強制作用の種類・手続き等の諸点で、多かれ少なかれ定型化され制度化されている」[2)]ということである。要するに、法的強制が定型化、制度化されている点に法の特徴を捉えるのである。それに対して、道徳的強制は、法的強制よりもはるかに厳しい社会的非難がなされることもたびたび見受けられるが（嘲笑、流言、デマ、仲間外れ等々）、原則として無定型であるゆえに、いつまでも際限なく続いたり、エスカレートしてしまうこともある点で、法的強制とは異なるのである。

# 4　権利と義務

## A　生活関係と法的関係

　法は、多種多様な生活関係を規律する。このことは、生活関係が法的関係に構成されることであり、それはすなわち、権利と義務との関係に置き換えられることを意味する。たとえば、甲が、自分の家を乙に売る意思を表示し（申し込み）、それに対して、乙が甲に対してそれを買う意思を表示し

た（承諾）とする。この関係は、民法 555 条の規定に基づき、甲と乙との間に売買契約が成立したと解され、その結果、甲（売主）に代金を請求する権利（債権）が、乙（買主）には代金を支払う義務（債務）が発生するとともに、甲（売主）は乙（買主）にこの家の所有権を移転する義務（債務）を負い、乙（買主）は甲（売主）に対してこの家の所有権の移転を請求する権利（債権）を有することになる。ところで、近代法は、権利本位の法体系として成立していることから、本節では、権利について説明する。

## B　権利の本質論：意思説・利益説・法力説

　権利とは何かという問題に対して、権利は法によって付与された意思の力とする意思説（ヴィントシャイト）と権利は法によって保護された利益とする利益説（イェーリング）が主張された。意思説に対しては、意思能力に欠ける幼児や心神喪失者などが権利を取得しうるという事態を説明しきれていないという批判がなされる一方で、利益説に対しては、利益は権利の目的であって、利益それ自体は権利ではないとして、権利の目的と本質を混同しているといった批判がある。さらに、一定の社会的利益を享受するために一定の資格を有する者に認められた法的な力（手段）であるとする法力説が主張されている（メルケル）。この法力説によると、意思能力を認められていない者でも権利を有することができるだけではなく、また利益を要素としないことに利点があるとの指摘がある。

## C　権利の種類：公権・私権・社会権

　権利はいろいろな基準によってさまざまに分類することができる。ここでは、権利が関係する生活関係の種類によって分類してみよう。
**(1) 公権**　これは公法的な関係に関連する権利であり、公法上の権利とも呼ばれている。国家がその存立のために有する権利および国民に対して有する権利（国家公権）と、国民が国家に対して主張することができる権利（国民公権）がある。前者には、立法権・行政権・司法権・刑罰権などが、後者には、選挙権（憲 15 条）、平等権（憲 14 条）、自由権（憲 20 条など）などのように、憲法によって保障されている各種の基本的人権が挙げられる。
**(2) 私権**　これは私的な生活関係に関連する権利であり、私法上の権利と

も呼ばれる。それは、人格権、財産権、身分権に分類される。

①人格権は、人間の存在そのものと切り離すことができない権利であって、生命・身体・自由・名誉・氏名・肖像・信用などの利益について保護を求める権利などがそれにあたる。

②財産権は、経済的価値を有し、取引きの対象となりうる権利であって、所有権（民206条）、地上権（民265条）などのように直接的に物を支配することができる物権、特許権や著作権などの知的財産権、一定の人が一定の人に一定の給付を請求することができる債権などがある。

③身分権は、親族関係に関連する権利であって、親権（民818-837条）や親族の扶養請求権（民877-881条）などがそれに該当する。

**(3) 社会権**　これは20世紀の人権と呼ばれるもので、資本主義の発展によって生じた社会的弊害（失業・貧困・労働条件の劣悪化）から社会的・経済的弱者を保護するために保障された人権である。たとえば、生存権（憲25条）、教育を受ける権利（憲26条）、勤労の権利（憲27条）、労働者の団結権、団体交渉権、団体行動権を内容とする労働基本権（憲28条）などが挙げられる。

### コラム　判決に見る法と道徳問題

　法と道徳問題で、興味深い判決が出された。その判決は、尊属殺重罰規定違憲判決（最大判昭和48・4・4刑集27巻3号265頁）である。本件は、改正前刑法200条尊属殺重罰規定が憲法違反かどうかが争われた事件である。最高裁は当該規定を違憲と判断したものであるが、ここでは法と道徳の関連についての考えだけを取り上げる。

　多数意見によれば、「尊属に対する尊重報恩は、社会生活上の基本的道義というべく、このような自然的情愛ないし普遍的倫理の維持は、刑法上の保護に値するものといわなければならない（筆者による傍点）。しかるに、自己または配偶者の直系尊属を殺害するがごとき行為はかかる結合の破壊であつて、それ自体人倫の大本に反し、かかる行為をあえてした者の背倫理性は特に重い非難に値するということができる。……このことを類型化し、法律上、刑の加重要件とする規定を設けても、……憲法14条1項に違反するということもできないものと解する。」すなわち、多数意見は、刑法の任

務は、道徳を守るべきものであり、尊属に対する尊重報恩は「人倫の大本」、「社会生活上の基本的道義」であるがゆえに、刑法の保護に値すると考えている。

　それに対して、田中二郎裁判官らによる少数意見によれば、「私〔田中二郎〔筆者挿入〕）も、……子が親を尊敬し尊重することが、子として当然守るべき基本的道徳であることを決して否定するものではなく、……それは、まさしく、個人の尊厳と人格価値の平等の原理の上に立つて、個人の自覚に基づき自発的に遵守されるべき道徳であつて、決して、法律をもつて強制されたり、特に厳しい刑罰を科することによつて遵守させようとしたりすべきものではない（筆者による傍点）」と述べている。田中裁判官の意見は、法と道徳は区別されるべきであり、単に道徳を理由として、道徳を刑法に取り扱むべきではなく、道徳といえども「個人の尊厳」と「人格価値の平等」という法の価値基準によって篩に掛けられることを示している。

**注）**

1) 加藤新平『法哲学概論』（法律学全集 1、有斐閣、1976）365-367 頁。
2) 前掲書 1) 372 頁。

## 知識を確認しよう

**問題**

(1) 法と道徳の違いを説明しなさい。
(2) 法の強制と他の社会規範の強制との違いを説明しなさい。

**解答への手がかり**

(1) さまざまな区別基準を整理すること。
(2) 法的強制の種類から理解される特徴を整理すること。

## 本章のポイント

1. 法の存在とは、社会生活の維持のために必要な強制力のことを指す。近年においては、一定の組織（国家・行政府など）と適正手続を経て執行されている。
2. 正義とは、社会秩序を維持するために、国民間の利害を国の力をもって恣意を排斥したうえで公平に調整しようとするものを指す。古代ギリシャの純粋哲学に由来している。
3. 法的安定性とは、揺るぎのない秩序の維持を目的とし、社会生活の安定を計ろうとするものを指す。
4. 行為規範とは、一般的に人の行為を規定している法をいう。人間の具体的な行為、民法では債務不履行、刑法では殺人などを規制するための規律を示すものである。
5. 裁判規範とは、具体的な事件の争訟について裁判官が裁判においてトラブルを解決するための判断を下すために従わなければならない準則を示すものである。

# 1 法が存在することの意味

## A 意義

### [1] 法とは何か

　法を学ぶにあたり「法」というものが、そもそも何なのか、どのような性質をもち、社会生活をする中で、どのような機能を担っているのかなど、法というものの存在について理解する必要がある。

　しかし、われわれの社会が法によってどのような影響を受けているのかなど、今もなお法というもの自体を定義することは難しく、さまざまな研究者・学者によって議論がなされている。

　われわれが無意識的に社会生活を行っている中で、ほとんどの事物は法というものの存在と深く関わりを持っており切っても切れない存在である。

　法は、人が社会で生活するためのルールを「規範」（成文法）として明文化したものであり、この規範には、法のみならず道徳、宗教、倫理などといったものもある。

### [2] 法の存在

　法は集団における社会生活の秩序を維持するための機能（役割）を持っている。大昔から人が2人以上の集団を形成し、その中で社会生活をするようになって以来、トラブルや紛争防止のために集団の中での規律として法規範というものを取り決め、人々の行動を規制することにより平穏に社会生活を営むことができるようになった。

　かつては、絶対君主により法規範的な強制力が国民に対して強制力を持っていたが、近年では、法規範的な強制力は一定の組織（国家・行政府など）と適正手続を経て執行されているところが多い。

　法は制裁的な強制力を持ちえている性質上、その目的を達成しようとするものであるから、個々の法律の解釈においては、解釈をするうえで妥当性のある結論（結果）になるように、その法の目的を充分に考慮する必要がある。また、法は、単に人を拘束するためだけの規範としての役割だけではなく、法を定立し執行する組織および作用についても実定法という形に

より規範化されている。後述の節（**本章 4A 行為規範、5A 裁判規範**）で解説
したい。

## B 法の理念

### [1] 社会規範としての法

　法も道徳も社会規範である。道徳の要求は社会的に厳格なものが多い。
それに対して、法の要求は一般人が守れる程度のものを要求するにすぎな
い。しかし、法においては公権力の名のもとに法の目的を実現するための
強制手段（例：刑罰・強制執行等）を採ることができる。

### [2] 個々の法律の目的

　通常、法の目的は、それぞれの法の趣旨に伴って目的（近年の法令では、主
として第1条に「目的」が明記されている場合が多い）が異なってくる。たとえば、
環境基本法では、その第1条において、「この法律は、環境の保全について、
基本理念を定め、並びに国、地方公共団体、事業者及び国民の責務を明ら
かにするとともに、環境の保全に関する施策の基本となる事項を定めるこ
とにより、環境の保全に関する施策を総合的かつ計画的に推進し、もって
現在及び将来の国民の健康で文化的な生活の確保に寄与するとともに人類
の福祉に貢献することを目的とする」と規定している。

　また弁護士法1条を例にするならば、「弁護士は、基本的人権を擁護し、
社会正義を実現することを使命とする（1項）、弁護士は、前項の使命に基
き、誠実にその職務を行い、社会秩序の維持及び法律制度の改善に努力し
なければならない（2項）」となっている。

　つまり、法の目的そのものが、最終的には一定の目的にいたる手段とし
ての特徴をもっている。

　さらに、法は制裁的な強制力をもちえている性質上、その目的を達成し
得るものである。それゆえ、個々の法律の解釈においては、その行為者が
解釈をするうえで妥当性のある結論（結果）になるようにその法の目的を充
分に考慮する必要がある。

### [3] 法全体の目的

個々の法律の目的の基盤には、法全体の目的というものがある。それは、法の理念の問題とされており、「(社会)正義の実現」と「法的安定性」がこれにあたる。

## C 法の目的

### [1] 法哲学と法

法の目的については法哲学者の間でさまざまな議論があり、それに伴う説も多岐にわたる。主として、①法的安定性、②正当性(正義)が挙げられる。まず、①法的安定性というのは「秩序の維持」を意味することであり、②正当性というのは公平(平等)を主眼とした「正義」であることを意味する。

### [2] 哲学的な思想と法

この法哲学上の倫理的価値の何を根拠として思想的に上位に捉えるかにより、法の目的・価値の重要性および視点が変わってくる。

この点、①アリストテレスは、「正義」の概念を主眼の考え方とし、②ソクラテスは、「秩序の維持」の概念を主眼の考え方としたのである。

法の追求すべき理念(目的)については、主として「法的安定性」と「正義(具体的妥当性)」の2つが重要視されている。

次節以降の「2 正義」と「3 法的安定性」により、それぞれの法の理念(目的)について解説していきたい。

# 2 正義

## A 意義

法が果たすべき目的である理念は、「正義」であると古来からいわれてきた。法の追求すべき理念(目的)の代表的な1つ目のものとして「正義(具体的妥当性)」の実現というものがある。正義の概念はアリストテレスの考え方(思想)が有名である。

　これは、法と社会道徳との関係という観点からも問題になるが、法を法たらしめる要素として、その規範が「正義」に合致することが必要か、または「悪法もまた法」であるかという問題が取り上げられている。

　また、個々の具体的なケース（事件・事例）に対して法を適用とする場合、国民の多数が納得するような既存の常識や正義感にかなった妥当なもの（具体的妥当性や目的合理性）でなければ信頼は失われることになる。

## B　正義とは何か

### [1] 古代ギリシャの純粋哲学

　正義の定義は、多義的で国により時代により多種多様に異なり、今もなお議論がされている。

　古代ギリシャ純粋哲学（法哲学的に正義を公平〔平等〕の立場から唱えているアリストテレスの見解が有名である。）に淵源するが、法は正義であるからこそ、人を従わせることができる拘束力を生じさせ得るというものである。

　法の目的は、公平（平等）を主眼とした「正義」に従って社会を規律し、かつ法的安定性（**本章3 法的安定性**を参照）をもたらすことを目的とすることにある。

　公平（平等）を主眼とした「正義」を実現するということは、国民の利害関係を調整し、経済的にも文化的にも最低限度の生活を営ませること（日本国憲法25条に類似）を目的とする。このことは、おおよそすべての法律にいえることである。しかし、現実には、法は法のピラミッドで順位が示されているように力関係（効力）があり、その目的にはそわない場合もある。

### [2] 法と政治権力

　法は必然的に権力と結びつく。法の成立の基盤として考えられる社会は組織化された社会であるから、法は権力と結びつきやすい。

　しかし、法が権力と密接に関係している関係上、大抵の場合において権力側によって正義は定義され強制力を持つ。そこで、古くから正義は公平でなければならないとされてきた。

## C 配分的正義と平均的正義と一般（化）的正義

　正義は法的安定性とともに法の目的とするところである。ギリシャの哲学者アリストテレスによれば、正義は以下の3つに分類されている。

### [1] 配分的正義（分配的正義）

　配分的正義とは、国家と個人間に対する関係においての正義のことを示す。個々人の能力などによる差異を認め、国家が個々人をその能力および功績に応じて取り扱うことである。また、実質的平等を意味し、主に公法の領域で妥当する正義のことである。たとえるならば、応能負担原則（富のあるものには税率を高くする、税法）や生活保護制度（生活保護法、憲法25条）などが挙げられる。

### [2] 平均的正義

　平均的正義とは、形式的な平等の意味であって、人によって差別を認めない個人相互間における正義のことである。主に私法の領域で主張される正義のことである。例として、個人相互間の給付と反対給付の釣り合いを成立させようとするもので、労働には「対価」、窃盗には「損害に応じた賠償」で償わせることを要求するものである。

### [3] 一般（化）的正義

　国に対する関係において個人が義務を尽くすことである。個人が国のために死ぬのは一般（化）的正義に適うというものである。この件をたとえるならば、山口良忠判事の事例が有名であろう。

---

**コラム**　　**山口良忠判事餓死事件**（昭和22〔1947〕年10月11日）

　山口良忠（1913-1947年）は日本の裁判官である。東京区裁判所（東京地方裁判所）の経済事犯（経済統制担当）専任判事（昭和21年）となり、戦後の食糧難の時代に食糧管理法に違反した者を裁く役割を担うこととなる。自身の正義感により、職業管理法違反者を取り締まる者が闇米を食べてはいけないのではないかと葛藤するようになり、当時横行していた闇米をすべて拒絶

し同法に従った配給のみを食べ続けるというものであった。昭和22年に公務中に倒れ、故郷で療養をするも、栄養失調がもとで34歳の若さで死去したことで知られている。

その死後20日ほど経ってから朝日新聞により報じられ、その経緯が知られるようになった。また、病床日記が没後に発見され、「食糧統制法は悪法だ。しかし法律としてある以上、国民は絶対にこれに服従せねばならない。（以下略）」などと綴られており、ソクラテスの「悪法も法なり」の精神に殉じたかのようなものであり大きな反響を呼んだ。

当時の背景としては、敗戦に伴う空襲や冷害の余波による不作の中、食糧不足に瀕していた。そのため、数少ない食糧を公平に分配するべく配給制度（世帯ごとに配給券を配り配給品と交換するというもの）により支給するというかたちをさらに強化していった。

国家（政府）による配給制度自体は、戦争中から行われていたが、敗戦後は特に当時の情勢による混乱や配給の遅れなどで正常に機能しているとは言い難く、食糧難に陥る状態になり国民は生きるために否応なしに政府の配給には依らない「闇米（ヤミ米）」に手を出すことによって窮地を凌いでいた。また、国の配給では充分な量の栄養を摂取することができず、都会にいる人々は、地方の農家に不足している食糧を買出しに行く（物々交換含む）ということも相次いで行われていた。

しかし、農家から闇米を入手した帰路（列車・道路）で警察官に発見されれば没収され捕まってしまうという時代であった。

同僚判事達でさえも密かに闇米に手を出していることも気にせず、自身の職業的倫理観および自身の信念に則ってひたすら国家の掲げた法律に従って配給のみの生活を続けた。このような時代背景および自身の考えから、山口良忠判事は自ら闇米を取り締まる側であること、自身が闇米を手に入れて食べることは許されざることであるとし、身を案じた周囲からの差し入れや食事の招待も拒否したのである。

---

**もっと知りたい方へ**

● 山形道文『われ判事の職にあり 山口良忠』（肥前佐賀文庫4、出門堂、2010）

# 3 法的安定性

## A 意義

　法的安定性が考慮されることによって、社会生活が安定性のあるものになる。法的安定性とは、法に従って安心して生活ができることをいう。法的安全ともいう。犯罪者（罪を犯した者）を処罰する法律を制定しても、その後に違反行為を取り締まらなければ意味がない。さらに、制定した法律の条文の解釈が曖昧で、どんな意味か解読できない場合にも法的安定性を害する。

　法的安定性の一部は、社会の秩序を維持するという正義の目的（正義の目的により異なる）に合致するが、根本的には正義の目的に矛盾する部分も含んでいる。いくら正義に合致するからといって、法をむやみに変更すれば法的安定性を害する。

　つまり、法的安定性というのは秩序の維持であり、制定法では明確な文章の形で法規範の内容があきらかにされるので、それが法的安定性につながる。

## B 法的安定性と悪法
### [1] 法の遵守

　法の実体法で例えるならば、Xという要件（犯罪など）があれば、Yという効果（罰則など）が発生する。国家によって制定された法が、将来にわたって確実に存在していれば、国民はその制定された法を誰もが遵守することにより安心して生活をすることができ、社会も安定したものになる。また、その制定された法律の条文解釈および運用においても同じように一定の安定したものでなければ、社会は混乱したものになる。それゆえ、その制定された法律および法の解釈や法の運用にいたっても、それを運用する者、解釈する者が、法的安定性を考慮しないで機能させることは許されない。

## [2]　悪法とは

　法諺に、「悪法もまた法なり」（ソクラテス）という言葉がある。それは、たとえ悪法であっても、それが効力（強制力）を持っている限り、法は法であるから遵守しなければならないということである。国民を混乱させることを防止するために、法的安定性が重要となる。

## C　法的安定性の限界

　国により一度執行された行政行為が、その後に取り消しや撤回された場合、この行政行為を信じていた国民の信頼や法的安定性は害され、国民の権利義務を侵害するおそれがあり得る。それゆえ、国民に対して行う行政行為は、基本的には国民間の利益・不利益を慎重に調整するものでないと法的安定性は保たれない。

### ▌▌▌コラム▐▐▐　「悪法もまた法なり」（ソクラテス）という名言

　古代ギリシャの哲学者ソクラテス（紀元前469年頃-紀元前399年）が、裁判にかけられ死刑判決を言い渡された際の言葉といわれる。

　ソクラテスが、アテナイの国家が信仰する神々とは異なる神々を信仰したという罪で公開裁判にかけられた。その後、アテナイの道徳と法秩序を遵守するという信念を貫いて、アテナイの牢獄で罪により毒杯を仰いだ際に「悪法もまた法なり」（善良なる市民は、悪法にもまた従うべきである。しからざれば、悪しき市民をして良き法をも侵さしめるにいたる）という名言を残したといわれている。その後、弟子のプラトンや孫弟子のアリストテレスなどの著作により知られている。

**もっと知りたい方へ**
- 八木鉄男『法哲学史―要説と年表』（世界思想社、第2版、1974）

# 4 行為規範としての法

## A 行為規範

### [1] さまざまな規範

　法は、直接的に社会で生活をしている人々の行動を支配する行為規範によって構成されている。行為規範の種類としては、法規範、宗教規範、道徳規範、習俗規範等というものがある。

### [2] 行為規範としての法規範

　一般的に人の行為を規定している法をいう。行為規範としての法規範は、原則として、政治的に組織された社会内において直接または間接的に強制力を持ち機能するものである。行為規範としての法に対して違反行為が発生したときには、法はその要件（違反行為）となる行為に対してさまざまな効果（罰則）を用意している。人の行態を規制（直接的及び一般的に規制：刑法、民法、商法等）するものである。

### [3] 二重の性質を持つ法規範

　社会における人間の行為について、国民が守るべき規則である法規範は、人の行動を規律する行為規範であると同時に裁判官が裁判をする際に用いる裁判規範（**本章 5A 裁判規範**参照）でもあるという機能を有する。

## B 行為規範としての実定法

　法は、人類が長い歴史の中で社会生活をいかにするべきかについて経験的に形成してきた規範の集大成であり、人間の生活を実践的に規制する行為規範の１つの類型である。法と呼ばれる行為規範は、かつては権力者の恣意的な意思として独断的に執行されたことさえあった。しかしながら、近年のほとんどの国においては、それは原則として一定の組織と手続きを通じて定立、執行、裁定という組織や作用が規範化され機能している。たとえば、民法では人対人との間に生じる債務不履行という行為に関して、刑法では加害者と被害者との間に生じる殺人という行為に関して規制する

ものである。

# 5　裁判規範としての法

## A　裁判規範

### [1]　裁判規範と強制力

　　裁判規範とは、具体的な事件の争訟について裁判所が裁判により紛争を解決する際判断を下す基準とするために用いる法規範である。

　　法は、公的権威（強制力）によって実現を保障されている点で、法以外の社会規範と区別される。

### [2]　行為規範と裁判規範の関係

　　法規範は、多くの場合、裁判規範としてはたらく前に行為規範として機能することが期待されている。それは、国民は社会生活の中で行為規範を遵守するが、その社会生活上において行為規範が損なわれた場合には、社会秩序を維持する為に裁判を行うことにより、その違法行為に対して公的権威（強制力）を持つ制裁が与えられる。通常の場合、法は裁判所による解決に委ねられるまでもなく実現されているが、最終的には法的な紛争は裁判所によって解決される。

## B　実体法・手続法としての裁判規範

　　裁判規範とは、裁判官（司法）が紛争解決のために遵守しなければならない準則である。

　　裁判規範には、2つの側面がある。

　　第1の側面として、実体法としての法規範というものがある。行為規範が損なわれた場合に、裁判を行うにあたって違反行為である事実に対して要件（違反行為）をあてはめ、またそれに対して効果（罰則）を導きだすために必要な準則となる規範である。たとえば、刑法、民法、商法などがそれにあたる。

　第2の側面として、手続法としての法規範というものがある。行為規範が損なわれた後に、裁判を行うにあたって違反行為である事実に対して裁判の手続き上において遵守しなければならない規範である。民事訴訟法、刑事訴訟法などがそれにあたる。

## 知識を確認しよう

### 問題

(1)　法の存在とは、どういうものか説明しなさい。

(2)　正義とは、どういうものなのか説明しなさい。

(3)　法的安定性とは、どういうものか説明しなさい。

(4)　行為規範とは、何か説明しなさい。

(5)　裁判規範とは、何か説明しなさい。

### 解答への手がかり

(1)　近年においては、一定の組織と適正手続を経て成り立っている。

(2)　古代ギリシャの純粋哲学に由来している。

(3)　ソクラテスの「悪法もまた法なり」にその趣旨が示されている。

(4)　債務不履行や殺人などから社会秩序を維持することが目的である。

(5)　裁判所の裁判官が遵守することを目的とする。

# 第4章　法の存在形式（法源論）

## 本章のポイント

1. 法の存在形式（法源）とは、裁判をするにあたって基準となるルールのあり様である。本章ではその裁判の基準となる法にはどのようなものが存在するのか、そしてそれにはどういう性質があるのかを明らかにする。
2. 法源は成文法と不文法からなる。
3. 成文法には、成文憲法、法律、命令、議院規則、最高裁判所規則、条例、条約があり、それぞれ公の制定権者が存在する。
4. 不文法には、慣習法、判例法、条理があり、文書で制定されたものではないが、長い歴史を経て法規範となったものである。

# 1 法の存在形式について

## A 法の存在形式とは何か

　法の存在形式は、法学の世界においては「法源」と呼ばれる。法源とは、裁判官が裁判において判断を下す際に、用いられる基準のことである。本章では、第3章で取り扱った裁判規範としての法には具体的にどのようなものがあるのか、ということを説明していく。裁判をするには、当然依るべき基準が必要であるが、それは国会で制定された法律だけというわけではない。地方公共団体（自治体）で制定された条例の場合もあれば、先に裁判所が出した判例の場合もある。ここではそうした裁判の基準となる法源について、1つずつ内容を具体的に解説していく。

　まず、法源は大きく分けると成文法と不文法が存在する。

## B 成文法とは何か

　成文法とは、文書の形で、所定の手続を経て制定された法である。法制定の権限を持つ公の機関によって定立されるため、制定法とも呼ばれる。

　成文法は、計画的に作られ、明確に内容が書かれているため、人々に法内容を示すことが容易にできる。そのため、的確な社会統制手段としての効果があり、近代国家では成文法は重要な地位を占めている。しかし、社会情勢の変化に伴い、その都度改変していかなければ時代の変化に対応できないというデメリットがある。なお、成文法には成文憲法・法律・命令・条例・議院規則・最高裁判所規則・条約がある。

## C 不文法とは何か

　不文法とは、文書の形で制定されてはいないが、法規範としての効果をもち、裁判で基準となるものである。近代国家では成文法がメインの法となるが、複雑で変化し続ける社会において、制定法だけでは対応しきれない場面がある。そうした場合に、人々に支持されてきた決め事である不文法は重要な役割をもつことになる。不文法には、慣習法・判例法・条理がある。

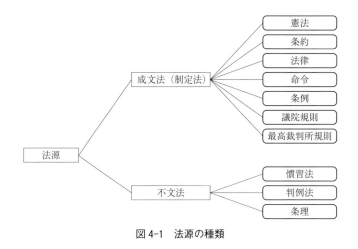

図4-1　法源の種類

　法源の種類を分かりやすく図式化すると図4-1のようになる。

# 2　成文法源

　成文法は一般的に不文法に優越するが、成文法の中にも優劣が存在する。議論はあるものの、大まかには図4-2のような序列があるとされている。

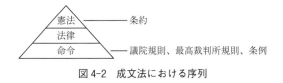

図4-2　成文法における序列

## A　憲法

　憲法とは、国の最上位の法規であり国家の統治に関する基本法である。わが国の現在の憲法は昭和22（1947）年に施行された日本国憲法であり、成文憲法である。日本国憲法は、98条1項において「この憲法は、国の最高法規であつて、その条規に反する法律、命令、詔勅及び国務に関するその

他の行為の全部又は一部は、その効力を有しない」と規定しており、憲法に反する法令を全て無効とする強い力をもっている。憲法は、国民に保障される基本的人権を定めるとともに、国会・内閣・裁判所の組織や職務についても定めており、国家の根幹部分を決めている設計図でもある。そのため、この憲法を改正する場合は特別な手続が必要であり、改正する場合は、衆議院および参議院の総議員の3分の2以上の賛成を得たうえで、国民投票にかけ過半数の賛成を得なければならない（憲96条1項）。このように法律の改正と比べて厳格な手続を必要とする憲法を硬性憲法といい、法律を改正するのと同様の手続で改正が可能な憲法を軟性憲法という。

## B 法律

　法律とは、憲法59条に基づき、国の唯一の立法機関である国会が議決によって制定した法である。多くの人が法と聞いて頭に思い描くものは、この法律であると思われる。日本には約2000の法律が存在する。具体例としては、刑法、民法、民事訴訟法、労働基準法、食品衛生法などがあり、日常生活で登場する法律も多い。

　法律が制定されるためには、国会議員による発議もしくは内閣による提出（憲72条）がなされた後、委員会での審議を経て、衆議院および参議院の両院で可決されてはじめて法律となる（憲59条1項）。ただし、衆議院で可決した後、参議院で異なった議決がなされた場合でも、衆議院で出席議員の3分の2以上の多数で再び可決したときは法律が成立する（憲59条2項）。これは衆議院の優越といわれ、任期が短く解散のある衆議院のほうが民意を反映しやすいという理由からこの優越が認められている。

　憲法と法律の違いは、憲法が国家（権力者側）が守らなければならないものであるのに対して、法律は国民が守らなければならないものということがよくいわれる。たとえば、憲法が規定する人権を守らなければならないのは国家であるのに対し、刑法や労働基準法の規定を守らなければならないのは、事業者も含めわれわれ国民である。

## C 命令

　命令とは、行政機関が制定する法規の総称である。命令は制定する行政

機関によって政令、内閣府令、省令、規則などの名称となる。営業停止命令といった、行政機関によって個別に発せられる命令とは別のものであるため注意が必要である。具体例としては、道路交通法施行令（政令）や会社法施行規則（法務省令）などがある。旧憲法では行政機関が、立法機関である国会を介さずに制定する独立命令が、認められていた。しかし現行憲法では、憲法41条により行政機関が独立して法規を制定することを許さないため、法律の委任に基づいて行政機関が制定する委任命令と、法律の内容を執行するための事項を定める執行命令のみが認められている。

## D 条例

条例とは、地方公共団体（自治体）が憲法94条に基づいて、法律の範囲内で制定する法である。具体例として、青少年保護育成条例や公衆に著しく迷惑をかける暴力的不良行為等の防止に関する条例（迷惑防止条例）などがある（この種の条例はすべての都道府県において制定されているが、各都道府県で名称は異なる。たとえば青少年保護育成条例の場合、東京都は「東京都青少年の健全な育成に関する条例」、大阪府は「大阪府青少年健全育成条例」、長野県は「長野県子どもを性被害から守るための条例」という名称となっている）。また地方公共団体の長は、その権限に属する事務に関し規則を制定することができ（自治15条1項）、公安委員会や教育委員会のような行政委員会も公安委員会規則や教育委員会規則といった法を制定することが可能である（自治138条の4第2項）。

ここで条例が、国の法令よりも、厳しい規制をすること（上乗せ条例）や規制対象としていない範囲まで広げること（横出し条例）が可能かという問題が生じる。かつてはこうした規制は全て違法であるとされてきたが、公害問題を契機として、国の法令の規制と直接矛盾（積極的抵触）しなければ、違法ではないという説が有力となっている。

## E 議院規則・最高裁判所規則

議院規則とは、衆議院と参議院それぞれが憲法58条2項に基づいて、会議や手続および内部の規律に関する規則を制定したものである。これは国民を代表する機関の自律権を尊重したものである。具体例としては、衆議院規則や参議院規則のほか、両院協議会規程などがある。

　最高裁判所規則とは、最高裁判所が憲法77条1項に基づき、訴訟に関する手続や内部の規律、司法事務処理に関する規則を定めたものである。これは裁判の手続などの技術的な分野においては、法の専門家である裁判所に任せることが効果的であるという考え方のほかに、司法権に対する立法権の介入を防ぎ、独立性を確保するためという理由も存在する。これらの規則には、刑事訴訟規則、少年審判規則、民事調停規則などがある。

　以上の2つの規則は、国会を唯一の立法機関とする（憲41条）ことの例外である。

## F　条約

　条約とは、国家が国家間もしくは国際機関と文書によって締結する国際的合意である。この合意は国際法によって規律される。条約（Treaty）のほか、協定（Agreement）、憲章（Charter）、議定書（Protocol）、宣言（Declaration）と呼ばれるものもこれに含まれる。日本では内閣に締結権が与えられているが、事前に、場合によっては事後に国会の承認を得なければならない（憲73条3号）。事後に国会の承認が得られなかった場合には、条約の効力について争いがある。条約と国内法との関係は、憲法が条約の誠実な遵守を規定していること（憲98条2項）および、条約が天皇によって公布されること（憲7条1号）から、条約は国内法としての効力ももつとされ、一般的に法律よりも上位に位置するものと考えられている。問題とされるのは憲法と条約との上下関係で、憲法優位説と条約優位説の2つの説が対立している。学説としては、最高法規であること、条約締結権及び承認権（憲73条3号、同61条）は憲法の授権に基づくものであることなどを根拠とする憲法優位説が多数である。しかし、最高法規性について規定されている憲法98条1項、および違憲審査について規定されている憲法81条から、条約が除かれているため、条約は憲法の下にはないとする条約優位説も十分な理由があり、国際協調の比重の増す今日ではその見解も有力である。なお条約に対する裁判所の判断としては、日米安全保障条約という特殊な事案ではあるが、砂川事件判決（最大判昭和34・12・16刑集13巻13号3225頁）が存在する。

**┃┃┃コラム┃┃┃ 就業規則は法源？**

　労働協約（労働者と使用者の間で結ばれる、労働条件などに関する約束）や就業規則（仕事をする上で労働者が守るべき規律や労働条件を定めた規則）、定款（会社など法人の組織や活動の基本事項を定めたもの）など、国や地方自治体といった公の機関ではない団体が定めた規則は、（私的な）社会自治法規と呼ばれる。これらは組織内部に限り有効であるため、私人間における契約の一種として位置付けられ、法源とはなり得ないという見解もある。しかしこうした社会自治法規は、関係のある多くの人々に対し、広範囲にわたって拘束をするため、裁判における判断の基準となる法源性を認めるべきであろうという見解も有力である。

**●もっと知りたい方へ**
田中成明『現代法理学』（有斐閣、2011）

# 3 不文法源

## A 慣習法

　慣習法とは、人々が社会生活を営むうえで繰り返されてきた行為規範の中で、法として拘束力を有すると確信に至ったものである。法制度の整備された近代社会では、成文法を法源の中心としている。慣習法の原則規定である法の適用に関する通則法3条は、法令によって認められるか法令にない場合は、公序良俗に反しなければ、法律と同じ効力を持つとする。この規定から、人身売買のような公序良俗に反する慣習法は認められない。また慣習法について制定された法令が存在するか、慣習法があるもののそれに関係する法令が欠けている場合は法律と同等に扱われることになるが、成文法よりも優先されることはないことがわかる。しかし商法1条2項においては、商事について法律に定めがないときには、商慣習に従い、商慣習がない場合には民法の規定に従うとされており、成文法である民法より

も不文法である商慣習法の効力を優先するとされる。これは成文法よりも、経済活動に迅速な対応ができる商習慣の重要性に配慮することが合理的と考えられた結果といわれている。また民法では92条において法令中の公の秩序に関しない規定については、法律行為の当事者がそれと異なる慣習によるという意思がある場合、その慣習に従うと規定している。慣習法の具体例としては、かつては事実婚が一般的であったことから、その婚姻に関する慣習が慣習法となり、婚姻届けを出していない内縁の夫婦を、法律上の夫婦と同様のものとみなすとした事例などがある。なお、罪刑法定主義（**11章 犯罪と刑罰を参照**）をとる刑事事件では、法律に規定がなければ犯罪とすることができないため、慣習法は適用されない。

## B 判例法

判例法とは、裁判官が裁判所で下した裁判例で裁判の基準となるものである。日本においては英米諸国とは異なり、裁判官は先例に拘束される必要はないが、同様の事件が起きた場合、前の判決と同じ判断をすることが事実上多い。これは裁判所の判断が統一性をもつことを示し、法的安定性を確保することが重要だと考えられているためである。そのため、日本においても判例法は、法源としてかなり重要な地位を占めている。その重要性は、最高裁判所が前の判例を変更する際は、15人の裁判官の揃う大法廷で判断をしなければならない（裁10条3号）という制度上の規定からも伺える。

## C 条理

条理とは、裁判官が、裁判の基準となる成文法も慣習法も判例法もない場合に、裁判の基準とする物事の道理である。現代の裁判は法によって裁かなければならないが、社会の変化とともに裁判をする際に基準となる法が存在しないという事態が起こりうる。こうした場合、刑事裁判ならば、適用すべき法令がないときは裁判は開始されない（罪刑法定主義の原則）。しかし民事裁判では裁判を拒否できないため、何らかの結論を出す必要がある。そこで最終的な判断材料となるのが条理である。条理は、初めから形のあるものではなく、自然の道理を基に裁判官の考えるものであるため、

法や法源となり得ないように思える。しかし、明治8（1875）年に裁判にお
ける法源の適用原則を明らかにした、太政官布告103号（裁判事務心得）3条
において「民事ノ裁判ニ成文ノ法律ナキモノハ習慣ニ依リ習慣ナキモノハ
条理ヲ推考シテ裁判スヘシ」という規定があり、この太政官布告は廃止さ
れていないため、議論のあるものの、条理は現代の裁判でも法源となりう
ると考えられる。

## 知識を確認しよう

### 問題

(1) 成文法のメリット、デメリットを答えよ。

(2) 不文法とは何か、そしてそれにはどのような役割があるか答えよ。

(3) 憲法と条約の関係について論ぜよ。

### 解答への手がかり

(1) 法をあらかじめ計画的に明文で規定しておくことで、人々は基準を知
　　ったうえで行動することができる。しかし、計画的にといっても予想
　　もしえない事態が発生する場合がある。

(2) 裁判の基準となる法源には、成文法と不文法が存在する。そのため、
　　不文法は成文法でカバーできなかった部分を補足するものである。

(3) 憲法は国の最高法規であるが、条約は国家間の合意である。最高法規
　　という言葉がどの範囲の法まで含めたものなのかを考え、違憲審査権
　　や条約締結権といった規定を確認したうえで、答えを出す必要がある。

## 本章のポイント

1. 法の分類は多々あるが、その中で重要な分類方法が、自然法と実定法、公法と私法、実体法と手続法、国内法と国際法である。

2. 自然法は、人間の本性や事物の根源的なものに基づく法のことである。実定法は、経験的事実に基づいて成立した法のことである。

3. 公法は、国家等と個人の関係を規律する法であり、私法は、私人間の関係を規律する法である。そして、中間領域として社会法が存在する。

4. 実体法は、権利義務の実体を規定する法であり、手続法は、権利義務の実現方法を規定する法である。

5. 国内法は、国内社会を規律する法である。国際法は、国際社会を規律する法である。これは、国家だけでなく、国際機関や個人も規律される。

# 1 自然法と実定法

## A 自然法

　自然法とは、人間の本性や事物の本質に基づいて成立し、人為を超えた根源的なものに基づく法のことである。そして、この自然法から何らかの規範を導き出そうという考え方を自然法論という。

　自然法論とは、法は人間の自然的性情に基づく理性の命令であり、正義の要求であって、だからそれは法として、時の古今・地の東西を区別せず永遠に普遍妥当するというものである。この考え方は、ヨーロッパで長い伝統を持っていた。特に17・8世紀の頃に盛んに主張された。自然法論は、人間一般に共通する性情・理性に法の根源を見出すから、それは国家を超え、民族を超え、歴史を超える理解を示す。国は違い、人は変わり、時代は移っても、およそ人が人であるかぎり共通の性情・理性があり、それゆえの共通した法が存在できると考えるのである。この考え方は、立法準備の法学として、外国法継受を当面の重要課題とする明治初期の日本で特に喜ばれた。

## B 実定法

　実定法とは、国家による制定行為や慣習・判例などの経験的事実に基づいて成立した法のことである。実証法、人定法ともいう。これは、一定の時代、一定の社会の中で実効性を持つ現象的な法である。具体的には、各時代に存在する各国の制定法・慣習法・判例法・条理などがこれに当たる。実定法は、人為により定立される現実的な法なので、あらゆる時代や場所に妥当する内容を持つものではなく、時代や地域、人の考え方により当然に変化するものであり、その意味において自然法と対立することになる。そしてここから、一定の時代、一定の社会において実効性を持つ法は実定法のみであるとする、ケルゼン（Kelsen, Hans）に代表される法実証主義の考えが導き出されている。

# 2 公法と私法

## A 公法

　公法とは、法の保護する利益（保護法益）が公益（国家的利益）であるもの
を規定する法である。あるいは、国家や地方公共団体といった政治権力団
体と個人の関係や政治権力団体相互の関係を規律する法が、公法である
という説がある。また、国家関係（統治関係・権力関係）を規律する法であると
する説などさまざまな見解がある。公法に分類される法は、学説によって
違いはあるが、憲法、行政法、刑法、民事訴訟法、刑事訴訟法などが代表
的なものである。

## B 私法

　私法とは、保護法益が私益（個人的利益）であるものを規定する法である。
あるいは、私人（自然人・法人）間相互の関係を規律する法が、私法であると
する説がある。また、社会関係（非統治関係・平等関係）を規律する法などの
見解がある。私法に分類される法は、民法、商法、会社法、消費者契約法
などが代表的なものである。

## C 両者の区別の意義

　公法と私法の区別は、古くローマ法の時代から存在した最も伝統的、典
型的区別である。しかし、この区別は絶対的ではない。それは、われわれ
の生活は、国家という政治権力団体の中で営まれており、代表的私法であ
る民法でも、そのすべてが国家の権力的支配に服しているとみることがで
きる。一方、国家を構成するのは個人であり、代表的公法である行政法で
も、人権保障や個人的利益のために認められると考えることができるから
である。このように、公法と私法の区別は相対的であるとされる。そこで、
現代ではこの区別は、学問的に否定される傾向にある。しかし、行政事件
訴訟法のように、公権力の行使や公法上の法律関係を前提とする規定も存
在するため、公法と私法の区別は一定の意味を持っていることに注意しな
ければならない。

## D　社会法

　公法と私法の区別が相対的なものであり、すべての法をそのどちらかに分類するのは不可能であるという現実から、新たに地位を確立したものが社会法である。

　社会法は、資本主義経済発展の過程で誕生した法である。近代市民社会が確立された頃は、社会生活のあらゆる分野において、国家が個人の生活関係に干渉することを差し控え、個人の私的活動は、個人の自由な意思を尊重すべきであるという考えが支配していた。そこで、資本主義経済の下では人々の経済活動は、私的自治の原則に基づき自由競争によって行われた。しかし、資本主義経済が発展を続ける中で、問題点が見えてくるようになった。その1つは、資本家への富の集中と労働者の貧困化による貧富の格差と、それに伴う資本家と労働者の対立の激化による社会不安である。もう1つは、弱小企業の淘汰による独占資本の形成により自由競争が阻害され、経済恐慌が発生するといった経済的危機である。これらの社会的危機を克服するため、国家が一定の範囲で、さまざまな生活関係に介入し、社会的弱者の救済や経済的危機回避のための諸政策を積極的に行うことが求められるようになった。その根拠となる法が、公法と私法両方の側面を持つ中間領域としての社会法である。

　社会法には、①労働基準法、労働組合法、労働関係調整法などの労働法、②独占禁止法、不正競争防止法などの経済法、③生活保護法、児童福祉法、健康保険法などの社会保障法がある。


# 3　実体法と手続法


## A　実体法と手続法の意義

　実体法とは、権利義務の実体、すなわち権利義務の発生・変更・消滅や権利義務の内容・性質・所属・効果などを規定する法である。代表的なものとして、憲法、民法、商法、刑法などが挙げられる。

　手続法とは、実体法に規定された権利義務の実現方法、すなわち権利義

務の行使・保全・履行・強制などの方法を規定する法である。代表的なものとして、民事訴訟法、刑事訴訟法、民事執行法、破産法、不動産登記法などが挙げられる。

　なお、この区別も絶対的なものではない。実体法である民法の中にも、法人設立の手続を規定するものがある（民33条以下）。また、手続法である不動産登記法には仮登記の効力に関する規定（不登106条）のように実体面を規定するものもある。さらに、地方自治法のように実体法と手続法の混合からなるものもある。

## B　両者の関係

　古い時代は、実体法と手続法は分化されておらず、多くの法は、手続的性質を有していた。近代社会になり、個人の尊重が重要視されるようになると、権利義務の内容を規定する実体法が整えられ、その独立が認められるようになった。そして、近代的裁判制度が確立されると、法の実質部分を規定する実体法が主要部分となり、手続法は従属的、補助的なものとみられるようになった。そこで、実体法を主法、手続法を助法と呼ばれることもあった。

　一方近代社会は、権利の行使や義務の履行が任意に実現されないときや、権利の侵害によって紛争が発生したときに実力行使をして解決（自力救済・自救行為）することを原則として禁止しており、法による救済を受けるべきものとする。この救済方法を規定したものが手続法である。したがって、手続法は実体法の存在により、その存在意義が認められ、実体法は手続法の存在により、その実効性が確保されるのである。そのため、両者は緊密な関係にあり、相互に補完する関係にある。つまり、両者は主従の関係に立つ性質のものではなく、それぞれ独自の存在意義と領域を持ちつつ密接に関係するのである。

　その中でも特に、刑事事件の場合は、憲法で要請されるように実体法と手続法は極めて緊密な関係にある。刑事事件は、国家刑罰権の発動、実現によって解決をめざすものである。そこで、刑罰権の濫用による人権侵害の危険性が高いので、これを防ぐ観点からも、刑事裁判手続は、必ず刑事訴訟法の定める手続に従って行われることが憲法31条で保障されている。

# 4 国内法と国際法

## A 国内法と国際法の意義

国内法と国際法は、法を認める主体および法の効力の範囲を基準にした分類である。国内法は、国内社会の内部関係を規律する法であり、1つの国家によって認められ、その国家の領域内で効力を持つ法である。これに対して、国際法は、国際社会を規律する法である。これは、国家間の関係を規律するだけでなく、国際機関や個人も限られた範囲ではあるが規律される。

国際法の存在形式には、次のようなものがある。

①条約

二国間条約と多数国間条約があり、ともに当事者の合意によって成立するが、後者はその成立に批准手続が取られることが多い。また特に多数の国が参加する場合には、条約を管理する機関が置かれる場合がある。

②慣習国際法

国際慣行に基づいて成立した法である。慣習国際法は、国内法における慣習法以上に国際法において重要な地位を占めている。

③法の一般原則

主要法系に属する世界の国々の国内法に共通して認められる原則の中で、国際法秩序にも適用可能と判断できるものをいう。

なお、国際私法は国際法ではない。近年、国際的な取引関係や国際結婚など複数の国家に関係する渉外的法律関係が増加している。その際に、どこの国の法律を適用するのか、紛争が発生した場合どこの国の裁判所で裁判するのか、裁判所の判決内容の履行はどこの国でどのように行うのかなどの問題が発生するが、これについて規定するのが国際私法である。日本では、「法の適用に関する通則法」に規定されているため国内法の領域とされる。

## B 国内法と国際法の相違

国内法と国際法の大きな相違点は、その強行性・実効性にある。国内法

は、国家権力という高度に集中した権力の下に法秩序の形成がなされているため、強行性・実効性が確立している。これに対して、国際法は、国際的な政治権力の集中や統制がまだ十分に確立していないので強行性・実効性が不十分である。このことは、次のことからも明らかである。①国際法の定立の場合、国際連合などの国際機関による定立が多くなってきているが、これらは統一的な立法機関ではない。また、国際法の成立には、条約・慣習国際法とも主権国家間の明示あるいは黙示の合意が必要である。②国際社会における紛争の司法的解決のために国際司法裁判所が存在するが、ここでの裁判は、紛争当事国の合意による付託が必要であり、一方の紛争当事国の反対があれば裁判ができない。③国際法を執行する機関が確立されておらず、国際法違反に対する制裁は、国内法に比べ著しく微力で不完全である。

　このようなことから、かつて国際法は法ではなく、単なる国際慣習に過ぎないという見解があった。しかし、今日では、国際法は国内法と同様に社会規範の一種であり、国内法と比べて弱いものではあるが国際的な影響力によって強行されるものであること、また、単なる道徳や慣習と異なり、国際法は国家間の外交交渉や国際裁判の実際の上でも法として尊重されていることなどから、その法的性質を否定するものは見られなくなった。ただし、国際法は、国内法に比べると未成熟な法であることは否定できず、その徹底にはまだ課題は多く困難が伴うのが現実である。

## C　国内法と国際法の関係

　国内法と国際法の関係をいかに把握するかについては、いくつかの考え方がある。1つは、国内法と国際法はまったく別個の法体系であるとする、二元論である。もう1つは、国内法と国際法は同一の法的根拠に基づく一元的な法体系を構成しているとする、一元論である。さらに一元論については、国内法が優位する国内法優位説と国際法が優位する国際法優位説に二分される。このうち、国際法優位説については近年の国際法秩序の発展に関連して、将来的には可能性があるものの、現時点では二元論が有力である。

　次に、国際法の存在形式である条約と国内法の関係についての問題があ

る。まず、締結・批准された条約を国会が承認し、天皇が公布すると国内法としての効力を持つ。そして、国内法としての効力を持つ条約と法律・憲法との関係についてどちらが優位になるのかが問題となる。法律との関係については、憲法 98 条 2 項で「日本国が締結した条約及び確立された国際法規は、これを誠実に遵守することを必要とする」と規定されていることから条約が法律に優位するとされている。憲法との関係については、条約が憲法に優位するという考え方がある。しかし、憲法 98 条 2 項は、違憲の条約まで誠実に遵守することを必要とするとは考えられない。また、憲法改正は憲法 96 条により国民投票を要する厳正な手続が規定されているが、条約の締結は憲法 61 条により国会の承認だけで足りるとされる。そこで、条約に憲法より優位の地位を与えると、憲法の基本原則である国民主権主義と相いれない結果となることから、憲法優位説が通説である。

## D　国際法をめぐる最近の動向

　19 世紀以降、産業革命を経て国民経済間の商品取引や資本輸出の増大、交通・通信手段の発達に伴い、国際法を必要とする国際相互依存関係は、緊密化の一途をたどった。これを受けて、通商航海条約をはじめ、犯罪人引き渡し、郵便、電信、知的財産権などを規制する多くの条約が締結され、国際法の内容は多岐にわたっている。そのため、われわれの生活関係は、国内法だけでなく条約によって規制されるケースも現れるようになった。そして、この条約は、かつては二国間条約が中心であったが、近年は多数国間条約の比重が増す傾向にある。

　また、今日の国際社会は、主権国家間の問題だけでなく、国連などの国際機関、国境を越えて活動する多国籍企業、人権や環境の問題で活躍するNGO などの活動、さらにはインターネットの普及など急速な進展を見せている。加えて、科学技術の発達に関連する問題、環境問題、食糧問題、感染症対策など地球規模での諸問題も表面化している。これらの問題に対応するためにも国際法の重要性は、ますます増大してきている。

## 知識を確認しよう

. . . . . . . . . . . . . . . . . . . . . . . . . . . . .

### 問題

(1) 公法と私法の相違点と社会法はどのような法律か説明しなさい。

(2) 国内法と国際法の相違点と両者の関係について説明しなさい。

### 解答への手がかり

(1) 公法と私法を区別する意義は何か、社会法はどのような経緯で誕生したのかを明らかにしてみよう。

(2) 国内法と国際法を区別する意義は何か、国際法の存在形式である条約と国内法の関係はどのようになっているのかを明らかにしてみよう。

## 第 6 章

# 法の解釈と適用

## 本章のポイント

1. 法の解釈とは、法律等の文言、その意味内容を明らかにして、具体的事実にあてはめる作業をいう。法の解釈がなぜ必要なのかといえば、①法規の抽象性、②法の不存在、③法規の修正、という3点が挙げられる。

2. 法の解釈の性質を理解しよう。特に概念法学と自由法学の違いについて理解すること。

3. 法の解釈の方法として有権解釈と学理解釈がある。

　有権解釈は、立法解釈、司法解釈、行政解釈に分けられる。また、学理解釈は、文理解釈と論理解釈に分けられる。

　なお、論理解釈は、①拡大解釈、②縮小解釈、③反対解釈、④類推解釈などの例がある。

# 1 言葉の意味と定義

## A 法の解釈の意義

法の解釈とは、法律などの文言、その意味内容を明らかにして、具体的事実にあてはめる作業をいう。

法の解釈がなぜ必要なのかといえば、(1) 法規の抽象性、(2) 法の不存在、(3) 法規の修正、という3点が挙げられよう。

### (1) 法規の抽象性

法規は、一般的かつ抽象的な言葉が使われている。それは、社会のあらゆる事案に対応するためである。たとえば、「人」という文言がいろいろな法律で用いられるが、それが意味するところは法律の目的によって異なってくる。

### (2) 法の不存在

適用法規がない場合、刑事事件であれば罪刑法定主義により無罪となるが、民事事件においては、立法者の意図を酌んだり、他の規定を拡大・類推解釈し、補充的に運用することになる。

### (3) 法規の修正

法の制定後に新たな社会の事態にその内容が適合しなくなったことが明白である場合など、具体的な事案に対して法規をそのまま適用すると不当な結果が生じるときは、より妥当な結果が生ずるように法規を修正して適用することもあり得る。

それではここで、前述した (2) 法の不存在に関する事例を紹介しながら、法の解釈について考えてみたい。

改正前の利息制限法（昭和29年制定）は、その第1条1項で利息の制限利率を定め、それを超える利息分を支払った場合は無効と規定し、同条2項では、債務者は、前項の超過部分を任意に支払ったときは、同項の規定にかかわらず、その返還を請求することができない旨定めていた。しかし、裁判所は、弱者保護の立場から、最高裁昭和43年11月13日の判決（民集22巻12号2526頁）において、その制限超過利息は元本に組み入れることができると判示した。さらに同判決では、すでに元本を支払った者との間で

不公平が生じるため、元本がなくなった後に支払った超過利息分は不当利得になるとしてその返還を認めた。

　この判決は、明らかに利息制限法1条2項の意義を失わせるものであったが、弱者救済のために行った妥当な判断だったといえよう。このように、法の不存在に直面した裁判官が、法の解釈によって判断を行うこともあり得るのである。ただし、法の不存在は、実際上は法の発見または法の創造を意味することから、一般の法の解釈とは区別すべきだという見解もある。

## B　法の適用

### [1]　ケルゼンの解釈論

　さて、「解釈」は元来「意味の認識」を意味するが、法の解釈は法適用という実践の予備作業であるといえる。かつてケルゼンは、法解釈を法の許容する「枠」の認識と、枠の中からの1つの解決の選択からなり、後者を導くものは実践的価値判断であるとした。

　ケルゼン（Kelsen, Hans）は、オーストリアの公法学者で、存在と当為、認識と価値判断、法と道徳などを峻別する二元論を理論的基礎とする一方、法学においては国際法と国内法、公法と私法、立法と執行、司法と行政などの伝統的二元論を批判し、法命題の概念を基礎として世界の法秩序を統一的体系の中で把握する一元論的法理論を築いた。伝統的法学を認識と価値判断の混交物として批判し、純粋に認識的な「規範科学としての法学」を樹立しようとした学者である。法解釈学の分野においても大きな影響を与えた。

### [2]　法の適用の意味

　ところで、裁判官は、法規をそのままの形で適用するというより、解釈によって法の意味を設定したうえで適用しているといえる。

　たとえば、運送契約の履行中、交通事故で乗客がけがをしてしまったとする。ここでは、安全に目的地まで乗客を運ぶという旅客運送契約の不履行として、債務不履行の規定（民415条、商590条）が適用されるべきか、あるいは不法行為の規定（民709条以下）が適用されるべきかが問題となる。つまり、両規定の賠償請求権の競合をどのように考えるかが重要で、それ

は両規定の過失の要件事実をどう解釈するかにも関係してくる。このように、適用法規を決定するにあたり法の解釈が必要となるのである。

　それから、法の適用に関し、すべての人に法は適用されることも確認しておきたい。法の下の平等という近代法の原則に基づき、法律は、人の身分、地位に関係なくすべての人に対し平等な適用を要請する。国会議員や総理大臣であっても、罪を犯せば刑法の適用を受けるのである。

# 2　事実認定と法の解釈

## A　事実認定
### [1]　事実認定

　裁判で法を適用する際、第1に、事実認定が行われる。第2に、その事実関係に適用する法規を決定する必要がある。そして第3に、その適用法規の意味内容を明らかにする法の解釈が求められる。しかし、事実の認定や適用法規の決定においても、裁判所の判断として法の解釈が必要なので、実際には法の適用にあたり法の解釈があらゆる場面で必要となるのである。

### [2]　法概念の相対性と事実認定

　ここで、法概念の相対性と事実認定について述べよう。たとえば、損害賠償請求訴訟において、過失の認定が重要かつ困難な問題として議論される。過失の認定が、単に不注意という事実概念ではなく、不法行為責任を負わせるに相当する不注意であったかという法的評価を含む法概念を検討しなければならない。このような法概念は、適用される法の目的によって相対的なものとなる。つまり、過失といっても不法行為・債務不履行・犯罪などの成立要件によってその法的評価は異なる。したがって、裁判官は、証拠の取捨選択を通じて、提示された事件の解決に必要となる事実を認定していくことになる。

## B　三段論法

### [1]　三段論法

　法の解釈の基本をもう1度確認しておこう。裁判における法の解釈は、形式的には「三段論法」によって行われる。例として不法行為としての交通事故（人身事故）に関する法の解釈と適用について述べる。

　まず、大前提として不法行為に対する賠償請求の法規定があり、小前提として被告が原告をクルマで跳ねてけがをさせたという事実があり、この事実が確定すれば、「被告が原告に賠償責任を負い、被告は原告に金員を支払え」という結論が判決として出されることになる。

### [2]　推定する、みなす、擬制

　法の解釈にあたり、特に注意すべき用語がいくつかある。たとえば、「推定する」、「みなす」、そして「擬制」という言葉が使われることがある。以下に簡単に説明しておきたい。

### (1)　推定する

　当事者間に別段の取決めのない場合または反証が挙がらない場合に、ある事柄について法令が一応こうであろうという判断を下すこと。

　たとえば、「売買の目的物の引渡しについて期限があるときは、代金の支払についても同一の期限を付したものと推定する」（民573条）というのは、代金の支払期限は一応目的物の引渡期限と同一の期限として取り扱うということであって、当事者に代金の支払期限について異なる期限の取決めがあったり、あるいは当事者の意思がそうでないことが証拠によって明らかになれば、それに従って判断され、処理されることになる。

### (2)　みなす（看做す）

　本来異なるものを法令上一定の法律関係につき同一なものとして認定してしまうこと。当事者間の取決めや反証を許さず、一定の法律関係に関する限りは絶対的に同一なものとして扱う点で、「推定する」と異なる。たとえば、「未成年者が婚姻をしたときは、これによって成年に達したものとみなす」（民753条）とは、未成年者であっても婚姻した場合には、法令の適用上は成年者と同一の能力があるものとして取り扱うということである。

**(3) 擬制**

　ある事実（法律要件）A を、法律的処理の便宜から、それとは異なる事実 B と同じものとして取り扱い、B に認められた法律効果を A の場合にも発生させようとすること。失踪宣告を受けた者を死亡したとみなし（民 31 条）、窃盗罪について電気を財物とみなす（刑 245 条）などがその例である。


# 3　法の解釈の性質


　それでは次に、法の解釈の性質を述べるにあたり、従来伝統的にいわれてきた 2 つの法解釈に関するアプローチを紹介したい。


## A　概念法学

　第 1 は、実定法に厳格に従う立場である。すなわち、法解釈は、法規の文言と論理性を貫徹すべきであり、法は、全体として完結していて欠陥はないのだから、認定事実に対して法規を適用すれば三段論法により自ずから結論が出る。その結論が事実に対して妥当なものかどうかは考慮すべきではない。不当な場合には立法によって改めればよいという考え方である。こうしたアプローチは概念法学といわれる。

　ちなみに 19 世紀のドイツでは、法学者たちが、ローマ法学の伝統を基礎にパンデクテン法学と呼ばれる法原則の論理的体系を築き、あらゆる法律問題の解決をその体系からの論理的演繹によって導き出そうとしていた。これが、いわゆる概念法学の立場である。


## B　自由法学

　第 2 は、正義を追求し、実際の社会に適合した法の解釈・適用を重視する立場である。この主張によれば、法の欠缺を認め、具体的社会事実の中から、自由に、科学的に法の発見をすべきであり、裁判官の法創造作用を認める。このような方法論は自由法学といわれる。概念法学を批判したイェーリング（Jhering, Rudolf von）は、「目的こそ法の創造者である」と主張し、

利益法論・自由法論などの新しい法学方法論の先駆者となった。イェーリングの業績として『ローマ法の精神』（全4巻、1852〜65）、『権利のための闘争』（1872）、『法における目的』（全2巻、1877〜83）などが有名である。

その後、19世紀末から20世紀初頭にかけカントロヴィッツ（Kantorowicz, Hermann Ulrich）らが自由法運動を展開し、大きな反響を呼んだが、彼らの主張は「感情法学」だという批判もあった。

# 4　法の解釈の方法

## A　有権解釈

有権解釈は、公権解釈とも呼ばれ、国家またはその機関によってなされる解釈であり、拘束力をもっている。立法解釈、司法解釈、行政解釈の3つに分類できる。

### [1]　立法解釈

法文の意味内容を確定する法規は立法者自身によって制定され、その法規が他の法文を解釈する方法を立法解釈という。

いわゆる同一の法令の中にあるいは付属の法規に解釈規定を設けたり、法文中に適例が挿入されるなどのケースが立法解釈の例である。

### [2]　司法解釈

裁判所が判決を通して法文について解釈を行うことを司法解釈という。そして、その解釈は、判例として法規範性をもつことになる。

下級裁判所は、上級裁判所の判決に従わなければならないが、法理上は上級裁判所の判決によって拘束されるわけではない。

### [3]　行政解釈

行政官庁が法規を執行するにあたり、下級官庁への回答、訓令、通達などの形式によって行う解釈を行政解釈という。

　これらの解釈は、下級官庁を拘束し、また、行政行為を執行する際に直接住民や国民を規律することになる。したがって、重要な法規範となる。

## B　学理解釈

### [1]　文理解釈

　法文の言葉と文章に忠実な解釈を文理解釈という。法の解釈の基本として、文理に沿って解釈すべきことは当然のことである。ただし、次の点に留意する必要があるだろう。①法文における文字・文章は制定当時の意味に解すること。②用語は、一般の意味に解すること。③法文の文字は、法規全体の関係において統一的に解釈すること。④特有の技術的性格を有する法令用語は、その使用上の約束または慣例によって解釈すること。

　以下に、法令用語として重要なものを数例挙げる。

### (1)「又は」と「若しくは」

　「又は」と「若しくは」は選択的接続詞といわれる。選択的に段階なく並列された語句を接続する場合には、「又は」が用いられる。語句が2個のときは「又は」で結び、3個以上のときは最後の2個の語句を「又は」で結び、その他の接続は読点で行うこととされている。たとえば、「簡易裁判所又は地方裁判所においては」（刑訴31条2項）、「政治的、経済的又は社会的関係において」（憲14条1項）のように用いる。

　選択される語句に段階があるときは、段階がいくつあっても、一番大きな選択的連結に1回だけ「又は」を用い、その他の小さい選択には「若しくは」が重複して用いられる。たとえば、「法律若しくは政令を施行するため、又は法律若しくは政令の特別の委任に基づいて」（行組12条1項）のように用いる。

### (2)「及び」と「並びに」

　これは2つまたは2つ以上の文言をつなぐための併合的接続詞である。①AとBというような単純、並列的な併合的接続の場合には「及び」が使われる。たとえば、「大使及び公使」（憲7条9号）、「居住、移転及び職業選択の自由」（憲22条1項）のように用いる。
②併合的接続の段階が複雑で2段階以上になる場合には、小さい接続のほうに「及び」が使われ、大きな接続のほうには「並びに」が使われる。た

とえば、「地方公共団体の区分並びに地方公共団体の組織及び運営に関する事項」（自治1条）のように用いる。

③接続の段階がさらに複雑になって3段階以上も続くような場合には、一番最後の接続だけに「及び」が使われ、それ以外の接続には、すべて「並びに」が使われることになる。

## (3)「以上」と「以下」

　数量的限定をする場合に用いるが、「以上」「以下」とも基準点になる数量を含む。一定の数量を基準として、その基準数量を含んで多いという場合には「以上」を、その基準数量を含まずにそれより多いという場合には「超える」または「超過」を用いる。たとえば、「18歳以上」といえば18歳を含んでそれより多い年齢を表し、「18歳を超える」といえば、18歳は含まず、18歳より多い年齢を表すことになる。また、一定の数量を基準として、その基準数量を含んでそれより少ないという場合には「以下」を、その基準数量を含まずにそれより少ないという場合には「未満」または「満たない」を用いる。たとえば、「18歳以下」といえば、「18歳未満」というのとは異なり、18歳を含んでそれより少ない年齢を表すことになる。

## [2] 論理解釈

　文理によりながらも法秩序全体を念頭に、論理的に矛盾しないように行う解釈を論理解釈という。すなわち、立法目的、他の法令との関係、立法趣旨や沿革、外国法との比較、法規適用の効果などを考慮し、法文の意味を限定したり、修正していく解釈方法である。

　論理解釈は、文理解釈における不備や不完全を補充しようという解釈技術である。主なものとして以下の4つを挙げる。

## (1) 拡大解釈

　法文の言葉や文章の文理を広げて解釈する方法を拡大解釈という。

　拡大解釈の例として、刑法261条の器物損壊罪を例に挙げよう。同条における「損壊」は、文理上は物理的な破壊をいうが、「損壊」の意味を広くとり、食器に放尿することが、感情的にその食器の使用を不可能にしたことになり、「損壊」にあたり、本条の罪に該当するという判例がある（大判明治42・4・16刑録15輯452頁）。

### (2) 縮小解釈

　縮小解釈とは、法律の規定を解釈する際、その文言を法目的に照らして、通常の意味よりも縮小して狭く解釈することを意味する。

　たとえば、爆発物取締罰則1条は、「爆発物ヲ使用シタル者及ヒ人ヲシテ之ヲ使用セシメタル者は死刑又ハ無期若クハ7年以上ノ懲役又ハ禁錮ニ処ス」と規定している。そこで、最高裁昭和31年6月27日判決において、火炎びんが「爆発物」にあたるかが問題となり、最高裁は次のように判示した。爆発という文言の意義を理化学的に解釈すると、マッチを擦る行為まで含まれることとなり妥当でなく、「その爆発作用そのものによつて公共の安全を攪乱しまたは人の身体財産を損傷するに足る破壊力を有」するものに限定すべきである。したがって、火炎びんは「爆発物」にあたらないとして、同罪の成立を否定した。なお、昭和47（1972）年に「火炎びんの使用等の処罰に関する法律」が新たに制定されている。

### (3) 反対解釈

　法文に規定されている事項の反対面から、規定されていない事項について法的判断をするやり方を反対解釈という。

　たとえば、民法737条の未成年者の子が婚姻するためには父母の同意が必要であるという規定は、反対に、成年の子の婚姻には父母の同意は必要ないという解釈ができるわけである。

### (4) 類推解釈

　類推解釈（類推適用）とは、法文で規定されている内容と、その法文の適用が問題となっているがその法規には含まれない事実との間に、類似ないし共通の性質があることを理由として、前者に関する法規を後者に適用することを意味する。

　なお、類推解釈と似たような用語として拡張解釈があるが、これは、成文の言葉によって示された固有の概念を可能な範囲で拡張して解釈する方法をいう。

　もちろん、類推解釈をする際、恣意的な解釈があってはならず、目的妥当性に留意する必要があるのは当然のことである。

　類推解釈は、拡大解釈と同様、法の制定後に新たに生じた利益を保護するため、民法ではよく利用される解釈技術である。しかし、刑法では、被

告人の人権を保護するための罪刑法定主義の要請により拡大解釈は許されるが、類推解釈は一般に禁止されている。たとえば、刑法134条の秘密漏洩罪に看護師の規定はないので、「医師」のなかに看護師を類推して入れて適用することはできない。

　以上、論理解釈の例として4つを挙げた。その他として以下に数例挙げておく。

①勿論（もちろん）解釈

　勿論解釈は、類推解釈の一亜種である。「小さなものが許されているのだから、より大きなものはもちろん許されている」、とか「大きなものが禁止されている以上、より小さなものは当然禁止されている」というような解釈方法である。

②体系的解釈

　不法行為の規定を債務不履行の規定を参照しつつ解釈し、租税滞納処分の規定を民事執行法の規定を参照しながら解釈するように、法の体系性を念頭に置いて解釈する方法を体系的解釈という。

③沿革的解釈

　立法資料や立法の際参照した外国の立法をもとにした解釈は沿革的解釈と呼ばれる。

④進化的解釈

　社会の進展に伴い、解釈も変更すべき場合がある。こうした状況下で用いられるのが進化的解釈である。

⑤比較法的解釈

　沿革的解釈と似ているが、外国の立法を参照する解釈は比較法的解釈という。

⑥目的論的解釈

　立法目的や制度の意図を考慮した解釈は目的論的解釈といわれる。

⑦社会学的解釈

　さまざまな解釈を採用した場合の社会的影響を考慮する解釈は社会学的解釈といわれる。

## ■■コラム■■ 「車馬」の解釈について

　学理解釈に関する事例としてよく使われる「車馬通行止め」について考えてみよう。特に「車馬」という言葉をどう解釈すればよいのか。

　文理解釈によれば、「車馬」とは、自動車とか馬を指す言葉であるという辞書に基づく知識を前提にして、自動車とか馬の行き来を禁止するというように結論付けられる。それに対して、拡大解釈を行えば、「車馬」とは、人や荷物を載せたり、車を引くことができる動物のことなので、常識の範囲内で車馬の意味を広げ、牛でもロバでも通行禁止とする。また、反対解釈を用いれば、自動車とか馬でなければ、たとえば人なら通行が禁止されないと考えることになる。さらに、類推解釈をすれば、たとえば祭りの神輿をかついで人が通る場合、神輿は一般的に乗り物ではないし、車もついていないが、その通行を認めると付近の人々に危険を及ぼす点で車馬と同じで、したがって車馬同様通行禁止となる。

## 知識を確認しよう

. . . . . . . . . . . . . . . . . . . . . . . . . . . . .

### 〔問題〕

(1) 法の解釈の技術について述べなさい。

(2) 類推解釈と拡張解釈の違いについて述べなさい。

### 〔解答への手がかり〕

(1) 法の解釈は、その法律が、何を、何のために、どのように規定しているか確定することである。そうした基本を理解したうえで、文理解釈や論理解釈の事例を論じる必要がある。

(2) 両者はよく似た解釈方法であるが、類推解釈は、拡張解釈と異なり、法文の文字の意味を含ませないため濫用される危険がある。刑法では、被告人の人権を保護するため、類推解釈が禁止されている。

## 本章のポイント

1. 人権は、人間の尊厳に由来する権利である
   が、その特質、享有主体、他人の人権との関
   係はどのようになるのか。
2. 包括的基本権は、現在では新しい人権の根
   拠として考えられている。平等権は、自由
   権と並び個人の尊重に由来する重要な原則
   である。
3. 自由権は、国民が国家権力により自由を侵
   害されない権利であり、中心的な人権であ
   る。これは、精神的・経済的・身体的自由権
   からなる。
4. 社会権は、社会的・経済的弱者を保護し、国
   民が人間に値する生活を営むことを保障す
   るため、国に対して一定の行為を要求する
   権利である。
5. 国務請求権は、人権保障をより確実なもの
   にするための権利である。参政権は、国民
   が主権者として国の政治に参加する権利で
   ある。

# 1 ●人権

## A　人権の特質

### [1] 意義

人権は、「すべて国民は、個人として尊重される」（13条）とあるように人間が社会を構成する自律的な個人として自由と生存を確保し、その尊厳性を維持するために必要な自然権的な権利として保障されている。この人権には、大きく次のような特徴を見ることができる。

### [2] 人権の固有性

人権は、憲法や天皇、国王などから恩恵として与えられたものではなく、人間であることにより当然に有する権利であることをいう。日本国憲法では人権を「信託されたもの」（97条）、「現在及び将来の国民に与へられる」（11条）と規定しているのは、このことを表している。

### [3] 人権の不可侵性

人権は、原則として国家権力により侵されないことを意味する。このことは日本国憲法が「侵すことのできない永久の権利」（11条・97条）と規定することからも明らかである。これは、歴史的に人権が国家権力によって最も多く侵害されてきたことなどに由来する。

ただし、人権の不可侵性は、人権が絶対無制限なものであることを意味するものではなく、他人の人権との関係などで一定の限界を有している。

### [4] 人権の普遍性

人権は、人種、性別、身分などの区別に関係なく、人間であることに基づいて当然に享有することができる。このことは、「国民は、すべての基本的人権の享有を妨げられない」（11条）という規定で示されている。

## B　人権の享有主体

### [1]　日本国民

　人権は、人間である以上当然に享有できる普遍的な権利であるため、一般の日本国民は当然に享有することができる。ただし、未成年者については成人に比べて判断力が未熟なことから、参政権の制限（15条3項）などの制約がある。また、天皇・皇族については、皇位の世襲と職務の特殊性から必要最小限度の特例が認められる。

### [2]　外国人

　外国人の人権は、権利の性質上適用可能な人権は享有できると考えるべきである。その際、旅行者のような一般外国人や定住外国人などタイプを分けて考えなければならない。一般的に外国人に保障されない人権には、①入国の自由・在留の権利・再入国の自由、②参政権については、国会議員選挙は国民主権の原理に反するため否定されるが、地方自治体レベルでは、永住権を持つ定住外国人について憲法上禁止とも可とも述べていない（最判平成7・2・28民集49巻2号639頁）、③公務就任権については、国民主権の観点から公権力の行使に関わる公務員にはなれない（最大判平成17・1・26民集59巻1号128頁）といったものがある。

### [3]　法人

　人権は、個人の権利であるため、本来自然人である人間が享有するものである。しかし、経済社会の発展に伴い、法人その他の団体の活動の重要性が増大するようになった。そして、法人の活動は自然人を通じて行われ、その効果は自然人に帰属することや、法人の社会的役割を考えると、人権規定が性質上可能な限り法人に適用されることには問題はない。ただし、あくまで限定的に解するべきであり、身体的自由権・生存権・選挙権のような自然人とだけ結合して考えられる人権は保障されないのは当然である。

## C　基本的人権の限界

### [1]　人権と公共の福祉

　日本国憲法は、基本的人権を絶対的に保障する考え方をとっているが、

これは、人権が無制限だという意味ではない。人権は、他人の人権との関係で制約を受けることがあるのは当然である。このことを憲法では「公共の福祉」による制約を受ける旨を一般的に規定する方式をとっている（12条・13条・22条・29条）。ここでいう公共の福祉とは、人権相互の矛盾・衝突を調整することを前提とし、具体的状況を踏まえて対立する利益を衡量しながら妥当な結論を導き出そうという考えが有力である。

### [2] 特別な法律関係における人権の限界

　公務員や在監者といった公権力と特殊な関係にある者については、特別な人権制限が許されると考えられている。公務員については、憲法が公務員関係の存在と自律性を憲法秩序の構成要素と認めていること（15条・73条4号等）に由来する。在監者については、公務員と同様に在監関係とその自律性を認めており（18条・31条）、在監関係の維持と目的の達成のために一定の人権制限が必要とされるのである。

## 2 ● 包括的基本権と法の下の平等

## A　幸福追求権
### [1] 幸福追求権の意義

　憲法13条は国民が「生命、自由及び幸福追求に対する国民の権利」を有することを規定している。これが、幸福追求権である。憲法は、14条以下に詳細な人権規定を置いているが、これらは歴史的に国家権力によって侵害されることが多かった重要な人権を列挙したものであって、すべての人権を網羅したものではない。

　この幸福追求権は、憲法制定当初は14条以下に列挙された人権の総称と理解されていた。しかし、1960年代以降の激しい社会・経済の変動に伴って生じた諸問題に法的に対応する必要性が生じたため、憲法に列挙されていない新しい人権の根拠となる一般的・包括的な権利であると理解されるようになった。

## [2] 幸福追求権から導き出される人権（新しい人権）

　幸福追求権からどのような権利が導き出され、それが新しい人権として保障されるかをどのような基準で判断するかは非常に難しい問題である。また、明確な基準もなく、裁判所が憲法上の権利として承認すると、裁判所の主観的価値判断で権利が創設されるおそれがある。そこで、憲法上の権利と言えるためには、①特定の行為が個人の人格的生存に不可欠であるか、②その行為を社会が伝統的に個人の自律的決定に委ねているか、③その行為は多数の国民が行おうと思えば行うことができるか、④行っても他人の人権を侵害する恐れはないか、など種々の要素を考慮して慎重に判断する必要がある。

## [3] プライバシー権

　幸福追求権を主要な根拠として判例・通説によって認められている代表的な権利が、プライバシー権である。これは、従来「私生活をみだりに公開されない法的保障ないし権利」（東京地判昭和 39・9・28 下民集 15 巻 9 号 2317 頁）と理解されていた。しかし、情報化社会の発展に伴い、公権力や企業等の大組織が個人情報を収集・保管することが、個人に対する脅威であると認識されるようになった。そこで現在では、プライバシー権は「自己に関する情報をコントロールする権利」（情報プライバシー権）と理解する見解が有力である。

　最高裁は、早稲田大学名簿提出事件において、大学が講演会の主催者として学生から参加者を募る際に収集した参加申込者の学籍番号・氏名・住所・電話番号などの情報は、参加申込者のプライバシーに関する情報として法的保護の対象となると判示している（最判平成 15・9・12 民集 57 巻 8 号 973 頁）。

## [4] 環境権

　1960 年代の高度経済成長の時代に、大気汚染、水質汚濁、土壌汚染、騒音、振動などの公害が各地で発生し大きな社会問題となった。そこで、健康で快適な生活維持のための環境を保全し、良好な環境の中で国民が生活できるために、新しい人権の 1 つとして環境権が提唱された。

　環境権は、環境破壊を予防し排除するために主張され、そのようなよい環境の享受を妨げられない側面をもつため、幸福追求権を主要な根拠とする権利と理解することができる。一方で、環境権の内容の具体化を実現するには、公権力による積極的な環境保全や改善のための施策が必要であるため、その面では社会権としての性格を有する権利である。

　現在、環境基本法をはじめとする環境・公害関係の法律が制定されているが、ここでは環境権の概念は盛り込まれていない。また、環境権をめぐる訴訟として代表的なものに、大阪空港公害訴訟（最大判昭和 56・12・16 民集 35 巻 10 号 1369 頁）や厚木基地公害訴訟（最判平成 5・2・25 民集 47 巻 2 号 643 頁）があるが、最高裁は、環境権という権利の存在を承認していない。

## B　法の下の平等

### [1]　憲法における平等原則

　憲法は、14 条 1 項において法の下の平等の基本原則を宣言し、2 項で貴族制度の廃止、3 項で栄典に伴う特権の禁止を規定している。さらに、個別的に普通選挙の一般原則（15 条 3 項）、選挙人の資格の平等（44 条）、夫婦の同等と両性の本質的平等（24 条）、教育の機会均等（26 条）という規定を設けて、平等原則の徹底化を図っている。

### [2]　法の下の平等の意味

#### （1）　法内容の平等

　憲法における平等原則は、法の適用にあたる行政権・司法権が国民を差別してはならないという法適用の平等を意味するように見える（立法者非拘束説）。しかし、法の内容も平等原則に従って定立されるべきだという立法権も拘束されなければならない（立法者拘束説）。すなわち、法内容が不平等であれば、いくら平等に法適用を行っても不平等が残るからである。

#### （2）　絶対的平等と相対的平等

　法の下における平等における平等とは、事実的差異を無視しすべての人を完全に均等に扱うことを意味するという考え方がある（絶対的平等説）。しかし、人にはさまざまな事実的差異があり、これを無視して機械的に均等に扱うとかえって不平等を招く。そこで、平等とは事実的差異を前提と

して、同一の事情と条件の下では均等に扱うことを意味し、事実状態が異なる場合は、合理的な理由のある区別をすることは平等原則違反ではないという考え方がある（相対的平等説）。ただし、この立場では許される合理的区別の内容をめぐる問題が残る（最大判昭和60・3・27民集39巻2号247頁、最大決平成25・9・4民集67巻6号1320頁）。

### [3] 平等の具体的内容

憲法14条1項後段では、「人種、信条、性別、社会的身分又は門地により、政治的、経済的又は社会的関係において、差別されない」と規定する。これは、前段の平等原則について歴史的に差別的取扱いが多かったものを例示的に説明したものと考えられている。そこで、これらの列挙に該当しない場合でも、不合理な差別的取扱いは、前段の原則によってすべて禁止されることになる。その結果、国民はあらゆる分野において権利のうえで平等に取り扱われることになる。

# 3 自由権

## A 精神的自由権
### [1] 思想良心の自由 (19条)

思想良心の自由は、精神的自由権の最も根本をなすものである。19条でいう「思想及び良心」とは、世界観・人生観・主義・主張など個人の内面的精神作用を広く含む。思想良心の自由を保障する意味は次のようなものである。①国民がいかなる思想良心を持とうともそれが内心にとどまる限り絶対的に自由である。②国家権力は、内心の思想に基づいて不利益を課すことや、特定の思想を抱くことを禁止することはできない。③国家権力は、国民がいかなる思想を抱いているかについて強制的に訊ねることは許されない。④国民は内心の思想について沈黙することは自由である。

## [2] 信教の自由（20条）

### (1) 信教の自由の内容

　信教の自由は、信仰の自由、宗教的行為の自由、宗教的結社の自由が含まれている。このうち信仰の自由は、宗教を信仰する・しない、信仰する宗教を選択し、または変更することについて個人が任意に選択する自由である。ここから、①信仰の告白の強制や信仰に反する行為の強制は許されない、②信仰・不信仰により特別の利益・不利益を受けない、③宗教的教育を受ける・受けない自由が導かれる。後二者は、表現の自由と関連の深い問題である。

### (2) 政教分離の原則

　憲法20条1項後段は「いかなる宗教団体も、国から特権を受け、又は政治上の権力を行使してはならない」と規定し、3項では「国及びその機関は、宗教教育その他のいかなる宗教的活動もしてはならない」と規定する。これは、国から特権を受ける宗教を禁止し、国家の宗教的中立性を明示した規定である。このように国家と宗教は厳格に分離することが定められているが、一切のかかわりを排除するのは難しい問題である。そこで、最高裁は憲法によって禁止される宗教的活動とは、①行為の目的が宗教的意義を持っていること、②その効果が宗教に対する援助、助長、促進又は圧力、干渉などになるような行為、③その行為が宗教との過度のかかわり合いを促すものであること、としている（目的効果基準、最大判昭和52・7・13民集31巻4号533頁）。

## [3] 表現の自由（21条）

### (1) 表現の自由の意味

　表現の自由とは、人の内心における精神作用を外部に表明することの自由である。この表現の自由には、①個人が言論活動を通じて自己の人格を発展させる個人的価値（自己実現の価値）、②言論活動によって国民が政治的意思決定に関与する社会的価値（自己統治の価値）、という2つの重要な価値がある。このように表現の自由は、個人の人格形成や国民の政治参加に不可欠な権利であるが、情報化の進んだ現代社会では、「知る権利」の観点を加えて理解すべきとされる。

　知る権利とは、個人はさまざまな情報を知ることによって、政治に有効に参加できることから、国民が情報源から自由に情報を受け取り、または情報の開示を要求できる権利のことである。現代社会は、情報が国家やマス・メディアに集中し、情報の送り手と受け手が分離しているため、知る権利の保障がなければ、表現の自由の価値である自己実現・自己統治が不十分になってしまうからである。

　なお、表現の自由の保障は、あらゆる表現媒体による表現活動に及ぶ。

## (2) 表現の自由の限界

　表現の自由といえども無制約ではない。その重要な価値から制約が認められる場合と程度は、できるだけ厳格に必要最小限度になされなければならない（二重の基準論）。

　特に事前抑制は、憲法21条2項の検閲の禁止の規定があるように許されない。ここでいう検閲とは、公権力が外に発表されるべき思想の内容をあらかじめ審査し、不適当と認めるときはその発表を禁止する行為をいう。

　検閲の主体は、公権力であるが主として行政権である。裁判所による場合は、その手続が公正な法の手続によるものであるから、行政権によるものと異なり、厳格かつ明確な要件の下で許されることもある（最大判昭和61・6・11民集40巻4号872頁）。

　事前抑制をめぐっては、税関検査（最大判昭和59・12・12民集38巻12号1308頁）、教科書検定（最判平成9・8・29民集51巻7号2921頁）などが問題となっている。

## (3) 表現の自由の制約

　性表現・名誉毀損的表現は、刑法にわいせつ文書頒布・販売罪（刑175条）、名誉毀損罪（刑230条）が規定されるほか、特別法では児童ポルノ提供罪（児童売春7条）が規定され、処罰対象となるため制約を受ける。

　このうち性表現については、社会環境としての性風俗を清潔に保ち、抵抗力の弱い青少年を保護するという刑法の保護法益との均衡をはかりながら、表現の自由の価値に比重を置いてわいせつの定義を厳格に絞り、できるだけ限定して規制をかける考え方が有力である（定義づけ衡量論）。

　名誉棄損的表現については、特に公人が対象の場合は国民の知る権利に関わる重要な問題となる。最高裁は、名誉毀損罪に関する刑法230条の2

の規定について、表現の自由の確保の観点から厳格に限界を画定する解釈を示している（最大判昭和44・6・25刑集23巻7号975頁）。

### （4）集会・集団行動の自由

集会の自由は、多数人が共通の目的をもって一定の場所に集まることの自由である。集会の場所は、屋外・屋内を問わない。判例も集会の自由は表現の自由の一形態として重要な意義を有することを指摘している（最大判平成4・7・1民集46巻5号437頁）。しかし、集会の自由は多数人が集合する場所を前提とする表現活動のため、他者の権利・利益と衝突する可能性が強いため、調節のために必要不可欠な最小限度の規制を受ける。

集団行動（デモ行進・パレード等）の自由は、「動く集会」として集会の自由に含まれる。ただし集団行動は、一定の行動を伴うため特に他の国民の権利・自由との調整を必要とし、特別の規制を受ける。

### （5）結社の自由

結社とは、多数人が共通の目的をもって継続的に結合することをいう。結社の自由は、①団体を結成する・しない、②団体に加入する・しない、③団体を脱退する自由、④団体として活動する自由から構成される。ただし弁護士会、税理士会などのように専門的技術を要し公共的性格を有する職業については、法によって強制設立・強制加入制を取ることは許されている。

### （6）通信の秘密

憲法21条2項後段は、通信の秘密を保障している。これは、通信が他者に対する意思の伝達という表現行為だけでなく、公権力による通信内容の探索の可能性を断ち切ることが表現の自由の確保につながると考えられているからである。

通信の秘密の保障は、通信内容をはじめ通信に関するあらゆる事項におよぶ。しかし、刑事訴訟法（刑訴100条・222条）、破産法（破産82条）、関税法（関税122条）などによる制限のほか、いわゆる通信傍受法（犯罪捜査のための通信傍受に関する法律）により、薬物・銃器関連犯罪、集団密航、殺人、強盗、詐欺などの犯罪の場合、裁判所の発する傍受令状により通信の傍受をすることを認めている。

## [4] 学問の自由 (23条)

学問の自由は、学問研究の自由、研究発表の自由、教授 (教育) の自由からなる。さらに学問研究は、大学を中心に展開されることから大学の自治の問題が派生する。このうち学問研究の自由は、思想の自由の一部を構成し、研究発表・教授の自由は、表現の自由の一部を構成している。

学問の自由の保障は、国家権力が学問研究・研究発表・学説内容などの学問的活動とその成果について、それを弾圧・禁止することは許されないことを意味する。これは、学問研究は外部から干渉されるべき問題ではなく、自由な立場での研究が要請されるからである。しかし近年、先端科学技術研究がもたらす重大な脅威・危険による生命・健康に対する危害に対処するため、研究者の自制だけでなく必要最小限度の規律を法律によって課すことは許されるという見解が主張されている。

# B 経済的自由権

## [1] 職業選択の自由 (22条1項)

職業選択の自由は、自己の従事する職業を決定する自由のことである。さらに、自己の選択した職業を遂行する自由 (営業の自由) も含まれる。

職業はその性質上、無制限な職業活動を許すと公共の安全と秩序の維持を脅かす恐れがあることや政策的配慮から精神的自由権に比べより強度の規制を受ける。この規制は、①主として国民の生命・健康に対する危険の防止・除去・緩和のために課せられるもので、許可制、資格制などがある (消極目的規制)。②経済の調和のとれた発展の確保や社会的・経済的弱者保護のために行われる規制で、中小企業保護のための競争制限などがある (積極目的規制)。

## [2] 居住・移転の自由 (22条1項)

居住・移転の自由は、自己の住所・居所を自由に決定し、移動することの自由であり、旅行の自由も含まれる。また、22条2項により外国旅行を含む海外渡航の自由も保障される。ただし、海外渡航にはパスポートの所持が義務付けられる。

また、22条2項では国籍離脱の自由も認められる。しかし、国籍法は「外

国の国籍を取得したときは、日本の国籍を失う」（国籍11条1項）と規定するので、無国籍者になる自由は認められない。

### [3] 財産権の保障（29条）

　財産権の保障は、①個人の現に有する財産権の保障、②個人が財産権を享有しうる法制度（私有財産制）の保障という側面がある。

　財産権の内容は、無制限ではなく公共の福祉に適合するように法律によって制限することができる。ここでいう「公共の福祉」とは、各人の権利の公平な保障と、各人の人間的生存の確保という2つの意味がある。

　さらに、私有財産は公共のために収用・制限することができ、その際には正当な補償が必要とされる。ここでいう「公共のため」とは、公共事業だけでなく、収用の目的が広く社会公共の利益のためであればよいとされる。「正当な補償」については、①収容する財産の客観的市場価格を全額補償する（完全補償説）と、②収容する財産について合理的に算出された額であれば市場価格を下回ってもよい（相当補償説）の2つの考え方がある。現在は、前者が有力である（最判昭和48・10・18民集27巻9号1210頁）。

## C　身体的自由権

### [1] 基本原則

#### （1）奴隷的拘束からの自由（18条）

　自由な人格者と両立しない程度の自由の拘束状態と本人の意思に反して強制される労役は許されない。ただし、刑罰の場合は除かれる。

#### （2）適正手続の保障（31条）

　法律の定める手続によらなければ、生命・自由の剥奪や刑罰を科せられないことである。特に重要なことは、「告知と聴聞」といって公権力が国民に不利益を科す場合、あらかじめ内容を告知し、当事者に弁解と防御の機会を与えなければならないことである。

### [2] 被疑者・被告人の権利

　身体的自由権は、刑事裁判手続の中で特に問題となる。そこで、被疑者とは、犯罪捜査の過程で犯人ではないかと思われている人のことである。

被疑者は、起訴されると被告人と呼ばれる。

## (1) 不法な逮捕・抑留・拘禁からの自由 (33条・34条)

現行犯を除き、裁判官が発する令状が無ければ逮捕されない。また、逮捕後の身柄の拘束は、裁判所の公開法廷での理由の開示と弁護人依頼権が認められなければ認められない。

## (2) 住居等の不可侵 (35条)

逮捕に伴う合理的範囲内を除き、裁判官が個々に発する令状によらなければ住居・書類・所持品に対する侵入・捜索・押収をすることは許されない。

## (3) 拷問・残虐刑の禁止 (36条)

公務員による拷問や残虐な刑罰は、禁止される。これについて、死刑がこれにあたるか争いがあるが、最高裁は、残虐刑にあたらないとしている (最大判昭和23・3・12刑集2巻3号191頁)。

## (4) 公平な裁判所の迅速な公開裁判を受ける権利・証人審問喚問権・弁護人依頼権 (37条)

刑事被告人は、公平な裁判所の公開法廷で、不当に遅延しない状態で裁判を受けることができる。また被告人は、すべての証人に審問するだけでなく公費で強制的に証人を呼び出すことができる。さらに被告人は弁護人を依頼することができる。なお、経済的理由で弁護人を依頼できないときは、国が弁護人を付する国選弁護人制度がある (刑訴36条・37条の2)。

## (5) 自己に不利益な供述・自白の証拠能力 (38条)

被疑者・被告人および証人は、自己に不利益な供述を強要されない。これに関して刑事訴訟法では、被告人・被疑者に対して黙秘権を保障している (刑訴198条2項・291条3項・311条)。

自白については、強制・拷問・脅迫などによる任意性のない自白の証拠能力を認めないだけでなく、任意性のある自白でも、これを補強する証拠がなければ有罪とする証拠にすることはできない。

## (6) 遡及処罰の禁止・一事不再理 (39条)

遡及処罰の禁止は、刑罰法規は施行日前の事項にさかのぼって適用することは許されないことである。また、一事不再理とは、判決が確定した事件について再び刑事責任を問われないことである。

# 4 社会権

## A 社会権の意義

社会権は、20世紀になって福祉国家の理想に基づき、特に社会的・経済的弱者を保護し、実質的平等の保障を実現させるための権利である。この権利は、国に対して一定の行為を請求する権利（作為請求権）であることが特徴である。また、社会権の保障により、国は社会国家として国民の社会権の実現に向けて努力する義務を負っている。憲法25条2項で「国は、すべての生活部面について、社会福祉、社会保障及び公衆衛生の向上及び増進に努めなければならない」と規定することからも明らかである。

## B 生存権 (25条)

国民は誰でも、人間的な生活を送ることができる権利のことである。この生存権の保障は、社会権の中でも原則的な規定である。

憲法25条1項は「すべて国民は、健康で文化的な最低限度の生活を営む権利を有する」と規定するが、これは国の積極的配慮を求める権利であり、具体的な請求権ではない。そのため、この規定は国に対して国民の生存を確保するための政治的・道義的責任を課しているにすぎず、個々の国民に対して具体的権利を保障したものではないと一般に考えられている（プログラム規定説）。そこで、憲法25条2項の規定を受けて、生存権はそれを具体化する法律があってはじめて具体的な権利になるとされる。

これを受けて、生活保護法、児童福祉法などの社会福祉立法、国民年金法、国民健康保険法、雇用保険法などの社会保障立法、保健所法、食品衛生法などの公衆衛生立法などにより、各種の制度の整備が行われている。

また、「健康で文化的な最低限度の生活」の内容をめぐっては、朝日訴訟（最大判昭和42・5・24民集21巻5号1043頁）や堀木訴訟（最大判昭和57・7・7民集36巻7号1235頁）が知られている。

## C 教育を受ける権利 (26条)

国に対して、教育について積極的な配慮を要求することができる権利の

ことである。この権利は、その性質上、子どもに対して保障され、その内
容は、子どもの学習権を保障していると考えられている。

　この権利に対応して、憲法26条2項は「すべて国民は、法律の定めると
ころにより、その保護する子女に普通教育を受けさせる義務を負ふ」と規
定し、子どもに教育を受けさせる責務は親ないし親権者が負うとしている。
また、教育を受ける権利を確実なものにするために、国は教育制度を維持
し、教育条件を整備する義務を負っている。これを受けて、教育基本法、
学校教育法などの教育関係の立法が行われ、教育の機会均等、小・中学校
の義務教育を中心とする教育制度が整備されている。

## D　労働基本権 (28条)

　日本国憲法は27条で勤労の権利を保障しているが、労働者と使用者の
関係は、契約自由の原則が働くため、労働者は使用者に比べ不利な立場に
立たされている。そこで、労働基本権の保障により、劣位にある労働者を
使用者と対等の立場に立たせることができるのである。労働基本権は、労
働三権とも呼ばれ、次の3つの権利から構成される。

### (1) 団結権

　労働者が、労働条件の維持・改善のために団体を結成し、これに加入す
る権利 (労働組合結成権) である。労働者を団結させ、使用者と対等の地位に
立たせるための権利である。

### (2) 団体交渉権

　労働者の団体が、使用者と団体交渉を行う権利である。団体交渉の結果、
締結されるのが労働協約 (労組14条) である。

### (3) 団体行動権

　労働者の団体が、労働条件の実現を図るため団体行動を行う権利である。
その中心は争議行為であるため、争議権とも呼ばれる。

　これらの権利を保障するため、労働基準法、労働組合法、労働関係調整
法 (いわゆる労働三法) などが規定されている。

　なお、労働基本権は、公務員については制限されている。現行法では、
①警察官・消防官・海上保安官・刑務官・自衛官は、すべての権利が、②
非現業の一般の公務員は団体交渉権と団体行動権が、③現業の公務員は団

体行動権が、それぞれ否定されている。

# 5 国務請求権・参政権

## A 国務請求権（受益権）

### [1] 請願権（16条）

請願権とは、国または地方公共団体に対し、国務に対する希望を述べる
ことができる権利である。この権利は、かつては国民が政治的意思表明を
するための有力な手段であった。しかし、現代では、国民主権に基づく議
会政治が発達し、言論の自由を中心とする表現の自由が広く保障されてい
るので、請願権の意義は相対的に減少している。そこで、請願権の保障は、
請願を受けた機関に対し、それを誠実に処理する義務を課するにとどまっ
ている（請願5条）。

### [2] 裁判を受ける権利（32条）

裁判を受ける権利とは、政治権力から独立した公平な司法機関に対して、
すべての個人が平等に権利・自由の救済を求め、そのような公平な裁判所
以外の機関から裁判されることのない権利である。これは、近代立憲主義
と密接に関連し、裁判所による違憲審査制を採用する日本国憲法では、個
人の基本的人権の保障を確保し、法の支配の原則を確保するうえで不可欠
な前提となる権利である。

憲法32条は、「裁判を受ける権利を奪はれない」と規定する。これは、
民事事件・行政事件では、自己の権利または利益が不法に侵害されたとき、
裁判所に対して損害の救済を求める権利、すなわち裁判請求権・訴権が保
障されることを意味する。言い換えると、裁判所は裁判を拒絶することが
許されないことである。また、刑事事件では、裁判所の裁判によらなけれ
ば刑罰を科せられないことが保障されることである。刑事事件における裁
判を受ける権利は、身体的自由権の一種でもあり、憲法37条1項でも重ね
て保障されている。

## [3]　国家賠償請求権（17条）

　国家賠償請求権とは、違法な国家作用によって発生した損害に対して、国民がその賠償を求める権利である。これは、国家が自ら積極的に法治国家の自由主義原理を尊重し、そこから生じる各種の弊害を除去しなければならないことを認め、社会的正義を実現しなければならないことを確認した規定である。かつては、「国家無答責の法理」といって、国の公務員が職務上違法に国民に損害を与えた場合でも国は責任を負わないという原則があったが、この原則を完全に否定した規定である。なお、賠償請求権の具体的内容は、国家賠償法で定められている。

## [4]　刑事補償請求権（40条）

　刑事補償請求権とは、刑事手続において抑留・拘禁された被告人に対し、無罪の判決が確定した場合に、被疑者・被告人として被った損失の塡補を国に対して請求することのできる権利である。この権利は、明治憲法には規定が無く、現実の補償も不十分であったため、国家賠償請求権と同様の理由で規定が設けられることになったのである。なお、刑事補償の具体的内容は、刑事補償法に規定されている。

# B　参政権
## [1]　参政権の意義

　国民は、主権者として、国の政治に参加する権利を有している。国民の政治参加は、主として議会の議員の選挙を通じて行われるため、選挙権・被選挙権が中心となる。また、国民投票制が定められている場合は、その投票を通じて参加することができる。さらには、公務員になる権利（公務就任権）も広い意味で参政権に含まれるとされる。

　日本国憲法は、選挙権については15条、被選挙権については44条で保障している。また、国民投票制については、最高裁判所裁判官の国民審査（79条2項）、憲法改正国民投票（96条）、地方特別法住民投票（95条）の規定がある。

### [2] 選挙権の要件

　参政権の中心である選挙権については、選挙の自由・公正と効果的な代表の実現のため、いくつかの基本原則を採用している。その中でも重要な原則が、普通選挙と平等選挙の原則である。①普通選挙は、財力、性別、教育などを選挙権の要件としない制度をいう。②平等選挙は、選挙権の数的平等、すなわち1人1票の制度をいっていた（公選36条）。しかし現在では投票の価値的平等、すなわち1票の格差が問題となっている。また、棄権しても罰金、公民権停止などの制裁を受けない自由選挙の制度やだれに投票したかを秘密にする秘密選挙の制度も重要である。

　なお、公職選挙法では、選挙の公正さの確保のため、在監者、選挙犯罪による処刑者などは選挙権・被選挙権を行使できないことになっている（公選11条）。ちなみに、成年被後見人の選挙権の制限については、平成25 (2013) 年の公職選挙法の改正で削除された。

### ┃コラム┃　1票の格差

　国会議員の選挙において、各選挙区の議員定数配分に不均衡があるため、選挙人の投票価値に不平等が生じる。この議員定数不均衡、すなわち1票の格差が、選挙権の平等に反しないかが大きな問題となっている。判例は、選挙権の平等は、1人1票の数的平等だけでは十分ではなく、投票行為が持つ選挙の結果に対する影響力の平等、すなわち投票の価値的平等も含むとしている（最大判昭和51・4・14民集30巻3号223頁）。また、投票の価値的平等は、表現の自由と並んで民主政を支える重要な権利でもある。

　本来、議員1人当たりの人口格差は、1対1であるのが理想的である。しかし、投票率の違いや行政区画などの問題もあり、現実的には困難である。そこで、人口比以外の要素は、定数配分が人口比に比例しているという大前提の範囲内で認められるにすぎない。

　そこで、多くの学説は2対1以上に開くことは投票価値の平等に反すると解している。一方最高裁は、衆議院については3対1（最大判昭和58・11・7民集37巻9号1243頁）参議院については6対1（最大判昭和58・4・27民集37巻3号345頁、最大判平成16・1・14民集58巻1号56頁）が限度であり、これ以上の

格差は違憲であるとしている。

　そして、格差是正の対策も取られたが、違憲状態の判決が続いた。そのような中、平成29（2017）年10月に行われた衆議院議員総選挙をめぐる裁判では、高裁段階で違憲無効の判決が出るものもあった。しかし、最高裁は、定数配分について違憲であるという反対意見がついたものの、合憲であるという判決を下した（最大判平成30・12・19民集72巻6号1240頁）。また、令和元（2019）年7月に行われた参議院議員選挙をめぐって訴訟が提起されており、今後の動向が注目される。

　1票の格差の問題は、各政党が自党に有利な選挙制度にする思惑から遅々として進まないが、国民の参政権との関連から、効率のよい制度の構築が望まれる。

### ●もっと知りたい方へ

升永英俊・久保利英明・伊藤真・田上純編『清き0.6票は許せない！ ──一票格差訴訟の上告理由を読む』現代人文社　2010年

加藤秀治郎『日本の統治システムと選挙制度の改革』一藝社　2013年

福田博『「一票の格差」違憲判断の真意』ミネルヴァ書房　2016年

## 知識を確認しよう

・・・・・・・・・・・・・・・・・・・・・・・・・・・・・

### 問題

(1) いかなる場所およびいかなる媒体におけるタバコ広告を全面禁止するという内容の法律が制定されたとする。この法律が抱えている憲法上の問題点を論じなさい。

(2) 公的年金について国籍要件を設け、外国人の加入を認めないとした場合、憲法上問題となる点について論じなさい。

### 解答への手がかり

(1) 広告表現、すなわち営利的言論は、表現の自由の問題であるか、営業の自由の問題であるかを検討してみよう。

(2) 外国人の社会権保障は原理的に保障されるものなのかどうなのかを考えてみよう。そして、保障されるならば保障される範囲はどのようなものかを明らかにしてみよう。

## 本章のポイント

1. 立法権を担当する国会は、国権の最高機関
   であり、国の唯一の立法機関であり、国民
   の代表機関である。衆議院と参議院という
   2つの議院により構成され、原則として両
   院の議決の一致で国会の権能は行使される。
2. 行政権を担当する内閣は、内閣総理大臣お
   よびその他の国務大臣で構成される合議体
   である。わが国の議会と政府との関係は、
   議院内閣制である。
3. 司法権を担当する裁判所は、司法権の行使
   に随伴して、法令等の憲法適合性を審査す
   る違憲審査権をも有している。裁判所の審
   査権は限定されており、また、公正な裁判
   のために司法権の独立が求められている。
4. 憲法は、第7章で財政について、第8章で
   地方自治について、それぞれ規定している
   が、その基本はどちらも民主主義の原理に
   よって基礎付けられる。

# 1. 国会

## A　国会の地位

### [1] 国権の最高機関としての国会

憲法41条は、「国会は、国権の最高機関であつて、国の唯一の立法機関である」と規定している。

ここでいう「国権の最高機関」とは、国会が国政についての最高の決定権ないし国政全般の統括権をもった機関であるというように法的意味にとらえる見解（統括機関説）も有力であるが、通説は、国会が主権者である国民によって直接選任され、立法権をはじめ重要な権能を憲法上与えられ、国政の中心的地位を占める機関であるということを強調するための政治的意味をもつにすぎないと解している（政治的美称説）。

### [2] 唯一の立法機関としての国会

立法権とは、形式的意味においては、その内容にかかわらず法律（国会が制定する法規範）を制定する権能であるが、実質的には、特定の内容の法規範を定立する権能を意味する。ここでいう特定の内容とは、実務では、国民の権利を制限し、または義務を課す法規範（法規）を指すと解される。一方、通説は、一般的で抽象的な法規範（不特定多数の人に対して、不特定多数の場合ないし事件に適用される法規範）を指すと考えられる。

「国の唯一の立法機関」とは、①憲法上の例外〔議院規則（58条2項）、最高裁判所規則（77条）〕を除き国会以外の機関による立法が許されないということ（国会中心立法の原則）と、②国会による立法が国会以外の機関の参与を必要としないで成立すること（国会単独立法の原則）を意味する。

国会中心立法の原則に関して、国会が他の国家機関に立法を委任すること（委任立法）の可否が問題となる。社会福祉国家においては国家の任務が増大しており、また、専門的・技術的事項や事情の変化に即応して機敏に適応することが求められる事項に関する立法、地方の特殊な事情に関する立法などについては、国会が他の国家機関に立法を委任するほうが合理的である。そこで、個別・具体的に委任されるならば、立法の委任も国会中

心立法の原則に反しないものと考えられる（なお、73条6号ただし書は、委任立法の存在を前提としたものである）。

### [3] 国民の代表機関としての国会

43条1項は、「両議院は、全国民を代表する選挙された議員でこれを組織する」と規定している。

ここでいう全国民の「代表」とは、代表する機関（国会）の行為が法的に代表される者（国民）の行為と同視されるという法的な意味（法的代表）ではなく、被代表者が代表機関を通じて行動し、代表機関は被代表者の意思を反映するものとみなされるという政治的な意味（政治的代表）であると解されている。したがって、議員は、選挙区などの選出母体の代表ではなく、全国民の代表であると考えられるので、選出母体の意思に法的には拘束されない（命令委任の禁止、自由委任）。ただし、通説によれば、議員の意思が国民の意思に事実上類似することが求められるので、その意味で、ここでいう代表とは、政治的代表という意味に加えて、社会学的代表という意味を含むものと解される。

## B 国会の組織・活動・権能
### [1] 二院制

国会は、衆議院と参議院とによって構成される（二院制、42条）。各議院は、同時に召集され、同時に開会・閉会するが、それぞれ独立して議事を行い、独立して議決する。

二院制は、通常、民選議員によって構成される下院と、上院からなる。上院の構成は、①民選の第一院に対抗して貴族階級の利益を代表する貴族院型、②連邦国家において連邦を構成する州の利益を代表する連邦型、③民主的第二次院型などがある。日本国憲法下の参議院は、このうち、③にあたる。

国会に2つの議院を置く意義としては、議会の専制の防止、下院と政府との衝突の緩和、下院の軽率な行為・過誤の回避、民意の忠実な反映などが考えられる。

両議院ともに、全国民を代表する選挙された議員で組織され（43条）、成

年者による普通選挙によって議員が選出される（15条3項・44条）。両議院の議員の兼職は禁止され、任期については、衆議院議員は4年、参議院議員は6年（3年ごとに半数改選）とされている（45条・46条）。

## [2] 会期制

国会は、常時活動しているのではなく、会期という一定の限られた期間でのみ活動する。会期には、毎年1回定期に召集される常会（通常国会）、臨時の必要に応じて召集される臨時会（臨時国会）、衆議院の解散・総選挙後に初めて召集される特別会（特別国会）の3つがある（52条・53条・54条1項）。その他に、衆議院が解散され総選挙が施行され、特別国会が召集されるまでの間に、国会の開会を要する緊急の事態が生じたときに、内閣は、参議院に緊急集会を求めることができる。緊急集会は、国会の代行をするが、そこで採られた措置は臨時のものである（54条2項・3項）。

## [3] 国会の権能

国会は、国の唯一の立法機関（41条）として、法律の議決権（59条）をもつが、その他にも、予算の承認権（60条）、条約締結の承認権（61条）、内閣総理大臣の指名権（67条）、弾劾裁判所の設置権（64条）、憲法改正の発議権（96条）などを有する。

## [4] 衆議院の優越

国会の権能は両院の議決の一致により行使されるのが、原則である。しかし、例外的に、法律の議決、予算の承認、条約締結の承認、内閣総理大臣の指名に関して、衆議院の優越が認められている。すなわち、法律の議決については、衆議院で可決し参議院でこれと異なった議決をした場合、衆議院において出席議員の3分の2以上の多数で再び可決したときは、それが法律となる（両院協議会は衆議院が希望する場合のみ開かれる）。また、参議院が衆議院から法律案を受け取った後、国会休会中の期間を除いて60日以内に議決しないときは、衆議院は参議院がその法律案を否決したものとみなすことができる（59条2項・3項・4項）。予算の議決、条約締結の承認、内閣総理大臣の指名については、参議院の議決が衆議院と異なった場合に、

両院協議会を開き、そこで意見が一致しないとき、または参議院が衆議院の可決した案を受け取った後、国会休会中の期間を除いて一定期間以内に議決しないときは、衆議院の議決が国会の議決となる（60条2項・61条・67条2項）。

　また、予算の審議は衆議院が先議であり（60条1項）、内閣信任・不信任の決議権（69条）は衆議院にしか認められない。

### [5] 議院の権能

　議院（衆議院または参議院）の憲法上の権能として、議員の逮捕許諾権（50条）、会期前に逮捕された議員の釈放要求権（同条）、議員の資格争訟の裁判権（55条）、役員選任権（58条1項）などの内部組織に関する自律権（各議院が他の国家機関に干渉されずに自主的に決定できる権能）、議院規則制定権（58条2項）や議員懲罰権（同条）などの運営に関する自律権と、国政調査権（62条）がある。

### ┃┃コラム┃┃　国政調査権の限界

　憲法62条は、「両議院は、各々国政に関する調査を行ひ、これに関して、証人の出頭及び証言並びに記録の提出を要求することができる」として、各議院が国政調査権を有することを定めている。

　この国政調査権の性質については、41条の「国権の最高機関」の関係で、それが、国政統括のための独立の権能であるのか（独立権能説）、憲法上、国会または議院に与えられた権能を行使するために認められた補助的な権能なのか（補助的権能説）、議論が分かれている。

　国会を統括機関ととらえる立場によれば、国政調査権は、国会の最高機関たる地位に基づく独立の権能と理解されるが、政治的美称説によれば、国会または議院の本来の権能を行使するための補助的権能と解される。

　補助的権能説によれば、国政調査の目的は、立法権をはじめ国会・議院の権能を実効的に行使するためのものでなければならない。ただし、実際にはその権能はきわめて広汎な事項に及ぶため、補助的権能説に立っても、独立権能説と同様に、国政調査権の範囲は国政のほぼ全般にわたることになる。

　基本的人権を侵害するような調査が許されないのは、当然のことであるが、その他にも、国政調査権の行使にあたっては、司法権や準司法的な行政権の作用である検察権との関係で、一定の限界がある。

　司法権との関係では、係属中の裁判について裁判官の訴訟指揮などを調査したり、裁判内容の当否を批判する調査をしたりすることは、司法権の独立を侵すことになるので、許されない。ただし、立法や行政監督の目的で行われるのであれば、裁判と並行して調査することも認められる。

　検察権との関係では、起訴・不起訴について、検察権の行使に政治的圧力を加えることを目的とする調査、起訴事件に直接関係する事項や、公訴追行の内容を対象とする調査、捜査の続行に重大な支障を及ぼすような方法による調査などは、許されない。

　なお、公務員の職務上の秘密に関する事項には、調査権は及ばない（議院における証人の宣誓及び証言等に関する法律5条）。

### [6] 国会議員の権限・特権

　全国民の代表者としてきわめて重要な権限を有する国会議員には、国会の会期中は逮捕されず、また、会期前に逮捕された議員は、所属する議院の要求があれば、会期中は釈放されるという不逮捕特権（50条）と、議院内で行った発言などは、院外で法的責任を問われないという免責特権（51条）が認められている。ただし、前者については、院外における現行犯の場合と、所属する議院の許諾がある場合には、逮捕されうるし、後者について、政治的責任や道義的責任の追及は、別の問題である。

## 2　内閣

## A　行政権と内閣
### [1] 行政権の概念

　行政権については、すべての国家作用のうちから、立法作用と司法作用

を除いた残余の作用というように消極的に定義するのが通説的見解である（行政控除説）。

　憲法 65 条は、「行政権は、内閣に属する」と規定する。実際には、行政権は行政各部の機関が行使し、内閣は、行政各部を指揮監督し、その全体を総合調整し統括する地位に立つ（72 条）。

## [2] 内閣の組織

　内閣とは、内閣総理大臣およびその他の国務大臣で構成される合議体である（66 条 1 項）。国務大臣は、各省庁の主任の大臣として、行政事務を分担管理する（内 3 条 1 項）が、行政事務を分担管理しない大臣（無任所大臣）を設けることもできる（内 3 条 2 項）。

　内閣総理大臣およびその他の国務大臣は、文民（軍人ではない人）でなければならない（66 条 2 項）。内閣総理大臣は、国会議員の中から国会が指名し（67 条）、天皇が任命する（6 条 1 項）。国務大臣は、内閣総理大臣が任命し（68 条 1 項）、天皇が認証する（7 条 5 号）。国務大臣については、過半数が国会議員であることを要し、その全員が国会議員である必要はない（68 条 1 項ただし書）。

## [3] 内閣の権能・内閣総理大臣の権限

　内閣の権能は、法律の誠実な執行と国務の総理、外交関係の処理、条約の締結、官吏に関する事務の掌理、予算の作成と国会への提出、政令の制定、恩赦の決定のほか、一般の行政事務である（73 条）。さらに、天皇の国事行為に対する助言と承認（3 条・7 条）、衆議院の解散（7 条 3 号）、最高裁判所長官の指名（6 条 2 項）、最高裁判所のその他の裁判官や下級裁判所の裁判官の任命（79 条 1 項・80 条 1 項）などがある。

　合議体としての内閣の職権は、閣議により行われる（内 4 条）。閣議は原則として非公開であり、その内容に司法審査は及ばない（最大判昭和 35・6・8 民集 14 巻 7 号 1206 頁）。

　内閣総理大臣の権能には、国務大臣の任免権（68 条）や国務大臣訴追の同意権（75 条）などがある。また、内閣総理大臣は、内閣を代表し（72 条）、法律・政令に連署する（74 条）。

## B 議院内閣制

### [1] 議院内閣制と大統領制

立法権（議会）と行政権（政府）との関係としては、主要なものとして、議院内閣制と大統領制とがある。

議院内閣制とは、国民が議員を選挙で選出し、その議員から構成される議会によって政府（内閣）を選出させ、議会と政府とを一応分離したうえで、政府に対して議会による民主的統制を及ぼすという制度である。

一方、大統領制とは、国民が議会の議員と政府（大統領）とをそれぞれ選出し、議会と政府とを厳格に分離するという制度である。

わが国の国政において、議院内閣制が採用されていることは、①内閣が、行政権の行使について、国会に対し連帯して責任を負うこと（66条3項）、②内閣総理大臣が、国会議員の中から国会の議決で指名されること（67条1項）、③国務大臣の過半数が国会議員の中から選ばれること（68条1項）、④衆議院が、内閣に対して信任または不信任の決議をすることができ、そして、不信任決議案が可決され、または信任決議案が否決されたときは、内閣は、10日以内に衆議院を解散させるか、総辞職しなければならないこと（69条）からも明らかである。一方、わが国の地方政治においては、地方公共団体の住民が、その首長と議会とを別々の選挙で選出しており、大統領制類似の制度となっている。

### [2] 議院内閣制の本質

議院内閣制の本質を考えるうえで、①議会と政府とが一応分立していることと、②政府が議会（下院）に対して連帯責任を負うことのほかに、③政府が議会（下院）の解散権をもつことまでも要求すべきか否かについて、学説が対立している。このうち、①と②のみを本質的要素であると考えるのが責任本質説であり、それに加えて③も本質であると考えるのが均衡本質説である。後者も有力であるが、前者が通説である。

### [3] 解散権の所在

内閣は衆議院を解散（任期満了前に全議員の議員たる資格を失わせること）できるが、それを明示した規定が憲法上存在しないため、内閣が解散権をもつ

ことの条文上の根拠をどこに求めるかで、議論が分かれている。

「内閣は、衆議院で不信任の決議案を可決し、又は信任の決議を否決したときは、10日以内に衆議院が解散されない限り、総辞職をしなければならない」と定める69条を根拠とする見解に立つと、衆議院が内閣不信任決議をしない場合の条文上の根拠を示すことができない。

そこで、通説・実務は、7条3号により、形式的な解散権は天皇にあるが、3条により、内閣は天皇の国事行為に助言と承認を与えるので、実質的な解散権は内閣にあると解している。

解散は、それに続く総選挙を通じて、民意が国政に正しく反映しているか否かを確認するための制度であると解される。したがって、このような解散制度の目的からすれば、解散は、衆議院が内閣に不信任決議をした場合に限定せず、重要な問題について衆議院と内閣との意見の対立が激しい場合や国家のきわめて重要な政策について民意を確かめる必要がある場合にも、行われうるべきものであるということになる。


# 3 裁判所


## A 裁判所の権能

### [1] 司法権の概念・範囲

司法権とは、具体的な争訟について、法を適用し、宣言することによって、これを裁定する国家の作用をいう。この司法権の概念をより厳密に考えれば、当事者間に、具体的事件に関する紛争が存在するとき、当事者からの争訟の提起を前提として、独立の裁判所が統治権に基づき、一定の争訟手続によって、紛争解決のために、何が法であるかの判断をし、正しい法の適用を保障する作用といえる。

日本国憲法下における司法権は、民事事件・刑事事件の裁判権のほかに、行政事件の裁判権を含む。これに対して、大日本帝国憲法下では、行政事件の裁判権は、司法権の範囲内に含まれなかった (明憲61条参照)。

## [2] 違憲審査権の概念

　日本国憲法下の裁判所は、司法権のほかに、法令や行政処分の憲法適合性を審査する権能（違憲審査権）をもつ（81条）。これも、明治憲法下の裁判所には認められていなかった権能であり、日本国憲法の制定により、新たに裁判所に付与された権能である。

　わが国においては、違憲審査は、具体的な争訟において、当該事件の解決に必要な限りで行われるものであり（付随的違憲審査制）、抽象的に法令の解釈や効力を裁判で争うことはできない〔警察予備隊違憲訴訟最高裁判決（最大判昭和27・10・8民集6巻9号783頁）〕。わが国の違憲審査制度が付随的違憲審査制であることは、①違憲審査制度について定める81条が第6章の司法の部分に置かれていること、②抽象的違憲審査制を認めるのであれば、そのことを積極的に明示する規定（たとえば、提訴権者や裁判の効力に関する規定など）が憲法上定められていなければならないが、そのような規定は憲法に存在しないことなどから、明らかである。

# B　司法権の意義と限界

## [1] 法律上の争訟

　司法権の概念のうちの「具体的な争訟」（具体的事件性）とは、裁判所法3条1項にいう裁判所が裁判すべき「法律上の争訟」と同じ意味である。この法律上の争訟とは、判例によれば、①当事者間の具体的な権利義務ないし法律関係の存否に関する紛争であって、かつ、②それが法律を適用することによって終局的に解決することができるものをいう〔板まんだら事件最高裁判決（最判昭和56・4・7民集35巻3号443頁）〕。

## [2] 法律上の争訟に該当しないため裁判所の審査権が及ばないもの

　したがって、具体的事件性がないものは、抽象的に法令の解釈や効力を裁判で争うことは原則としてできない〔警察予備隊違憲訴訟最高裁判決（最大判昭和27・10・8民集6巻9号783頁）〕が、例外的に選挙訴訟（公選203条・204条）や住民訴訟（自治242条の2）など、具体的事件性を前提とせずに出訴できる制度が法律で認められている（客観訴訟）。また、単なる事実の存否、個人の主観的意見の当否、学問上・技術上の論争、純然たる宗教問題などには、

裁判所の審査権が及ばない〔最判昭和41・2・8民集20巻2号196頁〕。そのほか、純然たる信仰の対象の価値または宗教上の教義に関する判断自体を求める訴えや、単なる宗教上の地位の確認の訴えも、法律上の争訟にあたらないため、裁判所の審査権が及ばない。

### [3] 法律上の争訟に該当するが裁判所の審査権が及ばないもの

また、法律上の争訟に該当するとしても、①憲法がその裁判権を司法裁判所以外の機関に授権している事項〔議員資格争訟の裁判（55条）と裁判官の弾劾裁判（64条）〕、②国際法上の治外法権や条約によって裁判権が制限された事項、③事柄の性質上、裁判所の審査に適しない事項については、裁判所の審査権が及ばない（司法権の限界）。

このうち、③としては、国会内部での議事手続や議員の懲罰など、議院自律権に属する行為、立法機関や行政機関の自由裁量に委ねられている行為（自由裁量行為）、直接国家統治の基本に関する高度に政治性のある国家行為（統治行為）、地方議会、大学、政党など団体の内部事項に関する行為が挙げられる。

統治行為に該当するとして最高裁判所がその審査権を否定したものとしては、安保条約の合憲性〔砂川事件最高裁判決（最大判昭和34・12・16刑集13巻13号3225頁）〕と衆議院の解散の効力〔苫米地事件最高裁判決（最大判昭和35・6・8民集14巻7号1206頁）〕がある。

団体の内部事項に関する行為に該当するとして、かつて、判例は、一般市民法秩序と直接関係しない純然たる内部紛争は、すべて司法審査の対象にならないという部分社会の法理を示したことがある〔富山大学事件最高裁判決（最判昭和52・3・15民集31巻2号234頁）〕が、学説は、このような一般的・包括的な部分社会論は妥当ではなく、その団体の目的、性質、機能を勘案し、個別・具体的に検討すべきであるとして、まったく支持していない。

## C 裁判所の組織
### [1] 裁判所の種類

司法権や違憲審査権は、最高裁判所と下級裁判所（高等裁判所、地方裁判所、家庭裁判所、簡易裁判所）によって行使される（憲76条1項、裁2条）。

　裁判所の種類としては、通常の訴訟事件を扱う第1審裁判所である地方裁判所（簡易裁判所の民事に関する判決に対する控訴事件なども扱う）、家庭事件や少年事件の審判などを扱う家庭裁判所（地方裁判所と同格）、少額・軽微な事件を簡易かつ迅速に処理する簡易裁判所、地方裁判所の判決に対する控訴事件などを扱う高等裁判所（地方裁判所の第2審判決に対する上告事件なども扱うほか、特殊な事件の第1審裁判権を有する）、高等裁判所の第2審判決に対する上告事件などを扱う最高裁判所の4つがある。

## [2] 特別裁判所の禁止

　特別の人間または事件について裁判するために通常の裁判所の系列から独立した特別裁判所（戦前の軍法会議など）を設置することはできない（76条2項前段）。ただし、裁判官の弾劾裁判を扱う弾劾裁判所（64条）は、憲法が認めた例外である。

　また、76条2項後段が「行政機関は、終審として裁判を行ふことができない」と規定することから、行政機関による審判（国税不服審判所の審判など）は、それが通常の裁判所に上訴できるのであれば、認められる。

## [3] 下級裁判所の構成

　下級裁判所の裁判官は、最高裁判所が指名し、内閣が任命する。任期は10年で（再任されうる）、定年は簡易裁判所判事（70歳）を除き65歳である（憲80条1項、裁50条）。なお、高等裁判所の長官については、天皇が認証する（憲7条5号、裁40条2項）。

## [4] 最高裁判所の構成

　最高裁判所は、長官1人とその他の裁判官14人によって構成される（憲79条1項、裁5条）。最高裁判所長官は、内閣が指名し、天皇が任命する（憲6条2項）。その他の裁判官は、内閣が任命し、天皇が認証する（79条1項・7条5号）。いずれも任期はないが、定年は70歳である（憲79条5項、裁50条）。

　最高裁判所の裁判官に対しては、その任命後初めて行われる衆議院議員総選挙の際に、国民審査が行われ、罷免を可とする投票が過半数を超えた場合、罷免される（79条2項・3項・4項）。国民審査の後、10年を経過した裁

判官は、再び国民審査に付される。

### [5] 裁判の公開

　裁判の公正を確保するために、憲法82条1項は、2項に定める例外を除き、裁判の主要な部分について「公開法廷でこれを行ふ」と規定している。

### [6] 国民の司法参加

　司法に対する国民の理解を増進させ、信頼を向上させ、司法がより強固な国民的基盤を得るために、平成21 (2009) 年5月から、一般の国民の中から選任された裁判員が、一定の重大な犯罪についての刑事裁判に、裁判官と協働して、事実の認定や法令の適用、刑の量定を行う裁判員制度が実施されている。

## D　司法権の独立

### [1] 司法権の独立の意義

　裁判が公正に行われ人権保障が確保されるためには、裁判官が外部から圧力や干渉を受けずに公正無私の立場で裁判をしなければならない。そのために、司法権の独立が求められる。

### [2] 司法権の独立の内容

　この司法権の独立とは、司法権が立法権や行政権から独立すべきであること (司法府の独立) と、裁判に当たっては裁判官が各々独立して職権を行使すべきであること (裁判官の職権行使の独立) の2つを意味する。

　司法府の独立を担保するため、憲法は、最高裁判所に、規則制定権 (77条)、下級裁判所の裁判官の指名権 (80条1項) と司法行政権を付与し、行政機関による懲戒を禁止している (78条後段)。

　また、裁判官の職権行使の独立を担保するため、憲法は、「すべて裁判官は、その良心に従ひ独立してその職権を行ひ、この憲法及び法律にのみ拘束される」と定める (76条3項)。

### [3] 裁判官の身分保障

　裁判官の職権行使の独立を実効性のあるものにするには、裁判官の身分が保障されていなければならない。そこで、憲法は、裁判官が罷免される場合を限定し、裁判官に相当額の報酬を保障している（79条6項、80条2項）。裁判官が罷免される場合とは、①心身の故障のために職務をとることができない場合の分限裁判（78条前段）と、②「職務上の義務に著しく違反し、又は職務を甚だしく怠つたとき」または「その他職務の内外を問わず、裁判官としての威信を著しく失うべき非行があつたとき」（裁弾2条）の弾劾裁判（64条）に限られる。

## E　違憲審査制

### [1] 違憲審査権の性格

　裁判所による違憲審査制には、大別して、①特別に設置された憲法裁判所が、具体的な争訟の提起を前提とせずに法令の違憲審査を行う抽象的違憲審査制と、②通常の司法裁判所が、具体的な訴訟事件を裁判する際に、その前提として事件の解決に必要な限度で、適用法条の違憲審査を行う付随的違憲審査制とがある。わが国の違憲審査制度は、付随的違憲審査制である〔警察予備隊違憲訴訟最高裁判決（最大判昭和27・10・8民集6巻9号783頁）〕。

### [2] 違憲審査の主体

　最高裁判所が違憲審査権を有することは明らかである（81条）が、下級裁判所が違憲審査権を有するか否かは、文言上明らかではない。下級裁判所の裁判官も憲法尊重擁護義務を負う（99条）ので、具体的な事件に法令を適用して裁判する際、その法令が憲法に適合するか否かを審査することは、憲法上の裁判官の職務・職権である。したがって、下級裁判所も違憲審査権を有するというのが判例・通説である（最大判昭和25・2・1刑集4巻2号73頁）。

### [3] 違憲審査の対象

　81条は、違憲審査の対象として「一切の法律、命令、規則又は処分」と定めているが、ここに条約が列挙されていないことから、条約に対する違

憲審査ができるか否かが問題となる。通説は、憲法が条約よりも形式的効
力において優位するという前提に立ちながら（憲法優位説）、条約は国内で
は国内法として通用するのであるから、その国内法的側面については、81
条の「法律」に準じて、違憲審査の対象となると解している。

### [4]　違憲判断の方法

　違憲判断の方法には、大別して、法令そのものを違憲とする法令違憲の
判決と、法令自体は違憲であるが、それが当事者に適用される限度におい
て違憲であるという適用違憲の判決とがある。

**┃┃コラム┃┃　最高裁判所による違憲判決**

　最高裁判所による法令違憲判決としては、これまでに、尊属殺重罰規定
違憲判決（最大判昭和48・4・4刑集27巻3号265頁）、薬局距離制限規定違憲判
決（最大判昭和50・4・30民集29巻4号572頁）、議員定数不均衡違憲判決（最大
判昭和51・4・14民集30巻3号223頁、最大判昭和60・7・17民集39巻5号1100頁）、
森林法共有林分割制限規定違憲判決（最大判昭和62・4・22民集41巻3号408頁）、
郵便法免責規定違憲判決（最大判平成14・9・11民集56巻7号1439頁）、在外国
民選挙権訴訟違憲判決（最大判平成17・9・14民集59巻7号2087頁）、国籍法違
憲訴訟判決（最大判平成20・6・4民集62巻6号1367頁）、非嫡出子相続分規定違
憲判決（最大決平成25・9・4民集67巻6号1320頁）、再婚禁止期間規定違憲判決
（最大判平成27年12月16日民集69巻8号2427頁）がある。

　また、最高裁判所による適用違憲判決としては、関税法旧118条1項に
基づき第三者の所有物を所有者に告知・弁解・防御の機会を与えずに没収
することを違憲とした第三者所有物事件判決（最大判昭和37・11・28刑集16巻
11号1593頁）など多数ある。

### [5]　違憲判決の効力

　憲法81条は、「最高裁判所は、一切の法律、命令、規則又は処分が憲法
に適合するかしないかを決定する権限を有する終審裁判所である」と規定

する。また、98条1項は、「この憲法は、国の最高法規であつて、その条規
に反する法律、命令、詔勅及び国務に関するその他の行為の全部又は一部
は、その効力を有しない」と規定する。したがって、最高裁判所によって、
違憲と判断された法令の条文は無効となるのが原則である。

　付随的違憲審査制を採るわが国では、提起された事件に関連する限りで
法令の違憲審査が行われる以上、法令の違憲判決の効力も、当該事件に限
って及ぶと解される（個別的効力説）。すなわち、最高裁判所が法令の違憲判
決を下したとしても、違憲と判断された法令は、当該事件についてのみその
の適用が排除されるにとどまる。そして、違憲と判断された法令を権限あ
る機関（法律であれば、国会）が改廃することによって初めて、当該法令は一
般的・対世的に効力を失う。

# 4　財政・地方自治

## A　財政

### [1] 財政民主主義

　憲法83条は、「国の財政を処理する権限は、国会の議決に基いて、これ
を行使しなければならない」と規定する。これは、国の財政（国家がその任
務を行うために必要な財力を調達し、管理し、使用する作用）について、国民の代表
によって構成される国会が、その基本を定め、統制しなければならないと
いうことを意味する（財政民主主義）。

### [2] 租税法律主義

　84条は、「あらたに租税を課し、又は現行の租税を変更するには、法律又
は法律の定める条件によることを必要とする」と規定する。この租税法律
主義の原則は、財政民主主義を歳入面から規定したものである。

　ここでいう租税とは、国または地方公共団体が、その課税権に基づいて、
その使用する経費に充当するために、強制的に徴収する金銭給付をいう。
租税以外にも、専売品の価格、営業許可に対する手数料、各種の検定手数

料など、国民に対して強制的に賦課される金銭については、租税法律主義
の原則の趣旨にかんがみ、国会の議決が必要であると解されている（なお、
財3条参照）。しかし、租税はあくまで特別の給付に対する反対給付の性質
をもたないものなので、これらの手数料等は、84条でいう「租税」には含
まれないと解するのが通説である。

### [3] 国費支出・債務負担行為国会議決主義

　85条は、「国費を支出し、又は国が債務を負担するには、国会の議決に基
くことを必要とする」と規定する。この国費支出・債務負担行為国会議決
主義の原則は、財政民主主義を歳出面から規定したものである。

### [4] 予算

　一会計年度における国の財政行為の準則を予算という。予算は、内閣が
作成し、国会に提出し、その審議を受け議決を経なければならない（86条）。
予算の法的性格については、行政であるという見解や法律であるという見
解もあるが、特殊な国法形式であると解するのが多数説である。また、内
閣が提出した予算に対して国会が修正をする際、自由に減額修正ができる
ことについては争いがないが、増額修正ができるか否かについては議論が
ある。財源を示したうえであれば認めうるという見解が有力である。

### [5] 決算

　予算に国会の統制が及ぶのと同様に、決算にも国会の事後的統制が及ぶ。
90条1項は、「国の収入支出の決算は、すべて毎年会計検査院がこれを検
査し、内閣は、次の年度に、その検査報告とともに、これを国会に提出し
なければならない」と規定する。ただし、決算は、予算と異なり、法規範
性はない（各議院の議決は、決算の効力には関係ない）。

## B　地方自治

### [1] 地方自治の本旨

　憲法92条は、「地方公共団体の組織及び運営に関する事項は、地方自治
の本旨に基いて、法律でこれを定める」として、地方自治制度について憲

法上の保障を与えている。

　ここでいう地方自治の本旨とは、地方自治が、住民の意思に基づいて行われるという民主主義的要素（住民自治）と、国から独立した団体に委ねられ、団体自らの意思と責任のもとでなされるという自由主義的要素（団体自治）という2つの要素からなる。具体的には、住民自治は、地方公共団体に議事機関として議会を設けること（93条1項）や、その議会の議員・地方公共団体の長や議会の議員等が住民によって直接選挙されること（93条2項）に、団体自治は、財産管理権、事務処理権、行政執行権及び条例制定権が地方公共団体に付与されていること（94条）に表われている。

### [2] 条例

　憲法94条は、「地方公共団体は、その財産を管理し、事務を処理し、及び行政を執行する権能を有し、法律の範囲内で条例を制定することができる」と規定する。

　ここでいう条例とは、地方公共団体がその自治権に基づいて制定する自主法である。地方公共団体の自主法であるから、地方公共団体の事務に関する事項しか規定できないが（したがって、司法、刑罰、外交、国防などの国の専属的事務については、規定できない）、その範囲内であれば、国の法令とは原則として無関係に、独自に規定を設けることができる。

### [3] 条例制定権の範囲

　憲法が文言上法律で定めることを求めている事項につき、条例で規制することができるか否かについて、次の3点で議論がある。

　①29条2項が財産権の内容を法律で定めると規定しているが、条例は住民の代表機関である議会の議決によって成立する民主的立法であり、実質的には法律に準ずるものであるから、条例で財産権の内容を規制できると解される。

　②31条が法律の定める手続によらなければ刑罰を科せないと規定しているが、財産権の保障と同様の理由から、条例にその違反に対する制裁として罰則を定めることができると解される（自治14条3項参照）。

　③84条が租税の新設・変更について法律または法律の定める条件によ

ることを求めているが、地方公共団体は自治権の1つとして課税権を有し、84条の「法律」には条例も含まれると解されるため、条例による地方税の賦課徴収は許される（地税3条1項参照）。

### [4]　条例制定権の限界

94条が「法律の範囲内で」という条件を付けて条例制定権を認めているので、条例の効力は法律に劣る。さらに、地方自治法14条1項が「法令に違反しない限りにおいて」と規定していることから、条例の効力は命令にも劣る。

しかし、法令に禁止規定がない限り、すでに法令による規制が定められている事項についても、法令の特別の委任なくして条例を制定できる。判例によれば、地方の条例が国の法令に違反するかどうかは、両者の対象事項と規定文言を対比するのみでなく、それぞれの趣旨・目的・内容・効果を比較し、両者の間に矛盾・抵触があるかどうかで決まる〔徳島市公安条例事件最高裁判決（最大判昭和50・9・10刑集29巻8号489頁）〕。

## 知識を確認しよう

・・・・・・・・・・・・・・・・・・・・・・・・・・・・・・

### 【問題】

(1) 民主主義の原理の観点から、日本国憲法の統治機構の諸制度の意義について述べなさい。

(2) 自由主義の原理の観点から、日本国憲法の統治機構の諸制度の意義について述べなさい。

### 【解答への手がかり】

(1) 立法権を行使する国会が国民によって選挙された議員によって構成されることや、行政権を行使する内閣の首長たる内閣総理大臣が国会によって指名されることを挙げるとともに、財政の基本原則や地方自治の本旨（特に、住民自治）についても論及してみよう。

(2) 国会や内閣などの政治部門とは異なり、裁判所には基本的にはどのような原理が妥当するだろうか。また、地方自治の本旨のうち住民自治について説明することによって、この問いに対する答えとなりうる。さらに、そもそも、統治権を立法権、行政権、司法権というように区別し、それぞれ、国会、内閣、裁判所という別々の国家機関に担当させ、相互に抑制と均衡を保たせるという権力分立が、どのような原理を基礎としているのかについても論及してみよう。

## 本章のポイント

1. 民法に「家族」という文言は存在しない。しかし、民法の規定は家族の存在を前提としており、法の想定する家族像を理解することが重要である。
2. 家族法の主たる内容は、夫婦関係に関する規律と親子関係に関する規律である。
3. 親子関係に関しては、医学の発展により法制定時には予想していなかった問題も生じている。そのような場合であっても、重要なことは「子の福祉」という観点から最良の選択をすることである。
4. 平成 30 (2018) 年の法改正により、配偶者相続人の保護を目的とする「配偶者居住権」や、被相続人の療養看護に努めた相続人以外の親族（子の配偶者など）の貢献に報いるための「特別の寄与」制度が新たに設けられている。

# 1 家族法の理念

## A 家族法とは

　民法は社会における私的関係を規律する法であり、その内容は経済関係に関する「財産法（民第2編・第3編）」と、家族関係に関する「家族法（民第4編・第5編）」とに分かれる。前者は基本的に経済的合理性を基準にその法律関係につき規定しているのに対し、後者はその対象が個人の感情や習俗、伝統などと深く関係するものであることから経済的合理性以外の事由である個人の尊厳や意思などに配慮した規定となっている点に特徴がある。

## B 家族とは—現代の家族像

　そもそも「家族」とは何か。民法は、家族に関する規定をおいているが、家族について定義しておらず、条文上も「家族」の語を用いていない。しかし、同法は家族の存在を前提としており、家族法を学ぶうえで法の想定する家族像を理解することは重要である。

　一般的に家族とは、夫婦の婚姻や血縁によって結ばれた親族関係を基礎として形成される集団を意味する。そして、その形態や役割は、社会情勢や国民意識の変化と共に変容する。

　たとえば、かつては「家」が日本における主な生産主体であったため、その結束を高めるために戸主には家族を支配・統制する権限が与えられていた（家制度）。しかし、家制度は個人の尊重と両性の本質的平等を掲げる日本国憲法（憲14、24条）と相容れないため同制度は廃止された。また、産業構造の変化、都市化による小家族（核家族）化、価値観の多様化などの社会情勢・国民意識の変化に基づき、現行民法は標準的な家族の形態を「夫婦と未成熟の子」として捉え、家族の役割は①夫婦の共同生活関係の形成と②子の養育にあるとしてその内容につき定めを置く。なお、家族の在り方については、医療の発展や価値観の変化により現行法制定時には想定していなかった問題が発生している（代理母出産など）。このような問題に対しては、わが国における家族の実態と法的保護の必要性、個人の尊厳などをどのように考えるかが重要となる。

## C 基本概念

### [1] 親族の意義

　一般に血縁および婚姻により生じる関係を親族関係というが、民法は、法的に親族として扱う者を一定の範囲に限定している（図9-1）。具体的には、6親等内の血族、配偶者、3親等内の姻族である（民725条）。

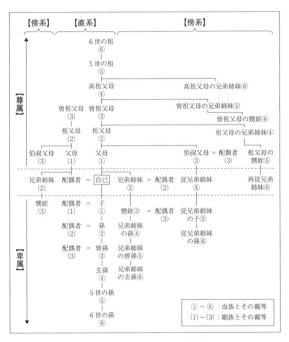

図 9-1　親族の範囲と親等

### [2] 親族の分類

### (1) 血族と姻族

　血族とは、血縁のつながっている者のことをいい、自然血族と法定血族とに分かれる。前者は生物学上の血縁が存在する者であり、後者は生物学上の血縁はないが法律により血縁ありと擬制される者を指す。後者の例として、養子と養親およびその血族との親族関係がこれにあたる（民727条）。姻族とは、婚姻によって配偶者の一方と他方の血族との間に生じる親族関

係のことをいう。

## （2）直系と傍系、尊属と卑属

　直系とは、親と子のように血統が直下する形でつながる親族、すなわち、一方が他方の子孫にあたる場合をいい、傍系は、兄弟姉妹のように共同の祖先（この場合は父母）から枝分かれした関係にある場合を指す。これらは血統に着目した分類であり、属する世代により血族を分類することもある。

　自己を基準とした場合に、父母や祖父母のように自己より前の世代に属する親族を尊属といい、他方、子や孫のように自己より後の世代に属する親族を卑属という。同世代である兄弟姉妹や従兄弟姉妹、配偶者（婚姻により夫婦となった者）はこの分類の対象とならない。

## （3）親等

　親等とは、親族関係の遠近を示す単位であり、値が小さいほど縁の近い親族とされる。直系の場合は、1つの親子関係（世代）の数を合算し、傍系の場合は、同一の祖先に対する各自の親等を合算する方法によって計算する（民726条）。たとえば、自己と祖父母の場合、世代数は祖父母と父母、父母と自己の2であるから2親等となる。自己と従兄弟姉妹の場合、共通する祖先は祖父母であるから、自己の親等である2と従兄弟姉妹の2を合算した4親等となる。

# 2 婚姻と離婚

## A　婚姻
### [1] 婚姻の成立

　婚姻とは、法によって承認された男女の性的結合を要素とする永続的共同生活関係をいう。婚姻制度は、社会によってさまざまな形態をとるが、日本では一夫一妻制が採られており、同性婚は認められていない。諸外国においては、同性婚を認める国や婚姻に準じる法的保護を与える国があり、後者を一般にパートナーシップ制度（法）という。

　婚姻が成立するためには、実質的要件として、当事者間に①婚姻意思が

存在すること、②婚姻障碍が存在しないこと、および、形式的要件として、③法の定めに則った届出が行われていることが必要である。

　婚姻も一種の契約であるから、当事者間に婚姻意思が存在することが必要であり、婚姻意思を欠く場合、その婚姻は無効となる（民742条2号）。では、婚姻意思とは何か。婚姻の届出をする意思さえあれば足りるとする説（形式的意思説）もあるが、判例・通説は、届出意思だけでなく社会通念上の夫婦共同生活関係をおくる意思も必要であるとする（実質的意思説）。この説によれば、届出をしても当事者間に夫婦共同生活をおくる意思がない場合や子に嫡出子の身分を与えるためだけに一時的に婚姻を結んだ場合は、婚姻意思を欠くものとしてその婚姻は無効となる（同様の事案につき判例同旨。最判昭和44・10・31民集23巻10号1894頁）。

　次に、婚姻意思に関してはその存在時期が問題となる。原則、婚姻意思は婚姻届の作成および受理の時に存在していることが必要であり、婚姻届が受理される前に当事者が翻意した場合は婚姻意思を欠くものとして無効となる。また、当事者が受理前に死亡した場合は、そもそも意思表示の主体が不存在となるため無効となる。もっとも、婚姻届を郵送した場合は、発送後に当事者が死亡しても受理され、届出人死亡時に婚姻が成立したものとみなされる（戸47条）。問題は、当事者が受理前に意識不明となってしまった場合である。この場合、死亡の場合とは異なり意思表示の主体は存在するが、表意者は意思能力を失っている状態であり、受理時に婚姻意思は存在しないともいえる。この点につき、最高裁は、当事者間に夫婦共同生活関係が存在し、当事者が婚姻届作成時に婚姻意思を有していた場合、仮に表意者が届出受理時に意識を失っていたとしてもその受理前に翻意したなど特段の事情のない限り、受理により婚姻は成立する旨判示している（最判昭和45・4・21判時596号43頁）。

　婚姻障碍とは、民法731条以下の婚姻の成立を妨げる事由のことを指す。具体的には、①婚姻適齢（民731条）、②重婚の禁止（民732条）、③再婚禁止期間（民733条）、④近親婚の禁止（民734〜736条）、⑤未成年者の婚姻の父母の同意（民737条）である。これらの婚姻障碍が存在するにもかかわらず届出が受理された場合、取り消しうるもの（①〜④）と取り消すことができないもの（⑤）に分かれる点に注意が必要である（なお、①⑤の規定は2022年4月

1日に削除される）。

## [2] 婚姻の無効・取消し

### (1) 婚姻の無効

①当事者間に婚姻意思がないとき、または②当事者が婚姻の届出をしないとき、婚姻は無効となる（民742条）。婚姻無効に関しては、どのような場合に無効を主張できるのか、その性質につき争いがある。この点、法律関係の安定性確保の観点から、無効を宣言する判決・審判があってはじめて無効を主張できるとする説（形成無効説）もあるが、判例・通説はこれを不要とする（当然無効説。最判昭和34・7・3民集13巻7号905頁）。したがって、利害関係人は、扶養や相続を争う訴訟において、判決を経ることなく婚姻の無効を主張することができる。

### (2) 婚姻の取消し

法は、先に述べた婚姻障碍のうち、①婚姻適齢、②重婚の禁止、③再婚禁止期間、④近親婚の禁止の規定に違反するものと、⑤詐欺強迫を婚姻の取消原因とする（民744条～747条）。前者は公序良俗に反するとして公益的見地から認められるものであり、後者は当事者保護という私益的見地から認められるものである。それゆえに、前者は当事者および親族、公益代表者である検察官に取消権が認められている一方、後者の場合は当事者の意思の尊重という観点から当事者にのみ取消権が認められている（民744条・747条1項を対比）。

なお、婚姻の取消しに関しては、民法総則の適用が排除され、家族法の規定によることとされている（民743条）。この他、婚姻の取消しは訴えによらなければならず、その手続きは人事訴訟法による。もっとも、婚姻の取消しのような人事に関する訴えは、原則としてまず調停に付され、訴訟からはじまることはほとんどない（調停前置主義。人訴2条1号、家事244条・257条）。この段階で当事者間に争いがなければ合意に相当する審判がなされ、これに対する異議等がない場合、同審判は確定判決と同一の効力を有することになる（家事277条・281条）。

取消判決が確定すると、その効果は将来に向かって生じる（民748条1項）。一般の法律行為の取消し（民121条）とは異なり、遡及効がない点に注意を

要する。これは、婚姻が身分関係に大きな影響を与えるという特殊性を考慮した便宜的規定であり、同規定によりその間に生まれた子は嫡出子の身分を取得する。一方、財産関係については、遡及を否定する理由もないため、一定の範囲で遡及効が認められている（民748条2項・3項）。この他、婚姻の取消しは、将来に向かってその効果を消滅させるという点で離婚と類似していることから、離婚の効果に関する規定が準用されている（民749条）。

## [3] 婚姻の効力

### (1) 婚姻生活の性質と家族法

婚姻生活は当事者の協議に基づき相互の愛情と協力によって営むべきものであり、私生活に対する法の干渉は極力避けるべきである。一方で婚姻により形成される家族は、社会を構成する基本単位であり公益性を有するため、法による干渉を一切排除することは社会秩序維持の観点から好ましくない。法はこのような要請に応えるため、婚姻生活に関する定めを必要最小限のものに止め、身分上の効果に関する一般的効力および財産上の効果に関する夫婦財産制について規定している。

### (2) 一般的効力

民法は、婚姻の一般的効力として、①夫婦の氏、②生存配偶者の復氏と祭具などの承継、③同居・協力・扶助の義務、④成年擬制、⑤夫婦間の契約取消権を定めている（民750条～754条）。

婚姻の際、夫婦は夫または妻のどちらか一方の氏を選択し、夫婦の氏としなければならず、これを夫婦同氏の原則という（民750条）。婚姻継続中は同氏の原則が貫かれ、その変更が認められるのは基本的に配偶者の死亡による婚姻の終了（民751条1項）、離婚による復氏（民767条）、婚姻の取消し（民749条が民767条を準用）の場合に限られる。夫婦同氏の原則に関しては、選択的夫婦別姓制度の導入を望む声がある。同制度は、婚姻中も夫婦が異なる姓を称することを可能にするものであるが、家族の一体性を損ない子に不利益を与えるなどの理由から根強い反対論も存在する。なお、最高裁は夫婦同姓を定める民法750条は憲法13条、14条1項、24条に反しない旨判示している（最大判平成27・12・16民集69巻8号2586頁）。

夫婦の一方が死亡すると、婚姻関係は当然に消滅する（姻族関係は存続する

点に注意。民728条2項)。この場合、生存配偶者の氏は当然に婚姻前の氏に
もどるわけではなく、生存配偶者が復氏の意思表示をしたときにはじめて
婚姻前の氏に復することになる（民751条1項、戸95条）。復氏と姻族関係の
終了は無関係であるため、姻族関係を継続したまま婚姻前の氏に復するこ
とも、その逆も可能である。もっとも、生存配偶者が祭祀を承継した後に
復氏することは、新たな祭祀承継を行う原因となる（民751条2項・769条）。

　夫婦は同居し、相互に協力し扶助すべき義務を負う（同居義務、協力義務、
扶助義務。民752条）。夫婦間の扶助義務は他の親族間の扶養義務（生活扶助義
務）とは異なり、経済的に自己と同一程度の生活を保障する義務（生活保持
義務）を内容とするものである。

　未成年者が婚姻した場合、成年に達したものとみなされ（民753条）、単独
で法律行為をし、親権を行使することができる。これを成年擬制という。
この規定は、親権者または後見人が夫婦生活に干渉することを防ぎ、婚姻
生活の独立性を確保する趣旨のもと定められたものである。したがって、
同趣旨の及ばない公職選挙法、未成年者飲酒禁止法、労働法などには適用
されない。また、一旦認められた成年擬制は、婚姻が解消されても消滅し
ない（通説。なお、同規定は成人年齢の引き下げに伴い2022年に削除される）。

　夫婦間で契約を締結した場合、契約当事者は婚姻中いつでも取り消すこ
とができる（夫婦間の契約取消権。民754条）。夫婦間の契約は一方の威力や溺
愛の結果によるもので自由意思を欠くものが多いこと、法が家庭に入るこ
とは好ましくないことなどを理由とする規定である。しかし、現実には取
消権が濫用されることが多く、学説においては同規定を排除すべきという
主張が強い。判例も取消権の行使を制限する傾向にある（夫婦関係が破綻し
ている場合における贈与契約の取消し〔最判昭和33・3・6民集12巻3号414頁〕や円
満時に締結した契約を不和になってから取り消す場合〔最判昭和42・2・2民集21巻1
号88頁〕に754条の適用を否定）。この他、明文の規定はないが、法が重婚を禁
じ（民732条）不貞行為を離婚原因としていること（民770条1項1号）から、
夫婦は相互に性的純潔を保つ義務、いわゆる貞操義務を負っていると解さ
れている。

### (3) 夫婦財産制

　夫婦の財産関係を規律する制度を夫婦財産制といい、具体的には、夫婦

間での生活費の分担、財産の帰属（共有か一方の単独所有か）、などに関する定めである。

　法は夫婦の財産関係について、契約によりその内容を自由に定めること（夫婦財産契約）を認め、契約がない場合には民法の規定によることとしている（法定財産制、民760条〜762条）。夫婦財産契約を締結する場合には、婚姻の届出前に行わなければならず（民755条）、その効力は婚姻成立時に生じる。契約の内容は当事者が自由に定めることができるが、夫婦の平等・婚姻生活の本質に反するものは無効となる。また、原則として婚姻後はその内容を変更することはできず（民758条1項）、夫婦の承継人および第三者に対抗するためには、届出までにその登記をしなければならない（民756条）。

　法定財産制は、夫婦財産契約が締結されない場合の補充的役割として設けられたものであり、同制度は①婚姻費用の分担に関する規定（民760条）、②日常家事債務の連帯責任の規定（民761条）、③夫婦財産の帰属・管理に関する規定（民762条）の3か条からなる。①の婚姻費用とは、未成熟の子を含む共同生活を維持するために必要な費用を指し、同費用については夫婦の資産、収入、その他一切の事情を考慮して分担する旨規定されている（民760条）。同規定は、婚姻生活の経済的基礎の維持と別産制という個人主義的原理の調和を目的とするものである。②の日常家事に関する法律行為とは、夫婦が共同生活を営むうえで通常必要とされる法律行為をいい、その範囲は夫婦の社会的地位、職業、資産、収入、地域社会の慣行などによって異なる。したがって、ある法律行為が日常家事の範囲内か否かは個別的に判断されることになる。この点、判例は761条が第三者の取引安全を考慮した規定であることに鑑み、夫婦の内部的事情だけでなく、さらに客観的に、その法律行為の種類・性質等をも考慮して判断すべきとする（最判昭和44・12・18民集23巻12号2476頁）。③の夫婦財産の帰属については、まず、夫婦の一方が婚姻前から所有する財産や婚姻中自己の名で得た財産はその者の特有財産となる。この特有財産とは夫婦の一方が単独で有する財産のことをいい、各自で管理収益することとなる。「自己の名で」とは、形式のみならず実質をも備えていることを要する。たとえば、マイホームを購入する際に不動産の登記名義は夫とするが購入費用の一部を妻が負担した場合、夫が単独で取得したとはいえず、当該不動産は夫の特有財産とならな

い。この場合、帰属が不明な財産として、夫婦の共有に属するものと推定される（民762条2項）。

## B 離婚

### [1] 離婚制度

#### (1) 婚姻の解消と離婚

　婚姻の解消とは、完全有効に成立した婚姻がその後の事由によって消滅することをいい、その原因事由は当事者の死亡または離婚である。

　離婚には協議離婚、裁判離婚のほか、家事事件手続法による調停離婚、審判離婚がある。現行法は協議離婚を基本とし、それができない場合は原則として調停または審判に付し、これにより解決が図れない場合にはじめて裁判によることとしている（調停前置主義。家事257条）。離婚が成立すると婚姻の効力は将来に向かって消滅し、身分上および財産上さまざまな効果が生じる。具体的には、姻族関係が終了し（民728条1項）、再婚の自由が認められる（女性は100日の再婚禁止期間あり。民733条1項）。氏は、婚姻前の氏に復することになるが、離婚の日から3か月以内に届け出れば離婚の際に称していた氏を称することが可能である（民767条）。その他、財産上の効果として、財産分与請求権が生じる（民768条1項・771条）。財産分与とは、離婚をした当事者の一方が相手方に対し財産を分け与えることをいい、当事者の協議または調停で自由に定めることができる。協議が調わない場合は裁判所の審判または判決によることになるが、その際、分与の有無・内容は、①婚姻中に形成した財産の清算、②離婚により生計の困窮する側に対する扶養、③有責者の無責者に対する慰謝料などの要素を含む一切の事情を考慮して定められる（財産分与の性質および考慮要素につき、最判昭和46・7・23民集25巻5号805頁）。

#### (2) 協議離婚

　協議離婚が成立するためには、実質的要件として離婚意思の合致が存在し、形式的要件として離婚の届出がなされることが必要である。

　離婚意思の内容については、社会生活上の夫婦関係を解消する意思とする実質的意思説と、離婚届を出す意思があれば足りるとする形式的意思説の争いがあるが、判例は、形式的意思説に立つ（債権者の強制執行を免れるため

の協議離婚につき大判昭和 16・2・3 民集 20 巻 70 頁、生活保護費の支給を受けるための協議離婚につき最判昭和 57・3・26 判時 1041 号 66 頁）。

### (3) 裁判離婚

　裁判離婚とは、夫婦の一方の請求に基づいて、裁判所が判決によって婚姻を解消させるものである。民法は、離婚原因として①不貞行為、②悪意の遺棄、③3 年以上の生死不明、④強度の精神病という具体的離婚原因のほか、⑤婚姻を継続し難い重大な事由があるとき、という抽象的離婚原因を定めている（民 770 条 1 項各号）。

　裁判離婚は、一方の当事者の意思に反しても婚姻を解消するものであるから、離婚が認められる場合すなわち離婚原因を限定する必要がある。どのような事由を離婚原因とすべきかについては、主に有責主義と破綻主義の考え方がある。有責主義は、配偶者に義務違反や非行があったことを理由に離婚を認める考え方であり、破綻主義は、配偶者の有責無責を問わず、婚姻が破綻し、もはや夫婦として上手くやっていくことができない場合に離婚を認める考え方である。現行の制度は破綻主義を採用している（法は、有責主義に基づく離婚原因①②に該当する事実が存在する場合であっても、離婚を認めないことができるとしており、有責主義でないことは明らかである。民 770 条 2 項）。離婚原因①～④と⑤の関係は、前者は後者の有無を判断するための基準・例示すぎないと解すべきであろう。なお、判例は訴訟法上の観点から、民法 770 条 1 項各号は別個独立の離婚原因であるとしている（最判昭和 36・4・25 民集 15 巻 4 号 891 頁）。

### [2] 内縁

　内縁とは、婚姻意思および夫婦共同生活の実体を有するが法の定める届出を欠くため、法律上の婚姻関係を認められない男女の結合（事実上の婚姻）のことをいう。内縁は夫婦共同生活を営むという点においては婚姻と同一であり、婚姻に準ずる関係（準婚）として一定の保護を受ける（最判昭和 33・4・11 民集 12 巻 5 号 789 頁）。具体的には、婚姻に関する民法の規定のうち、夫婦共同生活に関する規定（民 760 条～762 条・752 条等）が準用される。また、厚生年金保険法、健康保険法などの社会保障関連の法規には、内縁を準婚として扱う規定をおくなどの立法措置がとられている。

# 3 親子

## A 総説

　民法の親子関係に関する規定は、大きく3つに分けることができる。1つ目は、親子関係の成立・消滅に関する「親子」の規定（民772条以下）、2つ目は、子の養育監護に関する「親権」「後見」の規定（民818条以下）、3つ目は、独立した子と親との関係に関する「扶養」「相続」の規定（民法877条以下）である。本節ではこのうち「親子」「相続」について概観する。

　親子関係は、血縁関係の有無により実子と養子に分かれる。血縁関係がある者を実子、血縁関係はないが親子関係が擬制される者を養子という。

## B 実子
### [1] 嫡出子と非嫡出子

　実子は、父母が婚姻関係にあったか否かにより嫡出子と非嫡出子に分かれ、婚姻関係にある男女間に生まれた子を嫡出子という。父母と嫡出子の親子関係については、母子関係は分娩の事実を基準に判断することが可能であるが、父子関係についてはDNA鑑定などを実施しなければその血縁関係を判断できない。しかし父子関係の成立につきDNA鑑定を要件とすることはその間、子の地位を不安定にし、不利益を負わせることとなるため、民法は父子関係につき推定規定を設けている。

### [2] 嫡出子

　嫡出子は、その出生の時期により推定を受ける嫡出子と推定を受けない嫡出子とに分かれる。前者の嫡出推定は二段の推定によって行われる。まず、民772条1項は、妻が「婚姻中に懐胎した子」は「夫の子」と推定するとし、さらに、同条2項は「婚姻成立の日から200日を経過した後又は婚姻の解消若しくは取消しの日から300日以内に生まれた子」は「婚姻中に懐胎したもの」と推定するとしている。したがって、図9-2の (b) の期間に生まれた子は、推定を受ける嫡出子となる。一方、図9-2 (a) の期間に生まれた子は、民法772条の推定を受けないため、推定を受けない嫡出子

となる。なお、妻が生んだ子であっても、夫が行方不明であったり、海外
へ長期出張中であるなど、事実上、妻が夫の子を懐胎することが不可能な
事実が存在する場合には、嫡出推定を受ける期間（図9-2（b））に生まれた
子であっても嫡出推定は及ばない（最判昭和44・5・29民集23巻6号1064頁）。
この場合、戸籍には嫡出子と記載されるが実際は非嫡出子であるため、推
定を受けない嫡出子と区別して「推定の及ばない子」と呼ぶ。推定を受け
るか否かは、嫡出性を否定する場合に影響を与える。

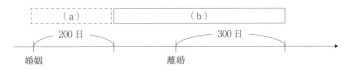

図9-2　嫡出推定の適用範囲（民772条）

　夫が妻の生んだ子との父子関係を否定しようとする場合、子が嫡出推定
を受けるか否かによってその方法は異なる。子が嫡出推定を受ける場合、
夫が父子関係を否認するには訴えによらなければならない。この訴えを嫡
出否認の訴え（民775条）といい、夫は子の出生を知ったときから1年以内
に訴えを提起しなければならない（民777条）。同期間経過後は誰も父子関
係を争うことができない。これは、父子関係を可及的速やかに確定し、子
を保護するためである。なお、同期間内であっても、夫が嫡出性を承認し
たときは、その否認権を失う（民776条）。子が嫡出推定を受けない場合、民
法775条以下の規定は適用されず父子関係存否確認の訴え（人訴2条2号）
を提起することが可能であり、訴えの提起につき期間の制限はない。推定
の及ばない子も同様の方法による。

## [3]　非嫡出子

　法律上の婚姻関係にない男女の間に生まれた子を非嫡出子という。
　非嫡出子に関しては、親子関係に関する推定規定はなく、これに代わる
ものとして、親の意思表示または裁判により親子関係を発生させる「認知
制度」が設けられている。そもそも、なぜ法は嫡出子と非嫡出子を区別し
ているのか。それは、家族法は法律婚の保護を第一としており、その枠外

にある非嫡出子の保護は法律婚の保護の要請に劣るという考えが根底に存在するためである。しかし、嫡出子となるか否かは、当事者である子にとって選択の余地がない事情であり、これにより子に不利益を負わせることは妥当でない。この点、非嫡出子の相続分を嫡出子の2分の1とする旧民法900条4号ただし書きの合憲性が争われた事件につき、最高裁は、同規定は憲法14条1項の定める法の下の平等に反すると判示している（最大決平成25・9・4民集67巻6号1320頁）。

認知とは、婚姻外に生まれた子の親が、自分の子であること認める行為のことをいい、自らの意思で行う場合を「任意認知」、裁判による場合を「強制認知」という。母子関係については、原則として母の認知を待たず、分娩の事実により当然に発生する（最判昭和37・4・27民集16巻7号1247頁）。

## C 養子

養親子は、人為的につくられた親子関係であり、このような人為的親子関係を創設する制度を養子縁組という。縁組を成立させるためには、①当事者間に縁組意思が存在し、②縁組障害事由（民792条～798条）が存在せず、③戸籍法の定める届出をすること（民799条・739条2項）が必要である。

縁組が成立すると、養子はその日から養親の嫡出子たる身分を取得する（民809条）。その他、養子と養親の血族との間にも親族関係（法定血族関係）が生じる（民727条）。こうした縁組の効果は、養子と実親および実方親族との関係に何ら影響を与えず、実方との親族関係は存続する。したがって、養子は実方と養方の双方に対して二重の身分関係を有することになる。これに対し、実方との親族関係を断絶し、戸籍法上も養親の実子として取り扱う制度があり、これを特別養子縁組という（民817条の2以下）。同制度は「子のための養子」という見地から、養親子関係を唯一の親子関係と構成することにより、安定した環境での養育を可能にすることを目的とする。なお、実方との親族関係断絶は、子に多大な不利益を与える可能性が高いため、縁組は家庭裁判所の審判によらなければならず（民817条の2第1項）、成立後は原則として縁組を解消する離縁は認められない（民817条の10）。その他、子の心身および養育に配慮したさまざまな規定がおかれている。

## ▌▌コラム▕▕▕　医療の発展と親子関係

　近年、医療技術の発展により法が想定していない方法による出産が行われ、その親子関係が争われることが増えている。冷凍精子による死後生殖に関し父子関係が争われた事件（遺伝子上の父が死亡後、その妻が保存しておいた冷凍精子を用いて懐胎・出産した事案）において、裁判所は法が死後懐胎子と死亡した父との間の親子関係を想定していないこと、死後懐胎については生命倫理や子の福祉の観点からの検討が必要であり立法によって解決されるべき問題であることを示し、立法のない以上、父子関係は認められないと判示した（最判平成18・9・4民集60巻7号2563頁）。代理懐胎（夫婦が各々の精子と卵子を用いて第三者に懐胎・出産してもらう、いわゆる代理出産の方法）における母子関係が争われた事件では、子の母は卵子提供者でなく懐胎・出産した女性であると判示した（最判平成19・3・23民集61巻2号619頁）。これは分娩を基準とする場合、誰が子の母親かは外観上明らかであり子の出生時に必ず保護者が定まる点で子の福祉に資するのに対し、遺伝上または子を欲する意思を基準とするとその立証は困難であり出生時に子の保護者が存在しないリスクを子に負わせることになることを理由とする。判例は基本的に親の意思よりも子の利益を重視して親子関係の存否を判断しているといえよう。同様の理由から、嫡出推定を受ける子に関し、DNA鑑定により生物学上の親でないことが明らかになった場合にその嫡出性を否認できるかが争われた事件においても、子の身分関係の法的安定性を理由に否認を否定している（最判平成26・7・17判時2235号14頁）。この他、性同一性障害者が女性から男性への性別変更後に婚姻し、その妻が第三者の精子提供を受けて懐胎・出産した子につき嫡出推定が及ぶかが争われた事案において、裁判所は民法772条の適用を肯定しており（最判平成25・12・10民集67巻9号1847頁）、今後は男女の夫婦間だけでなくLGBTの存在を前提とした生殖補助医療および親子関係のあり方についても議論していく必要があるだろう。

# 4 相続

## A 相続制度

　相続とは、死者の権利義務ないし財産法上の地位を特定の者に承継させることをいう。民法上、死者を被相続人、死者の権利義務等を承継する者を相続人という。この相続人となれるのは、一部の血族および配偶者のみである（民886条〜890条）。相続制度は、①潜在的持分の清算、②相続人の生活保障、③取引の安全を保障するための制度であり、①②は家族の保護を、③は取引社会における法的安定性の確保を目的とするものである。なお、被相続人には死後の財産処分（相続の指定、遺贈など）につき、私的自治の原則の下その自由が認められるが、前述②の趣旨から、被相続人の処分権には一定の制限が及ぶ（これを遺留分制度という。民1042条以下）。

## B 相続人と相続分

　法律上、相続人とされる者は、配偶者（民890条）および血族である子・直系尊属・兄弟姉妹である（民887条・889条）。配偶者は常に相続人となり、血族相続人は、相続開始時に生存する最優先順位の者のみが相続人となる。順位は、第1順位・子、第2順位・直系尊属、第3順位・兄弟姉妹である（民889条）。もっとも、子と兄弟姉妹に関しては相続開始時にその者が死亡などにより相続権を失っていてもその者の子（直系卑属）が代わりに相続することが可能であり、これを代襲という（民887条2項・同条3項・889条2項。なお、孫が代襲する場合を「再代襲」といい、兄弟姉妹の場合は認められない）。直系卑属の期待を保護するための、公平の原理に基づく制度である。

　相続人が複数いる場合、各相続人が承継する割合のことを相続分という。相続分は被相続人が指定する場合（指定相続分）と法の定めによる場合（法定相続分）とがあり、前者がない場合には後者による。法定相続分は相続人が誰かによってその割合が異なり、①配偶者と子の場合は配偶者と子は2分の1ずつ、②配偶者と直系尊属の場合は配偶者が3分の2、直系尊属が3分の1、③配偶者と兄弟姉妹の場合は配偶者が4分の3、兄弟姉妹が4分の1となる。同順位の者が複数いる場合はその相続分を等分する（民900条）。

## C　相続の効力

　相続人は、相続開始の時から被相続人の財産に属した一切の権利義務を承継する（包括承継、民896条本文）。この承継は、相続開始により相続人の意思を問わず当然に効果が生じる（当然承継）。しかし、相続財産には権利だけでなく義務も含まれ、相続人が相続を望まない場合もある。そのため、法は相続するか否かを相続人の自由意思に委ねており、この相続に関する意思表示を相続の承認・放棄という。承認には単純承認（相続の効果を全面的に承認するもの）と限定承認（相続財産がプラスであれば相続するがマイナス（債務超過）の場合には相続しないとするもの）の2つがあり、前者の場合、3か月の熟慮期間が経過することによって単純承認したものとみなされる（民921条2号）。他方、限定承認や相続の効果を全面的に否定する相続放棄の場合は、3か月の熟慮期間内に家庭裁判所に対し一定の行為を行うことが必要である（限定承認につき民922条〜937条、相続放棄につき民938条〜940条）。

## D　共同相続と遺産分割

　相続人が複数存在する場合（共同相続）、相続財産はその共同相続人の「共有」状態となる（民898条）。この共有財産を個々の相続人に帰属させるためには遺産分割の手続きが必要である（民906条以下）。共同相続人は被相続人が分割を禁止した場合を除きいつでも協議により遺産の分割をすることができ、法定相続分を超える権利を特定の相続人に承継させることも可能である。もっとも法定相続分を超える権利の承継については分割の方法によって対抗要件の要否が異なる。これまで判例は①遺産分割協議による場合は必要（最判昭和46・1・26民集25巻1号90頁）、②遺言による「相続分の指定」および③「相続させる旨の遺言（特定財産承継遺言）」による場合は不要（前者につき最判平成5・7・19判時1525号61頁、後者につき最判平成14・6・10判時1791号59頁）としていた。しかし、②③の場合、第三者が遺言の有無やその内容を知ることができず取引の安全を害するとの批判がなされていた。そのため、法定相続分を超える部分についてはその承継方法を問わず登記その他の対抗要件が必要であることが定められた（民899条の2第1項）。この他、遺産分割に関しては、預金などの可分債権もその対象となるのかが問題となる。従来の判例では、可分債権は相続開始と同時に法律上当然分

割され、相続人が法定相続分に応じて権利を承継するとされていた（最判昭和29・4・8民集8巻4号819頁）。しかし、平成28（2016）年の大法廷決定（最大決平成28・12・19民集70巻8号2121頁）はこれを変更し、可分債権のうち預貯金債権については相続開始と同時に相続分に応じて分割されることはなく遺産分割の対象になるとした。これにより、共同相続人が単独で預貯金を引き出すことができなくなり、その結果、相続債務の返済や当面の生活費も引き出せないなどの問題が生じた。このような問題に対応するため遺産分割前における預貯金債権の規定（民909条の2）が新設された（同制度とは別に家庭裁判所による保全処分によって仮払いを受けることも可能である。家事手続200条3項）。その内容は「相続開始時の預貯金債権額×3分の1×法定相続分」を上限額として共同相続人は単独で払戻しができるというものである。なお、この上限額以下であっても「標準的な当面の必要生計費、平均的な葬式の費用の額その他の事情を勘案して預貯金債権の債務者ごとに法務省令で定める額」を超える場合は超える部分の払戻しはできない。

　この他、平成30（2018）年の改正では、配偶者相続人の保護という観点から新たに「配偶者居住権」の制度が新設された。改正前の制度下でも配偶者相続人は居住建物を相続し住み続けることが可能であったが、これにより居住建物以外の財産（預貯金など）をわずかしか相続できず、相続後の生活資金を確保できないことが問題となっていた（**図9-3**上段参照）。そこで配偶者が従前の建物に居住しながらもその他の財産を取得できるようにするため創設されたのが「配偶者居住権」である。同権利を取得した場合、配偶者は居住建物を相続しない場合であっても原則として死亡するまで当該建物を無償で使用・収益できる。この権利を取得するためには①配偶者が相続開始時に被相続人の遺産たる建物に居住していることおよび②-1遺産分割、②-2配偶者居住権を遺贈の目的とする遺言、②-3家庭裁判所の審判のいずれかの手続が必要である（民1028条以下）。なお、相続開始時において被相続人が居住建物を配偶者以外の者と共有している場合、同権利は成立しない。②-1の場合、配偶者居住権も分割の対象に含まれ、配偶者は相続分から配偶者居住権の財産評価額を控除した額の財産を取得することとなる（**図9-3**下段参照）。②-2の場合は特別授益（共同相続人が被相続人から受けた遺贈・贈与）として法定相続分から配偶者居住権の額が控除される（特

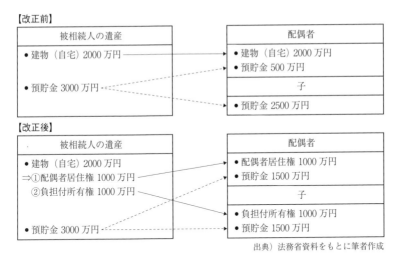

出典）法務省資料をもとに筆者作成

図9-3　配偶者居住権と遺産分割

別授益の持戻し。民903条1項）。もっとも、婚姻期間が20年以上である場合はこの持戻しにつき被相続人の免除の意思が推定され、持戻しの対象外となる（民1028条3項、民903条4項）。

## E　遺留分

　遺留分とは、兄弟姉妹以外の法定相続人に必ず認められる相続分であり、相続人が直系尊属のみである場合は相続分の3分の1、直系尊属以外の者が居る場合は相続分の2分の1が遺留分となる（民1042条）。改正前は贈与・遺贈の効果を否定し、財産を取り戻す遺留分減殺請求権につき規定があり、同請求権を行使した場合は遺留分を侵害する限りで贈与・遺贈の効力が否定されその限度で当然に請求権者に権利が帰属するとされていた（物権的効果。最判昭和51・8・30民集30巻7号768頁）。これは遺産を受遺者・受贈者と請求権者との共有状態にするものであり、法律関係を複雑にし、新たな争いをもたらすとの指摘がなされていた。改正法ではこの点が改められ、まず、遺留分減殺請求の規定が削除され、新たに「遺留分侵害請求権」の規定が設けられた。同請求権が行使された場合、相続人は遺留分侵害額に相当する金銭債権を取得する（債権的効果。共有状態は生じない。民1046条）。

## F 特別の寄与

　改正前においても被相続人の療養看護その他の方法によりその財産の維持・増加につき特別の寄与をした者は法定相続分を越えて相続することが可能な制度（寄与分制度）が存在していたが、この寄与分を得ることができるのは相続人に限定されていた（民904条の2）。しかし、被相続人の療養介護を相続人以外の者（子の配偶者など）が行う場合は多く、この者が一切財産の配分を得られないことは実質的公平に反すると指摘されていた。そこで今回の改正では、被相続人に対して無償で療養看護その他の労務の提供をしたことによりその財産の維持・増加について特別の寄与をした親族（特別寄与者。範囲については**本章1節C[1]参照**）は、相続の開始後、相続人に対し特別寄与者の寄与に応じた額の金銭（特別寄与料）を請求することができる制度が創設された（民1050条）。なお、同制度は相続人への請求権を認めるものであり、相続権を付与するものではない点に留意する必要がある。

## 知識を確認しよう

・・・・・・・・・・・・・・・・・・・・・・・・・・・・・・・

### 問題

(1)　婚姻の成立とその効果について説明しなさい。
(2)　配偶者居住権とは何か、同権利を取得するための要件と取得した場合の効果につき説明しなさい。

### 解答への手がかり

(1)　成立に必要な要件は何か、離婚の場合と比較してみよう。効果については、婚姻成立後の夫婦生活につきどのような効果がなければ不都合が生じるか、夫婦だけでなく子や第三者の視点からも考えてみよう。
(2)　配偶者居住権の制度が設けられた背景につき考察し、取得方法によってどのような効果の違いが生じるかにつき条文を確認しながら比較しよう。

## 第 10 章

# 財産と法

## 本章のポイント

1. 民法は、三大基本法の1つであり、市民相互間の紛争解決など社会生活を営むうえで密接に関わってくる法律である。総則編は、民法全体に適用される基本ルールであり、どのようなものであろうか。
2. 物権編では、所有権や占有権などの各種物権を定めているが、どのような機能をもっているのであろうか。
3. 債権編では、契約や不法行為など各種債権の発生原因から消滅原因まで定められており、財産およびその取引についてさまざまな規定が置かれている。

# 1 私法の構造

　民法は、個人相互の関係を定めた私法の領域に位置している。民法は、私法の中で一般法であり、特別法として商法、国際私法などがある。また、私法は、公法と異なり対等な当事者を前提としているため、不利な取引が社会問題となり、一方の保護を厚くするため、民法を修正する必要に迫られ、消費者保護法、借地借家法、製造物責任法などが制定されていった。

　民法は、私法の基本原則である①権利能力平等の原則、②所有権絶対の原則、③私的自治の原則を採用している。①は、すべての人は生まれながらにして平等に権利や義務の主体となることができるというものである（民3条）。②とは、人には物に対する所有権が認められており、これは物を自由に使用、収益、処分することができる権利であり、国家や他人が干渉することは許されないというものである。③は、私的な法律関係については個々の自由意思で決めることができるというものである。また③は、これを基に契約自由の原則と過失責任の原則を導いている。

# 2 民法総則

## A 自然人と法人

### [1] 自然人の権利能力

　人は、権利を行使し義務を負担することができるため、権利・義務の主体となることができ、この資格を権利能力という。権利能力は、人である自然人のほかに会社のような法人にも認められている。

　人は出生によって権利能力を取得する（民3条1項）。しかし、この規定を胎児のケースに適用すると不利益が生じてしまうことがあるため、損害賠償請求権（民721条）、相続（民886条）、遺贈（民965条）については既に生まれたものとみなして、胎児の権利能力を認めている。

　また、権利能力は人の死亡によって終了するが、失踪宣告（民31条）や認

定死亡（戸 89 条）によっても終了する。失踪宣告には、生死不明の状態が 7 年間続いた場合、戦争や船舶の沈没など危難が去った後 1 年間生死が明らかでない場合があり、家庭裁判所に申し立てることによって失踪宣告を受けることができる（民 30 条）。一方、認定死亡は、水難・火災・戦争などで死亡が確実であるとされる者に対してなされる制度である。この制度では失踪宣告のように家庭裁判所への申立は必要ない。

## [2] 自然人の行為能力

### (1) 意思能力と行為能力

　人は、契約を締結するとそれ以降はこの契約に拘束されることとなる。これは、契約当事者に物事を合理的に判断し意思決定できる能力（意思能力）があるということが前提となっている。したがって、意思能力を持たない幼児や精神障害者などがした契約は無効となる（民 3 条の 2）。これによって意思能力のない者を保護することができるが、実際には契約当時の意思能力の有無を立証することは困難である。そこで民法は、法律行為を 1 人で完全にできる能力を行為能力とし、これが不十分な者の保護を図るために制限行為能力者制度を設けている。

### (2) 制限行為能力者

　民法では制限行為能力者制度として、未成年、後見、保佐、補助の 4 種類を定めている。

　未成年者は、満 20 歳未満の者である（民 4 条）。ただし未成年者であっても婚姻をすると成年に達した者とみなされる（成年擬制、民 753 条）。なお、令和 4（2022）年 4 月 1 日より成年年齢は 18 歳となる。保護者（法定代理人）には、同意権・取消権・追認権・代理権が付与されている。未成年者が法律行為をする場合には保護者の同意を得なければならず、保護者は、同意を得ずして行った未成年者の法律行為を取り消すことができる（民 5 条）。ただし、未成年者が単独で法律行為をすることができる規定もおかれている（民 5 条 1 項・3 項、6 条）。

　成年被後見人とは、精神上の障害により事理弁識能力を欠く常況にある者で（民 7 条）、家庭裁判所において後見開始の審判を受けた者である（民 8 条）。成年後見人は、成年被後見人の包括的な財産管理権を有するととも

に身上監護の事務を行わなくてはならない。成年後見人には、取消権・追認権・代理権が付与されている。ただし、成年被後見人の日用品の購入、その他日常生活に関する行為は取り消すことができない（民9条）。

被保佐人とは、事理弁識能力が著しく不十分な者で（民11条）、家庭裁判所において保佐開始の審判を受けた者である（民876条）。保佐人には、同意権・取消権・追認権・代理権が付与されている。また、民法13条1項各号の行為および同法以外の行為であっても家庭裁判所で同意を必要とする審判を受けた行為については、これらの権限を持つことができる（民13条2項）。

被補助人とは、事理弁識能力が不十分な者であって（民15条）家庭裁判所において補助開始の審判を受けた者である（民876の6条）。この審判によって被補助人には補助人が付けられることとなる。補助人には、同意権・取消権・追認権・代理権が付与されている。ただし、同意権などが行使できる行為については、民法13条1項各号の行為の一部に限られており、この範囲でのみ使うことができるとされている（民17条1項・4項）。

## [3] 法人

人は集団を作りさまざまな社会活動を営んでおり、自然人と同様に権利・義務の主体となることができる場合がある。これには、人の集団である社団と財産の集合体である財団とがある。従来は、公益を目的とする社団・財団は民法の規定に従って法人格（法律に基づいて集団に与えられる法律上の人格を法人格）を取得することになっていた。しかし、平成18（2006）年から19（2007）年の法人改革により、一般法人法と会社法の制定に伴い、民法からは法人の成立・法人の能力・外国法人・登記を残して大幅に削除された（民33条〜37条）。

## B　法律行為

### [1] 法律行為

法律行為とは、当事者が一定の法律効果を欲し、表示することによって法律効果が与えられる行為のことである。なお、変動（発生・変更・消滅）の原因となる事実を法律要件といい、これに基づいて生じる結果を法律効果

という。

## [2]　意思表示

### (1)　意思表示の瑕疵

　意思表示とは、法律効果を生じさせようとして外部に表示する行為である。たとえば、ある人がテレビの購入を欲して電気店に「このテレビをください」と申し込むような場合である。通常、自由な意思決定により内部の意思が決まり、そして外部に表示され、この2つは一致しているはずである。しかし、何かしらの事情で一致しない場合がある（心裡留保・虚偽表示・錯誤）。また、一致はしているものの自由な意思決定ができなかった場合（詐欺・強迫）も起こり得る。

### (2)　心裡留保

　表意者が、真意でないことを知っていながら表示した意思表示を心裡留保という（民93条）。これは、単独虚偽表示とも呼ばれている。たとえば、冗談で100万円相当の壺を1万円で売ってあげると言い、相手がそれを真に受けてしまった場合である。このような場合、表示通りの効果が生じることとなる。ただし、相手方がその意思表示が表意者の真意ではないことを知り、または知ることができたときは無効となる。また、第2項では、心裡留保によって作られた状態を信頼した第三者を保護する旨を定めている。

### (3)　虚偽表示

　表意者が、相手方と通謀して行った虚偽の意思表示を虚偽表示（通謀虚偽表示）という。具体例としては、Aは多額の借金をしており債権者からの家屋の差し押さえが迫り、Aがこれを免れ財産を隠す目的で友人のBに頼んで家屋の仮装売買契約を行った場合である。このような場合、表意者と相手方との間で結ばれた契約は無効となる（民94条1項）。しかし、善意の第三者に対しては無効を主張することができない（民94条2項）。

### (4)　錯誤

　表意者が、勘違いして相手方に真意と異なる意思表示をすることを錯誤という。この場合契約は無効となる（民95条）。錯誤を大別すると、表示行為の錯誤（民95条1項1号）と動機の錯誤（民95条1項2号）に分かれる。さ

らに、表示行為の錯誤には、表示上の錯誤と内容の錯誤がある。表示上の錯誤とは、絵画の売買で100万円というべきところを誤って1万円と言ってしまった場合であり、内容の錯誤とは、ドルとポンドを同価値と勘違いして、100ドルと書くべきところを100ポンドと書いてしまった場合である。表示行為の錯誤の場合、重要な錯誤があったときに取り消すことができるとしている（民95条1項）。重要な錯誤とは、法律行為の目的および取引上の社会通念に照らして重要なものであり、もしそのような錯誤がなければ契約を締結しなかったと一般に考えられる場合である。一方、動機の錯誤とは、駅ができると思って周辺の土地を購入した場合である。動機の錯誤につき、錯誤が重要なだけでなく、動機が表示されているときに取り消すことができる（民95条2項）。なお、錯誤が表意者の重大な過失によるものであった場合、相手方が表意者に錯誤があることを知っていたとき、または重大な過失によって知らなかったとき、相手方が表意者と同一の錯誤に陥っていたときを除いて、意思表示の取消しをすることができない（民95条3項）。

### (5) 詐欺と強迫

　詐欺または強迫によってなされた意思表示は取り消すことができる（民96条1項）。詐欺とは、事実を偽ること（欺罔行為）によって人を錯誤に陥れ、それによって意思表示させることをいい、また強迫とは、人を脅して畏怖を与え、それに基づいた意思表示をさせることである。これらは、意思の形成過程で他人の不当な干渉が加わり瑕疵あるものとなってしまったものである。なお、これらの場合には表意者は取り消すことができる点では同じであるが、この取消しが第三者に対抗できるか否かで異なる。強迫による取消しは詐欺の場合とは異なり、善意・無過失の第三者に対しても抵抗することができる。また、第三者による詐欺の場合は、相手方がその事実を知り、または知ることができたときには取り消すことができる（民96条2項）

## C　代理

### [1] 代理の意義

　代理とは、本人の代わりに他人が取引などの法律行為を行い、そこから

生じた効果が本人に帰属することである。代理には、本人からの依頼を受けて選ばれる任意代理と法律で代理人の決め方が定められている法定代理の2つの形態がある。

## [2] 代理権

### (1) 代理権の範囲

任意代理の範囲は、代理権授与行為によって定まる。代理人の権限の範囲が定められていないか、あるいは不明確な場合には、民法103条の規定により、管理行為である保存行為・利用行為・改良行為をすることができる。一方、法定代理人は、法律に代理権の範囲が定められている（民824条、民25条）。

### (2) 代理権の消滅

代理権の消滅原因につき、任意代理人と法定代理人に共通したものとして、本人の死亡、代理人の死亡または破産手続開始の決定・後見開始の審判受けたことが規定されている（民111条1項）。また、任意代理特有の消滅原因として委任の終了がある（民111条2項）。

### (3) 自己契約と双方代理の禁止

自己契約と双方代理は、本人の利益を害する恐れがあるため代理権を有しない者がした行為（無権代理行為）とみなされる（民108条）。自己契約とは、本人Aが相手方のBと取引する際に、Aは取引の当事者であるにもかかわらずBの代理人にもなって取引をする場合である。また、双方代理とは、AとBの取引について、CがAとBの両方の代理人をする場合である。ただし、単に債務の履行をする場合および本人の許可があるものについては認められている。

## [3] 無権代理

無権代理とは、代理権がないにもかかわらず相手方と取引を行うことをいう。無権代理は原則無効である。しかし、これでは取引相手が不測の損害を被る恐れがあるため、民法は、無権代理人に代理権があると信じ、または信じたことに無理からぬ事情があって過失がない場合には取引の効果が本人に及ぶものとして、相手方の保護を図ることとした。これが表見代

理である。表見代理には、①代理権授与の表示による表見代理（民 109 条）、②権限外の行為の表見代理（民 110 条）、③代理権消滅後の表見代理（民 112 条）の 3 形態がある。①は、本人が「A に代理権を与えた」と取引の相手方に通知したため、相手方は A と取引に入ったものの、実はまだ A に代理権を与えていなかった場合である。②は、A が与えられていた代理権の範囲外のことをしてしまった場合である。③は、A が代理権を失った後も新たに代理行為をした場合である。

## D 条件と期限

　就職が決まったら 10 万円あげるというように、単に 10 万円をあげるのではなく、就職という制限を加えることは可能である。このような制限条項を法律行為の付款（ふかん）といい、これには条件と期限があり、不確実な事実の場合を条件といい、確実な場合を期限という。また、条件が成就することによって効力を生じせしめる場合を停止条件（民 127 条 1 項）、現在効力があるものを消滅せしめる場合を解除条件（民 127 条 2 項）という。

## E 時効

　時効とは、一定期間継続した事実がある場合、その事実状態が真実の権利関係に合致しているかを問わず、そのままの権利関係を認めるというものである。時効には取得時効と消滅時効がある。

　取得時効とは、所有権について所有の意思を持って平穏かつ公然に他人の物を一定期間占有することによって、権利を取得するというものである（民 162 条）。なお、占有開始の時に他人の物と知っていた場合は 20 年、他人の物と知らず、かつ知らないことに過失がなかったときには 10 年である。所有権以外の財産権も同様の規定を置いている（民 163 条）。

　消滅時効とは、権利が行使できるにもかかわらず行使しない状態が一定期間継続することによって、その権利を消滅させる制度である（民 166 条）。民法では、一般の債権の消滅時効（民 166 条）について定めているのみならず、人の生命または身体への侵害による損害賠償請求権の消滅時効（民 167 条）、定期金債権の消滅時効（民 168 条）、判決で確定した権利の消滅時効（民 169 条）についても定めている。

# 3　物権

## A　物権の特色

　物権は、民法その他の法律の定めたもの以外、当事者がどんなに合意しようとも創設することができない（民175条）。これを物権法定主義という。また、物権は、特定の物を直接的・排他的に支配する権利である。つまり、他人の行為を介さずに直接支配するものであり、1つの物に互いに相容れない複数の物権が併存することは許されない。物権と債権が衝突する場合には、物権が優先するのが原則である（優先的効力）。さらに、物権の支配が違法に侵害されているときには、これを排除することができる（物権的請求権）。これには、違法な占有者に対して物の返還請求をする物権的返還請求権、侵害物の除去あるいは侵害行為の停止を請求する物権的妨害排除請求権、侵害行為が起こる恐れがあるときに予防を請求する物権的妨害予防請求権がある。

　民法に定められている物権の種類としては、占有権、所有権、用益物件（地上権、永小作権、地役権、入会権）、担保物権（留置権、先取特権、質権、抵当権）がある。

## B　物権変動と対抗要件

### [1]　物権変動と対抗要件

　物権の変動とは、物権の取得・喪失・変更の総称をいう。ここでいう取得とは、新しい物を作るなど新たに発生した物権を取得する場合（原始取得）、売買のように前の権利者から物権を取得する場合（承継取得）である。物権の変更とは、物権の内容および作用が変更になることであり、目的物の増加、権利の順位の変更などがこれにあたる。また、喪失とは、目的物の滅失、物権の放棄などである。

　Ａが家屋を購入して所有権を取得した場合、Ｂは当該家屋の同一内容の所有権を取得することはできない。そのため、誰がどの目的物にどんな物権を持っているのか外から認識できるようにし、物権に関する取引の安全を図らなくてはならない。これには、不動産の場合の登記、動産の場合の

引渡、立木の場合に用いられる明認方法がある。民法では、このような公示方法を用いなければ、取得した物権を第三者に主張することができないとしている（公示の原則）。

　登記や引渡などの公示は、物権の状態を第三者に示すものではあるが、この公示は必ずしも真実を表しているとは限らない。公示を信頼して取引した者が、相手方が真の権利者ではなかったことを理由に権利が取得できなければ取引の安全が著しく害されることとなる。このような場合に、第三者に公示通りの権利の取得を認めようとするのが公信の原則であり、公示のこの効力を公信力という。しかし、その一方で、権利を取得できるとしたならば、真の権利者の利益を害することになってしまう。そこで民法では、不動産の登記には公信力がなく、動産の引渡に公信力を認めることとしている。

### [2] 不動産の対抗要件

　不動産の公示方法は登記であり、これがなければ第三者に対抗することができない（民177条）。登記の対象となる物権は、所有権、地上権、永小作権、地役権、先取特権、質権、抵当権である。Aが家屋を購入したものの登記を済ませていない場合、Bが元の持ち主から同一家屋を購入したとしても（二重譲渡）、Aは登記をしていないため、Bに対して家屋の所有権を主張することができない。この場合、AとBのどちらか先に登記を済ませた方が家屋の所有権を取得することとなる。しかしBが単なる悪意の第三者ではなく背信的悪意者のときには保護されない。背信的悪意者とは、先に家屋を購入したAを害する目的で同一家屋を後から買う場合である。

### [3] 動産の対抗要件と即時取得

　動産の対抗要件は引渡である（民178条）。自動車や船舶などは動産ではあるが、登記や登録の公示ができることから、不動産と同じように扱われ、ここでいう動産には含まれない。また、取引において平穏かつ公然に動産の占有を始めた者は、善意・無過失のときには、即時に動産の権利を取得する（民192条）。これを即時取得という。取引の安全を重視し、占有に公信力を認めている。

## [4] 明認方法

明認方法とは立木の幹の一部を削り所有者の住所・氏名を記したり、住所・氏名を書いた札を立木に掛ける方法である。通常、立木などは土地の定着物であるため、土地と一緒に売買されることとなる（民86条）。しかし、これらを土地と一緒に売らない場合に明認方法が用いられる。

## C　占有権

占有権とは、自己のためにする意思を持って物を所持することを保護するために認められた権利である（民180条）。

占有には、承継・移転が認められている。その方式として、実際に物を引き渡す現実の引渡（民182条1項）、既に借りている物を譲り受けるような場合に占有を移転させる意思表示のみで引渡があったものとする簡易の引渡（民182条2項）、所有権を譲渡したものの、元所有者が引き続き借りる場合に用いる占有改定（民183条）、AがCに貸している本をCに貸したままBに譲渡し、Bは引き続きCに貸したままにしようとする場合に用いられる指図による占有移転（民184条）がある。

占有者は、占有が妨害されたとき、あるいは妨害されそうなとき、妨害の排除および予防などを請求することができる。これを占有訴権という。占有訴権には、占有者がその占有を妨害されたとき、その妨害の停止および損害賠償を請求できる占有保持の訴え（民198条）、占有者がその占有を妨害される恐れがあるとき、妨害の予防および損害賠償の担保を請求できる占有保全の訴え（民199条）、占有者の占有を奪われたとき、その物の返還および損害賠償を請求できる占有回収の訴え（民200条1項）がある。

## D　所有権

所有権は、法令の制限内において、自由にその所有物の使用・収益・処分することのできる物権である（民206条）。したがって、他の物権のように部分的な支配ではなく、物に対して全面的に支配できる権利である。

土地は他の土地と相互に隣接しており、家屋の修繕のため隣の土地を使うなど、どうしても各々の土地に影響を及ぼすことがある。そのため、所有権が円滑に活用できるように土地所有者相互の利用を調整している。こ

れを相隣関係という。民法は、これについて、隣地の使用（民209条～213条）、排水・流水に関する規定（民214条～222条）、境界に関する規定（民223条～238条）を定めている。

　所有権の取得として、一般的には売買・贈与などの契約や相続によって承継取得することが多いが、即時取得（民192条）および取得時効（民162条）、無主物先占（民239条）、遺失物取得（民240条）、埋蔵物発見（民241条）、添附（民242条～248条）もある。無主物先占とは、野生の動植物のように所有者がいない動産を所有する意思で占有することによって所有権を取得することである。また、添附とは、所有者の異なる2つ以上の物が1つになることをいう。

## E　用益物権
### [1]　地上権
　地上権とは、他人の土地に工作物または竹木を所有する目的で土地を使用する権利である（民265条）。工作物としては、建物・池・橋梁・トンネルなどがある。空中のモノレールのように地上および地下に一定の範囲を設けて地上権（区分地上権）を設定することもできる（民269条の2）。

　地上権は、土地所有者との設定契約、遺言、取得時効によって取得することができる。また、土地とその土地の上にある建物の両方を同一人が所有しているケースにおいて、どちらか一方が抵当権の設定を受け、後に競売され別々の者が所有するにいたった場合、その建物について地上権が設定されたものとみなされる（民388条）。これを法定地上権という。地上権の存続期間は、原則として当事者の定めによるが、定めがない場合には慣習に従い、これもないときには裁判所が決定することとなる（民268条）。

### [2]　永小作権
　永小作権とは、小作料を支払って他人の土地で耕作または牧畜をする権利である（民270条）。この権利の取得は、地上権と同様に土地所有者との設定契約、遺言、取得時効によって取得することができる。永小作権の存続期間は、20年以上50年以下であり、当事者が設定契約で50年以上の期間を定めても50年とされる（民278条）。

## [3] 地役権

　地役権とは、一定の目的で他人の土地を自己の土地の便益に供する物権である（民280条）。典型例としては、A地（要役地）の所有者がB地（承役地）を通行したり（通行地役権）、A地にB地を通って水を引く場合（用水地役権）であるが、A地の眺望を確保するためにB地の建物の高さを制限する場合など、目的は多岐に及んでいる。なお、存続期間については民法に定めはなく、当事者の契約によって設定される。

## [4] 入会権

　入会権とは、集落の住民が一定の山林などに立入り、薪や肥料など採る権利である。わが国では、古くから地域住民が山林原野に入って生活に必要となる物資の採取をしていた。民法では、このような慣習上の権利を物権として認めている。ただし、その内容については、慣習に従い、慣習がない場合には共有や地役権の規定が準用される（民263条・294条）。

# F　担保物権

## [1] 留置権

　留置権とは、他人の物の占有者がその物に関して生じた債権を有する場合、その債権の弁済を受けるまで、その物を留置できる権利である（民295条1項）。これは、留置によって間接的に債権の弁済を強制する担保物権である。たとえば、自動車修理店は、修理費が支払われるまで修理した自動車を留置できる。留置権の効力として、果実収取権（民297条）・費用償還請求権（民299条）・善管注意義務（民298条）なども定められている。

## [2] 先取特権

　先取特権とは、法律の定める一定の債権を有する者が、債務者の財産から他の債権者に優先して当該債権の弁済を受ける担保物権である。たとえば、A会社の社員Bは、未払いの給与債権について、A会社の総財産から優先的に弁済を受けることができる。先取特権の種類として、一般の先取特権（民306条～310条）、動産の先取特権（民311条～324条）、不動産の先取特権（民325条～328条）がある。また、先取特権が競合した場合については、

それぞれの優劣が規定されている（民329条〜332条）。

## [3] 質権

　質権とは、債権者が債務者または第三者から債権の担保として受け取った物を弁済が受けられるまで占有し、もし弁済がなければ、この物から他の債権者に優先して弁済を受けることができる担保物権である。質権は、設定契約によって設けることができ、債権者に目的物を引き渡すことによって効力が生じるため、引き渡すことができない物を目的物とすることはできない（民343条・344条）。民法では、動産質（民352条〜355条）や不動産質（民356条〜361条）、そして債権・無体財産権・株式などを目的とする権利質（民362条〜366条）を規定している。

## [4] 抵当権

　AがBから2000万円を借りAの家屋に抵当権を設定した場合、弁済期に2000万円を返済できなかったときに、当該家屋を売却しBは他の債権者より優先的に弁済を受けることができる。他の担保物権と異なり、抵当権設定後もAは家屋を使用することができる。

　抵当権は、債権者と抵当権設定者（債務者または物上保証人）との間の抵当権設定契約によって設定される（民369条1項）。この設定は、抵当地上に存在する建物を除いて、不動産に付加して一体となった物にまで及ぶ（民370条）。不動産である土地と建物は別個に抵当権の目的となり、これ以外にも地上権・永小作権にも抵当権を設定することができる（民369条2項）。なお、抵当権は、登記をしないと第三者に対抗できない（民177条）

　抵当権には、先取特権や質権とともに物上代位を認めている（民304条・372条）。たとえば、抵当権を設定した家屋が火災で焼失した場合、通常は家屋の焼失により抵当権も消失するが、抵当権設定者が火災保険に入っていれば、この火災保険金請求権に対して抵当権の効力を及ぼすことができるというものである。

　根抵当権とは、当座貸越契約や継続的商品供給契約など、契継続的な取引から将来生じる不特定の債権を担保するために予め設定される抵当権である（民398条の2〜同条の22）。

# 4　債権

## A　債権の特色

### [1]　債権の性質

　債権とは、一方が他方に対して一定の行為を請求することができる権利であり、債務とは一定の行為について負担しなくてはならない義務のことである。そして、この権利をもつ者を債権者と呼び、この義務をもつ者を債務者という。債権は任意法規であり、物権のような排他性はない。債権では、同一内容のものが複数成立する場合がある。このような場合、法律に特別の規定がない限り債権者は平等に扱われる（債権者平等の原則）。

### [2]　債権・債務の種類

　債権・債務は、さまざまな視点から分類することができる。これには、作為債務（何かをするという積極的行為を内容とするもの）と不作為債務（何かをしないという消極的行為を内容とするもの）、与える債務（商品など物を引き渡す債務）と為す債務（労務などの行為を提供する債務）、特定物債権（給付する目的物の物の個性に着目した債権）と不特定物債権（種類債権ともいい、物の種類に着目した債権）、可分債権（分割が可能な債権）と不可分債権（分割ができない債権）、結果債務（特定の結果の実現を目的とする債務）と手段債務（結果に向けて努力する債務）などがある。

## B　債権の効力

### [1]　履行の強制

　債務者が任意に債務を履行しない場合、裁判で勝訴して債務名義を取得した後に強制履行を行うこととなる。これには、直接強制・代替執行・間接強制がある。

　直接強制とは、裁判所が債務者の財産を差し押さえて競売にかけ、その売買代金を債権者に渡すというものである。これは、金銭あるいは物の引渡のように与える債務の場合に用いられ（民414条1項、民執43条以下・168条以下）、為す債務や不作為債務には適していない。

　代替執行とは、本来の債務の目的を第三者に行わせて、その実現にかかった費用を債務者に負担させるというものである（民 414 条 1 項、民執 171 条）。代替執行は、為す債務の内、債務者以外の第三者が行っても実現可能な場合に用いられる。

　間接強制とは、裁判所が債務者に対して債務が履行されるまで一定の金額の支払いをさせるものである（民 414 条 1 項、民執 172 条）。これは、為す債務の内、債務者本人が履行しなければならない場合に用いられる。

### [2] 債務不履行

　債務不履行とは、債務者がその債務の本旨に従った履行をしないとき、または債務の履行が不能であるとき、債権者はこれによって生じた損害の賠償を請求できるというものである（民 415 条 1 項）。これに該当するものとしては、履行遅滞・履行不能・不完全履行など、さまざまな形態のものがある。履行遅滞とは、債務の履行が可能であるにもかかわらず履行期を過ぎてしまった場合であり、履行不能は、履行が不可能になったこと、不完全履行は、一応履行は為されたものの不完全な場合である。一方、415条 1 項ただし書きには、債務不履行が契約その他の発生原因および取引上の社会通念に照らして、債務者側に帰責事由がない場合には免責が認められることになるとしている。また、415 条 1 項の損害賠償の請求をすることができる場合、①履行不能、②債務者の明確な履行拒絶、③契約の解除、または債務不履行による契約の解除権が発生したときには、債権者は債務の履行に代わる損害賠償（填補賠償）の請求をすることができる（民 415 条 2 項）。

　損害賠償には、財産的損害と非財産的損害がある。前者には、修理費や治療費の支出などの財産上の侵害を受けた場合であり、後者は、精神的損害の場合で慰藉料が認められている。なお、財産的損害には、既存の利益の滅失・減少（積極的損害）、得べかりし利益の喪失・減少（消極的損害）である。

　損害賠償の範囲について、民法 416 条は通常損害と特別損害に分けている。通常損害とは、社会通念上一般に発生すると考えられる損害であり、常に損害賠償の範囲となる。しかし、特別な事情によって生じた損害であ

る特別損害は、当事者がその事情を予見すべきであったときは損害賠償の範囲となる。

## [3] 危険負担と種類・品質または数量に関する契約不適合の場合

　契約の効果として、損害賠償請求以外にも危険負担と種類・品質または数量に関する契約不適合が規定されている。

　契約締結後に債務者の責めに帰すべき事由がなく目的物が滅失・損傷した場合、目的物の代金を債権者と債務者のいずれが負担すべきか問題となる。

　民法では、当事者双方の責めに帰することができない事由によって、債務を履行することができなくなったときは、債権者は反対給付の履行を拒むことができると規定している（民536条1項）。たとえば、AがB自動車販売会社から自動車を100万円で購入する契約を結んだものの、その後、Aに引き渡される前に落雷によって自動車が燃えてしまった場合、Bの自動車の引き渡しとAの代金の支払いはどうなるのだろうか。412条の2により、AはBに自動車の引き渡しを請求することができない。一方、Aの100万円の支払代金は、536条1項により履行を拒むことができるとなっている。つまり、Aの反対給付は存在し続けるが、支払いを拒むことができる履行拒絶権を持つのである。

　種類・品質または数量に関する契約不適合の場合、たとえば、電気店からテレビを購入後しばらく使用していたところ、特定のチャンネルだけが映らないことに気づいた。このようなとき、どのように対応すればよいだろうか。引き渡された目的物が種類・品質または数量に関して契約の内容に適合しないものであるときは、買主は、売主に対し、目的物の修理、代替物の引き渡し、または不足分の引き渡しによる履行の追完を請求することができる（民562条1項）。一方、売主は、買主に不相当な負担を課すものではないとき、買主が請求した方法と異なる方法による履行の追完をすることができる。つまり買主に負担をかけないのならば、買主が新品との交換を望んでも、売主は修理で対応することができるのである。また、買主の代金減額請求権（民563条）、買主の損害賠償請求権および解除権の行使（民564条）についても定めている。

## C　多数当事者の債権関係

### [1]　分割債権と分割債務

　分割債権および分割債務とは、1個の可分給付が複数の債権者または債務者に分割された債権関係のことである（民427条）。具体例としては、900万円相当の別荘を3人で購入あるいは売却する場合の金銭債権である。各債権あるいは各債務は独立しているため、債権者の1人あるいは債務者の1人に生じた事由は、他の債権者あるいは他の債務者に影響を及ぼさない。

### [2]　不可分債権と不可分債務

　不可分債権および不可分債務とは、複数の債権者または債務者が1個の不可分な給付を有している場合である（民428条・430条）。不可分とは、債権の目的がその性質上分けられない場合である。たとえば、900万円相当の別荘を3人で購入する場合の別荘の引き渡しを求める債権、あるいは3人の別荘を売却して相手方に引き渡す債務である。なお、1人の債権者あるいは債務者に対してなされた事由については、他の債権者に対しても効力が生じる絶対的効力と効力が生じない相対的効力がある。不可分債権の絶対的効力は、履行の請求、弁済、相殺、供託であり、相対的効力は、免除、更改などである。一方、不可分債務の絶対的効力は、弁済、供託、更改、相殺であり、相対的効力には、履行の請求、免除、混同などがある。

### [3]　連帯債務と連帯債権

　連帯債務とは、性質上可分である場合に複数の債務者が同一内容の給付につき、各自が独立して全部を給付する義務を負担し、そのうち1人が給付したときには、全債務者の債務も消滅するというものである（民436条）。連帯債務は、契約ならびに遺言のように当事者の意思表示によって発生する他に、法令の規定によっても発生する（民719条・761条など）。各債務者は、全部を給付する義務を負担しているものの、債務者相互間では各々最終的に負担する部分がある（負担部分）。そのため、1人の債務者が自己の負担部分を超えて債権者に給付した場合には、超えた部分について他の債務者に請求することができる（求償権、民442条）。また、連帯債務の絶対的効力は、弁済、供託、更改、混同、相殺であり、相対的効力には、履行の請求、時

効の完成などがある。

　連帯債権とは、債権の目的が性質上可分である場合において、1個の給付について、複数の債権者が連帯して債権を有するときは、各債権者は、全ての債権者のために全部または一部の履行を請求することができ、債務者は、全ての債権者のために各債権者に対して履行をすることができるというものである（民432条）。権者の1人の行為あるいは債権者の1人に生じた事由は、他の債権者に影響を及ぼさないのが原則であるが（民435条の2）、連帯債権の絶対的効力には、弁済、供託、履行の請求、更改、免除、混同、相殺があり、相対的効力には、時効の完成などがある。

## [4] 保証債務と連帯保証

　保証債務とは、主たる債務と同一内容の給付を目的とする従たる債務のことである。主たる債務が履行されない場合には、その履行の義務を負い、主たる債務を担保することとなる（民446条1項）。保証債務は、契約によって成立するが、書面（電磁的記録も含む）でなされなければ有効とならない（民446条2項・3項）。また、債務者が保証人を立てる義務を負う場合には、保証人の要件として、①行為能力者であること、②弁済の資力を有することの2点が必要となる（民450条1項）。その後、保証人がこの要件を欠くに至ったときには、債権者は、その要件を具備する者と代えるよう請求することができる（民450条2項）。

　保証債務には、催告の抗弁権（民452条）と検索の抗弁権（民453条）の2つが認められている。催告の抗弁権とは、債権者が主たる債務者に履行の請求をすることなく、いきなり保証人に請求した場合、保証人は債権者に対して、まず主たる債務者に催告する旨を請求することができるというものである。また、検索の抗弁権とは、保証人が主たる債務者に資力があり執行が容易であることを証明したときには、まず主たる債務者の財産について執行する旨を主張することができるというものである。

　主たる債務者について生じた事由は、原則として保証人に対しても効力が生じる（民457条）。しかし、保証人について生じた事由は、弁済などの債務を消滅させる事由を除いて、主たる債務者に効力を及ぼすことはない。保証債務には付従性があるため、保証人は、主たる債務者が主張すること

ができる抗弁をもって債権者に対抗することができる（民 457 条 2 項）。保証人の負担が債務の目的または態様において、主たる債務より重くなることは認められていない（民 448 条 1 項）。また、保証契約の締結後、主たる債務の目的または態様が加重されたとしても、保証人の負担は増えることはない（民 448 条 2 項）。

　連帯保証とは、保証債務の 1 つであり、主たる債務者と保証人が連帯して債務を負担するものである。保証債務との大きな違いは、補充性がないことから催告の抗弁権と検索の抗弁権を有しないことである（民 454 条）。主たる債務者について生じた事由は、原則として連帯保証人に対しても効力が生じる。一方、連帯保証人について生じた事由については、民法 458 条に連帯債務の条文を準用するよう規定しており、弁済のほか、更改（民 438 条）、相殺（民 439 条 1 項）、混同（民 440 条）の場合には、主たる債務者に影響が及ぶことになる。これ以外の事由では、主たる債務者に影響を及ぼすことはない（民 441 条）。

### ┃┃コラム┃┃　消費者金融と利息債権

　消費者金融は、サラリーマンや主婦・学生を対象に昭和 50 年代から台頭してきた。この特徴は、銀行と異なり厳格な審査なしでお金を貸してくれる代わりに利息が高く、また乱暴な取立行為があり、当時社会問題にまで発展してしまった。当時の利息制限法では十分な規制ができず、「貸金業の規制等に関する法律」（貸金業法）と「出資の受入れ、預り金及び金利等の取締りに関する法律」（出資法）を整備して対応することとなった。

　出資法は、貸金業者の最高利率を定めているが、当初は 73% の金利を認めていた。利息制限法の金利は下記の通りであり、出資法の利率と差があったため、いわゆる金利のグレーゾーン問題が起きてしまった。しかし、その後数次の改正を経て、平成 22（2010）年に利息制限法の利率と同じとなり、この問題がようやく解消することとなった。

　貸金業法は、近時の社会的要請を踏まえ、平成 18（2006）年の改正により、①借り過ぎあるいは過剰貸付の防止（総量規制）、②貸金業者に対する規制の強化、③上限金利の引き下げが規定され、多重債務者問題の解決を図る

**利息制限法の最高利率**（利息制限法1条）

| 元金 | 利率 |
|---|---|
| 10万円未満 | 20% |
| 10万円〜100万円未満 | 18% |
| 100万円以上 | 15% |

などのさらなる規制強化がなされた（施行は平成22〔2010〕年）。①としては、指定信用情報機関制度の創設（貸金41条の13以下）、貸金業者に対する返済能力の調査義務（貸金13条）を定めている。また、総借入残高が年収の3分の1を超える貸付の禁止（貸金13条の2）も定められた。なお、住宅ローン、自動車ローン、銀行からの借入れは対象外である。②の観点からは、取立行為の規制強化（貸金21条）、貸金業務取扱主任者の設置（貸金12条の3）、貸金業協会の自主規制機能強化（貸金25条以下）が図られている。③は、出資法と同様に上限金利を利息制限法と同じとし、グレーゾーン問題を解消した。

## D　債権の消滅

　民法は、債権の消滅原因として、弁済・代物弁済・供託・相殺・更改・免除・混同の7つを規定している。

　このうち、弁済・代物弁済、供託は目的到達による債権の消滅である。弁済とは、債務者あるいは第三者が債務の本旨に従った給付を実現する行為をいう（民473条以下）。代物弁済とは、本来の給付に代えて他の給付をすることによって債権を消滅させる、債権者と弁済者の契約である（民482条）。また、供託とは、債権者が弁済を受領しない場合、弁済者が債権者のために弁済の目的物を供託所に寄託することによって、その債権を消滅させる制度である（民494条）。

　一方、相殺・更改・免除・混同は、目的の消滅以外の理由による債権の消滅原因である。まず、相殺とは、当事者が互いに同種の債権・債務を持っており、かつ双方の債務が弁済期にある場合、これを対等額で消滅させる一方的意思表示である。（民505条）。更改とは、給付の内容について重要な変更をするなど、新債権を成立させるとともに、旧債務を消滅させる契

約である（民513条）。免除とは、債権者の債務者に対する一方的な意思表示により、無償で債権を消滅させることである（民519条）。そして、混同とは、債権と債務が同一人に帰属することである（民520条）。

## E　不法行為

　不法行為とは、違法行為により他人に損害を与えた場合、加害者に損害を賠償させる義務を課す制度である。不法行為には、一般の不法行為と特殊な不法行為がある。

　一般の不法行為とは、民法709条の適用を受けるものであり、その成立要件として、①故意・過失があること、②違法性があること、③責任能力があること、④損害が発生し加害行為と損害に因果関係があることである。

　一般的不法行為では、過失責任の原則により、故意または過失がある者が責任を負うこととなっている。①の故意とは、結果の発生を認識しながら、あえてそれを為す行為であり、過失とは、加害者が結果発生を予見ならびに回避が可能であったにもかかわらず、損害の発生を回避しなかったことである。ただし、民事責任では故意と過失で損害賠償に差が生じることはない。②とは、他人の権利または法律上保護される利益が侵害されたことであり、緊急避難・正当防衛（民720条）および被害者の承諾や正当な業務行為の場合（スポーツ事故・医療行為など）には違法性は阻却される。③の責任能力とは、自己の行為の責任を弁識するにたりる知能である。この能力が備わるのは、小学校を卒業する12歳前後である。④については、損害が発生していなければ不法行為責任を追及できないのは当然のことであるが、加害行為と損害との間に相当因果関係がなくてはならない。

　民法709条の一般の不法行為に対して、民法714条から719条にかけて特殊な不法行為を定めている。これには、責任能力を欠く者の監督者の責任（民714条）、使用者責任（民715条）、注文者の責任（民716条）、工作物責任（民717条）、動物占有者の責任（民718条）、共同不法行為（民719条）がある。また特別法でも、運行供用者責任が規定されている自動車損害賠償保障法、製造物責任法などがある。

## 知識を確認しよう

#### 問題

(1) BはAから借りていたテレビをCに売ってしまった。Cは、このテレビの所有権を取得できるか説明しなさい。

(2) AはB不動産会社から家屋を購入することになり、当該家屋の売買契約をした。その後、家屋の引き渡しがなされる前に雷によって当該家屋は焼失してしまった。この場合、この家屋の代金は誰がどうなるか説明しなさい。

#### 解答への手がかり

(1) 動産と不動産のそれぞれの対抗要件について比較・検討してみよう。

(2) 危険負担について検討してみよう。

## 本章のポイント

1. 犯罪行為とそれに対する刑罰を規定する法が刑法である。刑法には、刑法典をはじめとする多くの法律から構成される。これらの法は、社会においてどのような機能を果たしているのだろうか。

2. 犯罪行為を行うと、それに対する制裁として刑罰が科される。この刑罰は、大きく生命刑、自由刑、財産刑の3種から構成される。この刑罰の本質をめぐって、古典学派と近代学派の対立がある。

3. 刑法の基本原則として、罪刑法定主義がある。これは、社会においてどのような意味を持つ原則なのだろうか。

4. 犯罪が成立するためには、いくつかの要件が必要である。これらは一体どのようなものなのであろうか。

# 1 ．犯罪と刑法

## A 刑法の構成

### ［1］ 刑法典

犯罪の要件とこれに対する法的効果としての刑罰の内容を規定する法を刑法という。狭い意味では、刑法と名付けられた法典、すなわち刑法典のことをいう。

現在、各国の刑法典のほとんどが総則と各則とに大別されている。日本の刑法典も同様に、第一編「総則」と第二編「罪」と題する各則の二編から成り立っている。このうち、総則は、各種の犯罪および刑罰に通じる一般的な規定が置かれている。これに対し、罪には、犯罪となる行為とこれに対する刑罰の種類と程度を個別に示した規定が置かれている。

### ［2］ 特別刑法

刑法典は、犯罪と刑罰に関する法のうち、主要なものを収めているだけである。そこで、犯罪と刑罰に関する法は、多くの法律に見ることができる。これを特別刑法という。

特別刑法は、2つのタイプに分けることができる。それは、①爆発物取締罰則、軽犯罪法、航空機の強取等の処罰に関する法律などのような、刑法典を直接補充する特別刑法、②会社法、道路交通法、所得税法、労働基準法などの罰則規定、すなわち種々の行政上の目的達成のために置かれた命令・禁止規定の効力を確保する手段として、これに違反する者に対して刑罰を科することを定めている行政刑法である。

行政刑法は、いかなる行政上の目的を達成するものであるかによって、交通刑法、租税刑法、労働刑法、経済刑法などに分けられる。また行政刑法は、違反行為に対して、その行為者だけでなく、業務主である法人なども処罰する、いわゆる両罰規定が設けられていることが多い。

### ［3］ 刑事訴訟法

刑事訴訟法は、刑法の内容を具体的に実現するための手続を規定する法

のことである。

　刑法に規定される犯罪が行われ、処罰の要件が備わば、ただちに刑罰権が発生する。しかし、これを具体的に実現するためには、犯人および証拠を捜査し、公訴を提起し、公判を進めて犯罪事実を確定し、相当な刑を宣告し、これを執行する機関と手続が必要である。しかもそれらの機関の組織・権限と手続のあり方については、人権保護の観点から厳格な法的規制が要求される。この要求にこたえて規定されるのが刑事訴訟法である。

　刑法は、犯罪に対して刑罰という最も強力な国家的制裁で臨むことにより、社会秩序を維持し、人々の生活利益を保護しようとするものである。しかし、その実現には、常に可能な限り、被疑者、被告人、証人、参考人などの基本的人権やその他の利益を尊重しつつなされなければならない。つまり、刑法と刑事訴訟法の両法が有機的に連関してはじめて刑事司法が適正に行われ、社会的正義が実現するのである。

## [4] 矯正および保護法

　犯罪者の矯正のための組織・手続・処遇を規定する法および、犯罪者の矯正施設外における更生保護を目的とする組織・手続・措置を規定する法のことである。刑事収容施設及び被収容者等の処遇に関する法律、更生保護法、少年院法、婦人補導院法などが代表的なものである。

　これらの法は、受刑者の教化・改善や刑の執行猶予や仮釈放になった者に対して、国家が積極的な保護を行うことにより、再犯を予防するためにも重要である。

## B　刑法の社会的機能

　刑法は、犯罪と刑罰について定めている法であるが、この刑法には３つの基本的機能があるとされている。それは、社会倫理的機能、法益保護機能、自由保障機能である。

## [1] 社会倫理的機能

　刑法は、一定の行為を犯罪とし、これに一定の刑罰を結びつけることにより、犯罪と犯罪でないものを明らかにし、人々が行為の選択をする場合

の判断基準を示す機能である。これは、刑法に内在する行為規範による機能である。刑法は、一般通常人なら誰でも守ることに困難を感じるようなものは規定していない。つまり、誰もが守れるルールであるにもかかわらず、守らなかった場合に刑罰という一定の制裁を科すことにしているのである。

### [2] 法益保護機能

　刑法は、行為規範に違反するものに対して、刑罰という最も強力な国家的制裁を科すことにより、規範を守らせるようにしている。その結果、人々の生命、身体、自由、財産などの法的に保護されるべき生活上の利益、すなわち法益を守ることができる機能である。この機能によって、社会秩序の維持が可能になるのである。

### [3] 自由保障機能

　刑法は、犯罪とされる行為の範囲と個々の犯罪に対する刑罰の種類・程度を明示することにより、国家権力に対し、いたずらに刑罰権を発動しないようにコントロールする。その結果、人々の自由を保障するとともに、犯人をも恣意的な処罰から守る機能である。この意味において、刑法は「善良な国民のマグナ・カルタ」であると同時に「犯人のマグナ・カルタ」であるといわれる。これは、後述する罪刑法定主義の裏付けとなるものであり、刑事裁判手続の中での人権侵害を防ぐ観点から大いに強調されなければならない機能である。

## 2　刑罰の内容と本質

### A　刑罰の内容

　刑法の規定する刑罰は、死刑、懲役刑、禁錮刑、罰金刑、科料刑、没収刑の7種類である（9条）。
　刑罰は、犯罪行為を行ったことを条件として、国家が制裁として犯人の

何かを剥奪するところに特色がある。どのように剥奪されるかという観点から区別すると、生命刑、自由刑、財産刑に区別することができる。近代以前は、刑罰の中心が生命刑であったが、近代以降は自由刑が中心となり、特に懲役刑に焦点が合わされている。

## [1]　生命刑

　文字通り、犯人の生命を剥奪する刑である。死刑がこれに相当する。死刑は、刑事施設内において絞首により執行される（11条1項）。死刑の言渡しを受けた者は、執行の日まで刑事施設に拘置される（11条2項）。死刑の執行は、再審請求や共犯者の判決が未確定などの場合を除き、判決確定から6か月以内に法務大臣の命令により執行される（刑訴475条）。

　なお絞首による死刑は、憲法36条で禁ずる残虐刑にあたるのではないかという指摘があるが、「死刑といえども、他の刑罰の場合におけると同様に、その執行の方法等がその時代と環境とにおいて人道上の見地から一般に残虐性を有するものと認められる場合には、勿論これを残虐な刑罰といわねばならぬから、将来若し死刑について火あぶり、はりつけ、さらし首、釜ゆでの刑のごとき残虐な執行方法を定める法律が制定されたとするならば、その法律こそは、まさに憲法第三十六条に違反するものというべきである」として絞首の残虐性を否定している。（最大判昭和23・3・12刑集2巻3号191頁）

## [2]　自由刑

　犯人の自由を剥奪する刑であり、懲役刑、禁錮刑、拘留刑の3種類からなる。

### （1）　懲役刑

　無期懲役と1月以上20年以下の有期懲役があり、刑事施設に拘置して所定の作業（刑務作業）を行わせる刑である（12条）。なお、死刑または無期懲役を減軽する場合や併合罪や再犯などで加重する場合は、最長30年にすることができ、有期懲役を減軽する場合は、1月未満にすることができる（14条）。懲役刑は、検察官の指揮によって行われる（刑訴472条）。

　刑務作業の内容は、炊事・洗濯など刑務所運営のための作業である経理

作業と、公益財団法人矯正協会が国に材料を提供し靴・家具などを製作させたり、民間企業と刑務作業契約をして民間企業の製品を製作させたりする生産作業の2種類がある。

### (2) 禁錮刑

無期禁錮と1月以上20年以下の有期禁錮があり、刑事施設に拘置される刑であり、刑務作業は行わなくてよい（13条）。なお、死刑または無期禁錮を減軽する場合や併合罪や再犯などで加重する場合は、最長30年にすることができ、有期禁錮を減軽する場合は、1月未満にすることができる（14条）。禁錮刑は、検察官の指揮によって行われる（刑訴472条）。

なお、刑事施設に収容されている禁錮刑受刑者は、願い出により刑務作業を行うことができる（刑事収容93条）。

### (3) 拘留刑

拘留刑は、1日以上30日未満刑事施設に拘置される刑である（16条）。拘留刑は、検察官の指揮によって行われる（刑訴472条）。また、刑事施設に収容されている拘留刑受刑者は、願い出により刑務作業を行うことができる（刑事収容93条）。

## [3] 財産刑

犯人の財産を剥奪する刑であり、罰金刑、科料刑、没収刑の3種類がある。

### (1) 罰金刑

罰金刑は、1万円以上である。ただし、1万円未満に減軽することができる（15条）。罰金刑は自然人だけでなく、法人にも科すことができる。法人の場合、金融商品取引法207条1項1号の7億円以下のように非常に高額になることもある。

罰金刑の執行は、検察官の命令により執行される。執行方法は、民事執行法その他、強制執行の手続に関する法に基づいて行われる（刑訴490条）。

### (2) 科料刑

科料刑は、1000円以上1万円未満である。科料刑の執行は、検察官の命令により、罰金刑と同じ手続きで行われる。

なお、罰金刑、科料刑を完納できない場合、労役場留置となる。罰金刑

の場合は 1 日以上 2 年以下の期間、科料刑の場合は 1 日以上 30 日以下の
期間、裁判で定められた総額に達するまでの日数分留置される。労役場で
は、所定の作業を行うが、刑務作業に比べて軽い作業を行う。

## (3) 没収刑

　没収刑は、犯行に使われた凶器、通貨偽造事件で作成された偽造通貨、
薬物犯罪で使用された禁止薬物など、犯罪行為を組成・供用したものや犯
罪行為から産出したもの、犯罪行為で取得したもの、犯罪行為の報酬・対
価を没収するものである (19 条)。没収刑は、主刑に付随して科される付加
刑であるため、単独で科すことはできない。

　没収刑は、検察官の命令で執行され、没収物は、検察官がすべて処分す
る (刑訴 490 条 1 項・496 条)。

## [4] 刑の執行猶予

　刑の執行猶予には、刑の全部執行猶予制度と刑の一部執行猶予制度の 2
種類の制度がある。

　刑の全部執行猶予制度とは、過去に禁錮以上の刑に処せられたことの無
い者などが、3 年以下の懲役・禁錮または 50 万円以下の罰金の言渡しを受
けた場合、情状により裁判確定日より 1 年以上 5 年以下の期間、その刑の
執行を猶予し、期間中無事に経過すれば刑の執行はなかったものにする制
度である (25 条・27 条)。猶予期間中、再び犯罪行為を行い禁錮以上の刑に
処せられた場合などは、執行猶予が取り消され、猶予されていた刑はただ
ちに執行される (26 条)。また、罰金刑に処せられた場合などは、執行猶予
を取り消すことができる (27 条)。

　なお、薬物犯罪など再犯率の高い犯罪については、猶予期間中に円滑な
社会復帰に向けた準備をさせ、再犯防止を目指す観点から、刑の一部執行
猶予制度が導入された。これは、3 年以下の懲役・禁錮の言渡しを受けた
者に対して、情状により再犯防止に必要かつ相当と認められるとき、刑の
一部の執行を 1 年以上 5 年以下の範囲で猶予する制度である (27 条の 2・薬
物一部猶予 3 条)。この制度は、平成 28 (2016) 年 6 月から施行された。

### [5] 仮釈放

　仮釈放とは、懲役または禁錮に処せられた者に改悛の情があるとき、有期刑は刑期の3分の1を、無期刑は10年を経過した後、行政官庁の処分によって仮に釈放することができる制度である（28条）。

　法務省所管の地方更生保護委員会は、本人の資質、生活歴、矯正施設内における生活状況、将来の生活計画、帰住後の環境等を総合的に考慮するとともに、悔悟の情、再犯のおそれ、更生の意欲、社会の感情の4つの事由を総合的に判断し、保護観察に付することが本人の改善更生のために相当であると認められるときに仮釈放をする権限が与えられている。

　仮釈放は、刑の執行が停止されたわけではなく、社会の中で保護観察を受けて遵守事項を守りながら生活することを条件に、残りの刑期を過ごすことが許されたという状態であるため、罪を犯して罰金以上の刑が科された場合など、刑法29条1項各号に該当する場合は取り消される。取り消されると、仮釈放が許されたすべての期間を刑事施設で過ごすことになる。

## B　刑罰の本質

　人間社会は、古代から今日まで、その社会の秩序を乱す行為を犯罪と位置付け、これに対して、刑罰という制裁を加えてきた。この犯罪と刑罰をいかに認識するか、言い換えるとどのような刑法理論をとるかについては、古くから「古典学派」と「近代学派」という2つの学派の争いが展開されてきたのである。

### [1] 古典学派（旧派）

　古典学派は、旧派とも呼ばれ、犯人の意思の自由を前提とする刑法理論である。

　この立場では、刑罰の対象としての犯罪の意味、すなわち刑事責任の基礎は、客観主義（行為主義）という考え方になる。これは、刑事責任の基礎を犯人の自由な意思の表れとしての外部的行為（客観的な動作・態度）とこれから生じた結果（実害）におくと考えるのである。そこで、刑罰の重さは、このような行為・結果の重大さの大小で決めるべきであるとする。

　次いで、刑罰の本質については、応報刑論という考え方になる。これは、

刑罰を犯罪という悪行に対する反動としてこれに科せられる報復的な措置であり、犯人に対して刑罰をもってつぐないをさせると考えるのである。

そして、刑罰の目的については、一般予防主義という考え方になる。これは、法律で刑罰を予告し、あるいは現実に犯人に刑罰を科することによって一般人に警告を与え、犯罪の発生を一般的に予防することが刑罰の目的であるとする考え方である。

## [2] 近代学派（新派）

近代学派は、新派とも呼ばれ、犯人の意思の自由を否認する刑法理論である。

この立場では、刑事責任の基礎は、主観主義（行為者主義）という考え方になる。これは、犯罪の原因が素質と環境により決定付けられた犯人の社会的危険性（反社会性）にあるとし、刑事責任の根拠は、このような危険性におくという考え方である。そこで、刑罰の重さは、犯人の社会的危険性の程度の大小で決めるべきであるとする。

次いで、刑罰の本質については、教育刑論という考え方になる。これは、刑罰は応報ではなく教育であると考える。すなわち、犯人が持つ反社会的性格を刑罰という教育的措置で立て直し、将来再び犯罪を起こさないようにして社会復帰させると考えるのである。

そして、刑罰の目的については、特別予防主義という考え方になる。これは、刑罰の目的を犯人の再犯の予防にだけおく考え方である。

## [3] 現代の刑法理論

古典学派、近代学派それぞれの考え方は、どちらも刑罰の本質の考え方として当てはまるものがある。そこで、現代ではこれらを対立するものとして捉えるではなく、両者を統合して考えるべきであるという傾向が有力になっている。

これは、次のような考え方である。犯罪は人間の行為である以上、犯人の性格などを無視して犯罪を評価し刑を決めることは妥当ではない。また、外部的行為や結果を無視して犯人に対する刑を決めることも妥当ではない。そこで、刑罰の本質は、応報を基礎としつつも、国民一般の規範意識を維

持させるとともに、犯人を教育・改善させることにより、犯罪を一般的に
予防するとともに、犯人の再犯を防止し社会復帰を促進させ、これによっ
て社会秩序を維持することにあると考えられている。このような考え方を、
併合主義（統合主義）という。

# 3　刑法の基本原理

## A　罪刑法定主義の意義

　刑法の基本原理は、罪刑法定主義である。これは、どのような行為が犯
罪であり、それに対してどのような刑罰を科するかは、法律の形式であら
かじめ国民に知らせておかなければならない、という考え方である。
　近代以前の社会は、為政者は人々を威嚇して犯罪を抑圧することのみに
とらわれていた。そこで、一方では残虐な刑罰を多用し執行を公開しなが
ら刑罰を用いた。他方で、どのような行為が犯罪となり、それに対してど
のような刑罰が科せられるかを一切知らせず、恣意的に刑罰を用いた。ま
た、裁判や刑罰においては身分による差別的取扱が当然とされ、訴訟手続
としては、自白が重視され、自白を得る手段として拷問が認められていた。
近代社会は、このような罪刑専断主義を人道主義・自由主義に反するもの
として排斥し、罪刑法定主義を確認したのである。近代刑法学の父といわ
れるフォイエルバッハ（Feuerbach, Anselm von）は、「法律がなければ刑罰は
ない、法律がなければ犯罪はない」と表現している。
　罪刑法定主義の基礎となる思想は、次の２つになる。①どのような行為
が犯罪として処罰されるかは国民の代表である議会で決定しなければなら
ないとする、国民主権の思想である。これは、モンテスキュー（Montes-
quieu, Charles-Louis de）の三権分立論に基礎を置く考え方である。②犯罪と
刑罰をあらかじめ規定することは、人々にある行為が処罰されるものであ
るかについての予測可能性を与え、人々の行為の自由を保障するという、
刑法の自由保障機能の考えである。これは、かつては刑罰を予告すること
で人々を犯罪から遠ざけようとする、フォイエルバッハの心理強制説と結

び付けられていたが、現在では広く人道主義・自由主義にその根拠を求めることができる。

　いずれにせよ、罪刑法定主義は単に犯罪と刑罰をあらかじめ規定しておけばよいというものではない。すなわち、国民が安心して生活できるように国家権力の恣意的な発動を防ぐことにその意義があるのである。

## B　罪刑法定主義の沿革

　罪刑法定主義は、1215年に成立したイギリスのマグナ・カルタにその源を求めることができるとされている。やがて、この思想はアメリカに渡り、1776年のヴァージニア権利章典をはじめ諸州の権利宣言にも掲げられ、さらに1787年のアメリカ合衆国憲法にも盛り込まれることになった。

　ヨーロッパ大陸では、まず、1787年のオーストリアのヨセフィーナ刑法典に掲げられ、次いで、1789年のフランス人権宣言にも取り入れられた。その後、19世紀初頭以降、次第にヨーロッパ諸国の憲法や刑法に規定されるところとなり、近代市民国家の刑法の基本原則として定着したのである。

　一方、日本においては7世紀後半以降の律令の中で罪刑の法定は行われていた。これは、当時は司法も行政事務として行われており、官僚は君主が定めたことを忠実に執行するものと考えられていたことによる。また、明文がなくても情においてしてはならないことをした者の処罰なども認めていたため、近代的罪刑法定主義とは趣旨が異なっている。日本における本格的罪刑法定主義の導入は、明治13（1880）年に公布された刑法（いわゆる旧刑法）からである。その2条に「法律ニ正条ナキ者ハ何等ノ所為ト雖モ之ヲ罰スルコトヲ得ス」と規定された。その後、明治22（1889）年に公布された大日本帝国憲法23条に「日本臣民ハ法律ニ依ルニ非スシテ逮捕監禁審問処罰ヲ受クルコトナシ」と規定された。これにより、罪刑法定主義は、憲法で保障されることになったのである。

## C　罪刑法定主義の派生原則

　罪刑法定主義が実際に行われるに当たり、以下の7つの原則が必然的に派生する。そしてそのいずれが破られても、罪刑法定主義は実質的に機能しなくなるのである。そこで、これらの原則は、罪刑法定主義の実質的内

容ともいわれるのである。

## [1] 罪刑の法定

犯罪と刑罰の内容は、必ず国会で法律の形式で制定されなければならない原則である。憲法31条は、このことを明言しており、法治主義思想に基づくものである。ここから、慣習刑法は刑法の法源から排除されるのである。なお、地方公共団体の議会は、地方自治の趣旨に従って条例に罰則を設けることが認められている。これは、地方自治法によって懲役・禁錮は2年以下、罰金は100万円以下と上限が設けられているので問題はない（自治14条3項）。

## [2] 罪刑の均衡

犯罪の重大さの程度と刑罰の重さは、バランスがとれていなけれればならない原則である。刑法が、世の中の理非曲直をはっきりさせる役割を果たすためには、犯罪の重大さと刑罰の重さを比べて、多くの人が納得できるものでなければならない。たとえば、殺人罪の法定刑が罰金刑のみなどということになると、われわれの日常生活は不安のどん底に落ちることになるからである。

## [3] 遡及処罰の禁止

刑罰法規は、施行日前に起こった事項にさかのぼって適用してはならない。また、法改正で法定刑の引き上げが行われた場合も、改正前の事項にさかのぼって適用してはならない原則である。このことは、憲法39条でも保障されている。

もし、遡及処罰が許されると、国家権力は都合のよいように人々を狙い撃ちすることができるようになり、人々の予測可能性は無意味となり、行為の自由を失うことになるからである。そこで、刑法に規定されていないが、処罰の必要性が認められる現象については、新たに立法し、以後の処罰を期待するほかないのである。

なお、刑法6条では、犯罪後の法律により刑の変更があったときは、その軽いものを適用すると規定する。これは、軽い刑罰の適用は犯人の不利

にならないから認めてよいという趣旨であり、罪刑法定主義とは関係がない。

## [4]　類推解釈の禁止

　ある事項について、刑罰法規に直接の規定がない場合、その事項に類似する他の事項の刑罰法規を適用することは許されない原則である。

　刑法の条文は、ある程度抽象的に規定されているが、新たな犯罪現象が発生した場合、これに即応して犯罪として法定することは難しい。そこで、従来の類似した現象に適用されていた刑罰法規を適用しようという要請が出てくるのである。この場合、どこまで法文の語義を拡げて適用できるかが問題となる。ここで許されるのは、刑法の処罰目的の範囲内の拡張解釈までは許されるが、類推解釈は、あらかじめ法定されていなかった事柄を処罰することになるから許されないと理解するべきである。

　なお、刑法の処罰目的の範囲内の拡張解釈の具体例は、刑法125条1項などに見られる「汽車又は電車」にディーゼルカーやバスを含めると解釈するようなことである。

## [5]　絶対的不定期刑の禁止

　有罪を言い渡しながら刑期を定めず、釈放の時期が行刑当局（検察官や刑事施設）の一存で決定されるような刑は許されない原則である。これは、刑罰をあらかじめ規定していないことと同じになるからである。

　なお、無期懲役・無期禁錮は、無期という期間の定めがあるので、絶対的不定期刑には当たらない。また、不定期刑でも期間の幅に相当の限度があるものは、相対的不定期刑として許される（少年52条を参照）。

## [6]　刑罰法規の明確性

　あらかじめ何が犯罪となるかを規定する以上、それがどのような内容か明確でなければならない原則である。これは、不明確な規定は捜査当局や裁判官の恣意的な刑罰権の行使を許すことになるからである。

### [7] 刑罰法規の適正

刑罰法規は、その処罰範囲が広すぎてはならない原則である。これは、刑罰法規の内容が処罰に値しない行為まで含んでいると、それによって人々の行為の自由が不当に制限され、基本的人権の保障が阻害されるからである。

## 4　犯罪の成立要件

犯罪行為が発生したからといって、ただちに犯罪が成立するものではない。犯罪は、人の行為が、犯罪構成要件に該当し、違法かつ、有責なときに成立するのである。この 4 つの成立要件を詳しく見てみよう。

### A　人の行為

#### [1] 人の行為とは

人の行為は、積極的行為（作為）、消極的行為（不作為）を問わない。また、睡眠中に他人に危害を加えたような無意識下の行為や強盗犯に脅された状態で行ったような絶対強制下の行為は含まない。

#### [2] 故意と過失

人の行為は、罪を犯す意思がなければならない。これを故意という。刑法は、原則として故意犯を処罰対象としている。また、罪を犯す意思がない、または行為者の不注意による場合を過失というが、刑法は、過失犯処罰規定のあるもののみを処罰対象としている（38条1項）

なお、A に弾丸が当たるかもしれないが、あたってもよいと思って発砲するような、犯罪事実が発生する可能性を認識しながら、その発生を認容したような場合も故意が成立する。これを未必の故意という。

#### [3] 錯誤

犯罪事実の認識があり、故意が認められるとしても、その具体的内容が

実際に生じた犯罪事実と異なっていることがある。たとえば、相手を即死させようとして心臓を狙って拳銃を発射したが、腹部に命中し、長い時間をかけて死亡したような場合である。このような、行為者の認識内容と実際の犯罪事実の内容とに食い違いがある場合を事実の錯誤という。

　事実の錯誤の場合、実際に生じた犯罪事実について故意を認めることができるのかが問題となる。現在の有力な見解は、法律上定められた犯罪類型の範囲と、その限度内で、行為者の認識した事実と実際に発生した事実とが重なり合えば（これを符合という）、その間に違いがあっても故意が成立するという考え方である。この考え方を法定的符合説という。

## B　構成要件該当性

### [1] 構成要件該当性とは

　人の行為が、刑法に規定される犯罪類型、すなわち犯罪構成要件に当てはまることである。偽証罪（169条）のような行為のみを内容とする挙動犯の場合よりも、殺人罪（199条）のような行為に基づく一定の結果発生を内容とする結果犯の場合、いくつかの問題がある。

### [2] 因果関係

　結果犯の場合、実行行為と犯罪結果との間に、原因・結果の関係があることが必要とされる。これを因果関係という。因果関係をめぐっては、原因行為と結果との間に事実的つながりがあるのはもちろんだが、この事実的つながりは、経験則上通常あり得る範囲に限定して判断すべきという考え方が有力である（相当因果関係説）。

### [3] 既遂と未遂

　結果犯の場合、実行行為に着手後、所定の結果が発生することが要求される。これを既遂という。ところが、何らかの事情で結果が発生しない場合がある。これを未遂という。未遂犯は、処罰規定があるもののみ処罰の対象となる（44条）。未遂犯の取扱は、結果が発生しなかった事情によって異なる（43条）。①中止未遂、自己の意思で結果発生を止めた場合であり、刑は必ず減軽・免除される。②障礙未遂、自己の意思によらずに結果発生

が止まった場合であり、刑は減軽することができる。

　この他、予備といって、犯罪実行行為の準備をした場合も処罰の対象に
なることがある。これは、放火（113 条）、殺人（201 条）など重大犯罪が対象
となる。また、陰謀といって、犯罪計画を立案した場合も処罰の対象にな
ることがある。これは、内乱（78 条）、外患（88 条）、私戦（93 条）といった国
家的法益に対する罪が対象となる。

　なお、呪いで人を殺そうとするような、犯罪実行行為に着手するも、実
行行為の内容が危険性を欠く行為の場合を不能犯という。これは、当然に
処罰されない。


## [4] 共犯

　刑法の犯罪構成要件は、原則として 1 人で行われる単独犯を予定してい
る。しかし、実際の犯罪は、複数の人が関与して行われることがある。こ
れを共犯といい、その関与の態様に応じて分類をしている。

### (1) 共同正犯（60 条）

　2 人以上の者が、共同して犯罪を実行した場合である。この場合、共同
者全員が正犯として扱われる。共同正犯の成立には、①共同実行の意思、
②共同実行の事実を必要とする。なお、共同実行の意思決定には参加した
が、共同実行に参加しなかった場合にも共同正犯が成立するという、共謀
共同正犯という考え方がある。判例は、これを認める立場をとっている（練
馬事件、最大判昭和 33・5・28 刑集 12 巻 8 号 1718 頁）。

### (2) 教唆犯（61 条）

　人をそそのかせて犯罪を実行させた場合のことである。教唆者を教唆し
た場合も教唆犯となる。教唆犯の処分は、正犯に準ずる、すなわち正犯に
適用される構成要件に規定された法定刑が適用される。教唆犯の成立には、
①人を教唆すること、つまり教唆の意思と教唆行為、②被教唆者が犯罪を
実行したことを必要とする。

　また、教唆犯と類似するものに間接正犯がある。間接正犯とは、責任無
能力者や故意のない者を利用して犯罪を実行する場合である。これは、責
任無能力者などを犯罪の道具として利用しているため、利用者が正犯にな
る。そこでこれは、共犯の問題ではない。

### (3) 従犯（幇助犯）(62条)

正犯を幇助した場合をいう。従犯の処分は、正犯の刑に照らして減軽される（63条）。従犯の成立には、①正犯の幇助行為、すなわち正犯の実行行為を幇助する意思と幇助行為を行うこと、②正犯者が犯罪を実行したことが必要である。

## C　違法性

### [1] 違法性とは

刑法が規定する犯罪構成要件は、違法な行為を類型化して規定している。そこで、犯罪構成要件に該当する行為は、自動的に違法性を有することになる。ところが、犯罪構成要件に該当する行為だが、違法性を有しない行為も存在する。たとえば、人を殺害して殺人罪の構成要件に該当するのだが、実は相手から殺されそうになり、やむを得ず反撃して相手を殺害してしまった場合がそれである。このような場合、この行為は社会的に許さざるを得ない。このように、犯罪実行行為が行われた具体的状況を検討して、そこに違法性阻却事由の存在の有無を確認する必要が生じるのである。

### [2] 違法性阻却事由

刑法には、4つの違法性阻却事由が規定されている。

### (1) 正当防衛 (36条)

急迫不正の侵害に対して、自己または他人の権利を防衛するためにやむを得ずした行為である。正当防衛の成立には、①侵害が避けられないものである、②防衛行為以外の手段がない、③防衛行為が侵害の程度を超えていないことが必要である。

なお、防衛の程度を超えた場合は、過剰防衛となり違法性は阻却されない。しかし、情状により刑は減軽または免除することができる(36条2項)。

### (2) 緊急避難 (37条)

自己または他人の生命、身体、自由もしくは財産に対する現在の危難を避けるためやむを得ずした行為で、その行為から生じた害がその避けようとした害の程度を超えていない場合に成立する。

なお、避けようとした害の程度を超えた場合は、過剰避難となり違法性

は阻却されない。しかし、情状により刑は減軽または免除することができる。

**（3）法令行為**（35条）

　法によって直接認められている行為のことである。たとえば、警察官が犯人の逮捕、逃走の防止や抵抗の抑止などのために、合理的に必要と判断される限度で武器を使用すること（警職7条）などが、それである。

**（4）正当業務行為**（35条）

　法令の根拠が無くても、社会通念上、正当なものと認められる業務上の行為のことである。たとえば、医師による手術、ルールに基づいて行われるスポーツ競技などが、それである。

## D　有責性

### [1] 有責性とは

　犯罪構成要件に該当し、違法性を具備した行為については、最後に行為者本人の具体的状況を踏まえて、道義的に非難できるかどうかを検討しなければならない。これを有責性あるいは、責任能力という。刑法は、責任なければ刑罰なしという責任主義の原則に立っているからである。そこで、責任能力のある者を責任能力者、これを有しないものを責任無能力者という。責任無能力者の行為は、これを罰しない。

### [2] 責任無能力者

**（1）心神喪失者**（39条）

　精神に重大な障害があって、自己の行為の善悪を判断し、それに基づいて行為する能力を有しない者である。

　なお、精神に障害があり、自己の行為の善悪の判断能力が一般人より劣る者は、心神耗弱者という。これは限定責任能力者であり、心神耗弱者の行為は、刑が減軽される（39条2項）。

**（2）刑事未成年者**（41条）

　14歳未満の者のことである。14歳未満の者は、人格が未成熟で、まだ長い将来があるため、大人と同様に犯罪として取扱うよりも、非行として教育的・福祉的処分を受けることが望ましいからである。

## ┃┃┃コラム┃┃┃　自動車運転致死傷行為処罰法

　正式名称を自動車の運転により人を死傷させる行為等の処罰に関する法律といい、平成26（2014）年5月より施行された新しい法律である。

　これまで刑法には、旧208条の2で危険運転致死傷罪、旧211条2項で自動車運転過失致死傷罪が規定されていた。これは、自動車による交通事故のうち飲酒運転など原因が悪質とされるものに対して厳罰化を求める社会的気運の高まりを受けて、前者は平成13（2001）年に新設、後者は平成19（2007）年に改正新設された。しかし、これらは運用上いくつかの問題点を抱えていた。たとえば、①無免許運転を繰り返している者が、事故を起こしても危険運転致死傷罪が適用できない、②飲酒運転で起こした事故について、事故後にさらなる飲酒行為をするとか、大量の水を飲むなどして発覚を免れようとする、③自動車を運転するには危険な持病がありながら、あえて運転して事故を起こした場合、危険運転致死傷罪が適用できない、などである。そこで、構成要件に修正を加え、刑法から関連規定を分離、独立させたものである。

　内容は、1条は定義規定、2条と3条に危険運転致死傷罪を規定するが、従来の酩酊運転、薬物運転などに通行禁止道路運転致死傷（2条6号）、準酩酊・準薬物運転致死傷（3条1項）、病気運転致死傷（3条2項）が追加された。そして4条は発覚免脱罪（新設）、5条は過失運転致死傷罪（従来と同じ）、6条は無免許運転の刑の加重（新設）である。

　なお、最近社会問題となっている、いわゆるあおり運転をめぐる交通死傷事故が多発しており、警察庁は、この法を含めあらゆる法令を駆使して取締りを強化するとしている。

●
**もっと知りたい方へ**

法務省「自動車の運転により人を死傷させる行為等の処罰に関する法律 Q & A」http://www.moj.go.jp/content/000117472.htm

## 知識を確認しよう

**問題**

(1) A は、殺人罪で死刑の判決を受けた。この死刑判決の意味を古典学派、近代学派それぞれの立場で説明しなさい。

(2) 母親 A は、自分の 13 歳の息子 B に対してコンビニで万引きをしてくるようにそそのかした。A と B の罪責はどのようになるか説明しなさい。

**解答への手がかり**

(1) 古典学派、近代学派は、それぞれ刑事責任の基礎、刑罰の本質、刑罰の目的をどのように考えているか、検討してみよう。

(2) A と B のそれぞれを犯罪の成立要件に当てはめてみよう。そして、A と B の関係はどのようなものか検討してみよう。

## 本章のポイント

1. 企業とは、ビジネスを行う主体である。その企業は、営利目的をもって経済活動を反復継続的に行う。

2. 企業は、ビジネスを行ううえでさまざまな組織を形成する。企業の組織は、ビジネスを行う形態に応じて大きく、個人企業と共同企業に分けることができ、さらに共同企業は、法人企業と非法人企業に、法人企業の中の会社は、株式会社・合名会社・合資会社・合同会社にそれぞれ分けることができる。

3. 企業に関わる私的利益を調整する法律は、商法である。つまり、商法は企業が行う商取引を対象としている。そのような企業が行う商取引の特徴は、民法が対象とする取引と比べて、大量性、迅速性そして反復継続性という性質をもっていることである。

# 1 企業の意義

　企業とはビジネスを行う主体のことであり、営利目的をもって経済活動
を反復継続的に行う。企業はさまざまな形態で存在する（**図 12-1**）。まず、
企業の出資者が 1 人のものを個人企業といい、2 人以上の企業を共同企業
という。個人企業では、営業主が、経営に関する決定をすべて単独で行い、
売り上げなどで得た利益をすべて自分のものにできる反面、損失もすべて
単独で負わなければならない。共同企業は、複数の者が集まって共同で企
業を営むため、資本の調達力や出資者のリスク分散、経営力など各面にお
いて個人企業より優れているといえる。

　共同企業には、法人化された法人企業と法人化されていない企業とがあ
る（**本章 2 法人企業、3 非法人企業**を参照）。

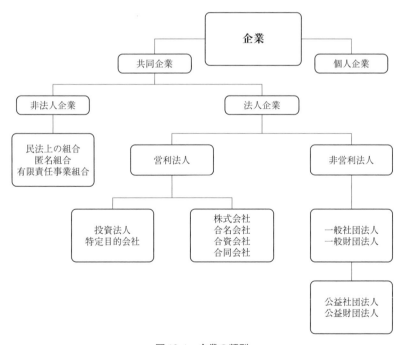

図 12-1　企業の類型

# 2 法人企業

## A 法人の意義

法人は、自然人以外で、権利能力（法人格）を認められたものである。自然人はあくまで一個人であるのに対して、法人は個人や財産を寄り集めた団体であり、その団体に権利能力を認めている点で自然人と異なる。

このような法人制度は、人一人ではできない、あるいは困難なことを法人に属する多数人によって達成すること、社会に散在する財産を集積し大規模に運用すること、権利義務関係を明確にすること、などを可能とする。

なお、法人はいくつかに類型化することが可能である。たとえば、①社団法人と財団法人、②営利法人と非営利法人、などである。

①の社団法人は、人の集まりである団体に権利能力が与えられたもの（一般社団法人や会社など）をいい、財団法人は財産の集合に権利能力が与えられたもの（一般財団法人など）をいう。②の営利法人は、法人の活動によって利益を得て、この利益を構成員に分配することを目的とする法人（会社など）であり、非営利法人はそのような営利を目的としない法人（一般社団法人や公益財団法人など）である。

このように法人の種類や類型は目的や用途に応じて多岐に及ぶものの、法人は、法律の規定に従い設立手続を経て法人として成立した時点で権利能力が付与される点で共通する。

## B 法人の成立

法人は、民法その他の法律の規定によらなければ成立しない（民33条1項）。また、法人が権利の主体であることを明確にするため、学術、技芸、慈善、祭祀、宗教その他の公益を目的とする法人、営利事業を営むことを目的とする法人その他の法人の設立、組織、運営および管理については、民法その他の法律の定めるところによる（同条2項）。さらに、法人は民法その他の法令の定めにより、登記をしなければならず、設立の登記をすることによって法人は成立する（民36条）。

このように日本では法人の設立に際して法律に基づくチェックが行われ

るが、チェックの程度に応じて制度をいくつかに分けることが可能である。たとえば、①法人の設立を許すかどうかの判断を主務官庁の許可に係らせ、許可するかどうかについてこれを自由裁量とするもの（許可主義）、②法律の定める要件が具備された場合に主務官庁は認可をしなければならず、その認可を受けることによって法人が設立されるもの（認可主義）、③法律の定める要件が具備され、登記がされれば主務官庁の許認可がなくとも設立されるもの（準則主義）、④法人の設立に何らの形式的要件を必要とせず、任意に法人を設立させるもの（自由設立主義）、などである。

　従前、民法は公益法人について定めを置き、許可主義を採用していたものの、以下のような問題点が存在した。

**(1) 法人設立の困難性**

　旧制度においては、公益を目的とし、営利を目的としないことが求められていたため、非公益・非営利の団体は民法上の法人になれなかった（平成18年改正前民法34条）。また、主務官庁によって設立許可の審査がなされ（同条）、主務官庁の自由裁量によって公益法人の設立の可否が決定されていた。さらに、以下で述べる公益性の認定にかかる問題とともに、そもそも「公益」とはどのようなものを指すのかが明確ではなかった。

**(2) 公益性認定の不明確性**

　旧制度は、主務官庁によって公益性が認定されることと、民法上の法人として法人格を取得できることがリンクしていた。すなわち、公益性の認定に際しては、主務官庁に広い裁量が認められており、厳しい審査が行われてきた。そもそも公益性という不明確な基準を審査するうえ、主務官庁による厳格な審査の結果、公益性が認められない限り法人格を得られないという不透明な扱いがなされていた。

**(3) 不祥事に伴う規制強化とそれによる弊害**

　公益法人制度は税の優遇措置とリンクしているため、租税の観点から厳しい規制が課される。加えて、脱税事件などの不祥事が発生するたびに公益法人に対する規制が強化されたため、本来規制を緩和し、活動をバックアップすべきボランティア団体などは、そのような規制強化にうまく対応できない状況にあった。

## (4) 設立後の規律不十分

設立許可の段階では、前記のとおり公益性の認定など、厳しい要件が課されるものの、一度設立が許可されるとその後の監督は緩くなり、法人内のガバナンスも機能しているとは言い難かった。その結果、公益法人としてふさわしくない法人、たとえば、公益性の低下した法人、過大な収益事業をする法人、実質的には私益または共益を図る法人が、公益法人の名のもとに活動し、税の優遇を受けていた。

こうした問題点の改善を図ることを目的として、平成18(2006)年の法改正により、法人について規定していた平成18年改正前民法33条以下の規定は、「一般社団法人及び一般財団法人に関する法律」(以下、「一般法人法」という)、「公益社団法人及び公益財団法人の認定等に関する法律」(以下、「公益認定法」という)、「一般社団法人及び一般財団法人に関する法律及び公益社団法人及び公益財団法人の認定等に関する法律の施行に伴う関係法律の整備等に関する法律」となった。そのため、民法本体では法人についてわずかに33条から37条までに規定を置いているにすぎない。

つぎに、改正によって民法より抜け出た前記法人制度の概要につき解説する。

## C 一般社団法人・一般財団法人

一般法人法は、剰余金の分配を目的としない社団または財団について、その事業の公益性の有無にかかわらず、準則主義により法人格を取得することができる一般的な法人制度を創設し、その設立、組織、運営および管理について規定するものである。一般社団法人などのなし得る事業については特段の制限はなく、たとえ収益事業であっても行うことができる。

### [1] 一般社団法人の概要

一般社団法人を設立する際には、社員になろうとする2人以上の者が定款(法人の根本原則)を作成し(一般法人10条1項)、公証人の定款認証を受け(同13条)、設立登記(同22条)をしなければならない。

また、一般社団法人が、一定の目的のために結集した人の集まりであって一定の財産の拠出がその本質とは言えないこと、一般社団法人の中には

設立時に一定の財産の保有を必要としないものもあることなどから、設立時の最低拠出額に関する規定はない。なお、社員については、経費支払義務（同27条）、退社（同28条・29条）、除名（同30条）などの規定があるとともに、法人に対して役員等の責任を追及する訴えの提起を請求することができる（同278条以下）。その他、理事の行為の差止めを請求することもできる（同88条）。

　一般社団法人の機関としては、社員総会および理事を必ず設置しなければならない（同35条・60条1項）ほか、定款の定めにより、理事会、監事または会計監査人を置くことができる（同条2項）。なお、会計監査人の設置は任意であるが、負債総額200億円以上の一般社団法人（大規模一般社団法人）では必ず設置しなければならない（同62条・2条2号）。

　社員総会の決議が成立するには、原則として総社員の議決権の過半数を有する社員が出席し、出席した当該社員の議決権の過半数が必要である（同49条1項）。

### [2] 一般財団法人の概要

　一般財団法人を設立する際には、設立者が定款を作成し（同152条1項）、公証人の定款認証を受け（同155条）、財産（300万円以上）を拠出し（同157条、153条2項）、設立登記（同163条）をしなければならない。

　一般財団法人の機関としては、評議員、評議員会、理事、理事会および監事を必ず置かなければならない（同170条1項）。このように諸機関を設置しなければならない理由は、一般財団法人が一般社団法人とは異なり、法人内に社員がおらず、社員総会も存在しないため、業務執行機関を監督・牽制する必要があるためである。

　なお、定款の定めにより会計監査人を置くこともできるが、負債総額200億円以上の一般財団法人（大規模一般財団法人）の場合は必ず会計監査人を置かなければならない（同170条2項・171条・2条3号）。

　また、評議員は3人以上置かれ（同173条3項）、選任および解任の方法は、定款で定められるが（同153条1項8号）、理事または理事会が評議員を選任または解任する旨の定款の定めを置いたとしても効力を有しない（同条3項1号）。これは評議員が理事を監督する機能を確保するための制限である。

このように、一般社団法人・一般財団法人については、法人内のガバナンスを充実させたうえで準則主義を採用し、法人自体の適正性を担保するとともに、その設立（法人格の取得）を容易にしている。

## D　公益社団法人・公益財団法人

　公益社団法人・公益財団法人は、一般社団法人・一般財団法人のうち、公益認定法に基づき、公益認定等委員会および都道府県に置かれる合議制の機関の関与の下で、内閣総理大臣または都道府県知事によって公益性が認定された法人である。

　すなわち、公益法人の設立・監督については、従来の縦割りによる主務官庁制を廃止し、内閣総理大臣および都道府県知事が行政庁として、公益性の認定や監督等を行う（公益法人3条）

　なお、行政庁は、公益法人の認定や監督等を行うことになっているが、行政庁である内閣総理大臣や都道府県知事が単独で公益性の認定を行うわけではない。国における公益性認定機関として内閣府に、民間有識者からなる公益認定等委員会を設置し（同32条・35条）、この委員会による法人の公益性の実質的判断に基づいて、内閣総理大臣が公益性認定を行う（同43条・4条・2条1号）。

　また、都道府県においても、都道府県知事の下に国に準じた合議制の機関を設置し（同50条）、その機関が住民の考えを適切に反映しつつ認定の答申を行い、それに基づいて都道府県知事が公益性認定を行う（同51条・43条・4条・2条2号）。

　公益性認定の基準については、①学術および科学技術の振興を目的とする事業、②文化および芸術の振興を目的とする事業、③障害者もしくは生活困窮者または事故、災害もしくは犯罪による被害者の支援を目的とする事業、④高齢者の福祉の増進を目的とする事業、など、公益目的事業として23種類が列挙されている（同2条4号別表）。

　また、公益認定基準については、①公益目的事業を行うことを主たる目的とするものであること、②公益目的事業を行うのに必要な経理的基礎および技術的能力を有するものであること、③社員、評議員、理事、監事、使用人等に対し、特別の利益を与えないものであること、などの18項目が

要件とされている（同5条各号）。

　このように一般法人制度は、一般社団法人・一般財団法人部分と公益社団法人・公益財団法人部分の二層に区分けしている。つまり、一層部分である一般社団法人・一般財団法人については、準則主義を採用することによって間口を広げ、法人の設立自体を簡易とした。そのうえで、二層部分である公益社団法人・公益財団法人については、一般社団法人・一般財団法人として設立された法人からの申請に基づき、公益認定等委員会などによって公益性の認定審査がなされ、認定を受けた法人が公益社団法人・公益財団法人となり、税制等各種メリットを享受することができる、という整理がなされた。

　なお、社会には同窓会、自治会、学会のように、団体としての実体を持つものの、権利能力を有しないものがある。これを権利能力なき社団・財団という。一般法人法の制定によって、一般社団法人や一般財団法人の設立が容易となったが、それでも手続のわずらわしさを回避し、権利能力なき社団・財団によって各種の活動を行うニーズはあると思われる。判例は、団体としての組織を備え、多数決の原則が行われ、構成員の変動にもかかわらず、団体が存続し、その組織において、代表の方法、総会の運営、財産の管理等、団体としての主要な点が確定しているものは、権利能力のない社団といえるとする（最判昭和39・10・15民集23巻7号1175頁）。

## E　会社

### [1]　会社の種類

　会社も法人とされる（会社3条）。会社には、株式会社・合名会社・合資会社・合同会社の4種類がある（同2条1号）。

### (1)　合名会社

　合名会社では、すべての社員が会社のすべての債務に対して責任を負っている（こうした社員のことを「無限責任社員」という）。そのため、原則として全社員が会社の経営を執り行い、会社を代表する権限を有している。

### (2)　合資会社

　合資会社には、無限責任社員と会社に出資した額までしか責任を負わない社員（こうした社員のことを「有限責任社員」という）の2種類の社員がいる。

そのため、出資者が1名の会社（一人会社）は合資会社では認められない。

### (3) 合同会社

合同会社では、すべての社員が有限責任社員である。合同会社では、全社員が経営を執り行うと同時に、会社の代表権限を有している。

### (4) 株式会社

株式会社では、すべての社員（株主）が有限責任であり、社員により選ばれた取締役によって会社の業務執行がなされる（会社348条）。つまり、株式会社においては、所有と経営が分離されている。

以下では、会社のうち株式会社について述べていくこととする。

## [2] 株式会社の分類

株式会社には、不特定多数の投資家に株式を売買することを制限していない公開会社（会社2条5号）と、定款（会社の根本原則）の定めによって株式の譲渡を制限している非公開会社に分けることができる。また、株式会社は、会社の規模を最終事業年度に係る貸借対照表の資本金額と負債総額により、大会社（資本金の額が5億円以上の会社または負債の総額が200億円以上の会社：同条6号）とそれ以外の会社（中小会社）に分けることができる。大会社は代表取締役などの業務執行に対するチェック方法などにつき、中小会社よりも厳しく定められている。

## [3] 株式の仕組みと特徴

株式とは、株式会社における株主の地位のことであり、細分化された均一の割合的単位の形をとっている。株式がかかる形態に細分化されている理由は、①会社の内部関係や株主としての地位の譲渡などを円滑にするため、②マーケットにおける流通を意識しているため、である。とりわけ②によって、株式会社は株式を発行することで多数の投資家から出資を募って事業資金を集めることが可能となる。

原則的に株主は、会社が事業で得た利益などを配当という形で求める（剰余金配当請求権：会社105条1項1号）、会社の解散時に債務を弁済した後に残る財産に関して分配を請求する（残余財産分配請求権：同項2号）、株主総会を通じて会社の重要な事項を決める（議決権：同項3号）、ことを権利として有

している。株主の会社に対する権利は原則として平等であり、会社は株主の有している株式数に応じて平等に取り扱わなくてはならない（株主平等原則：同109条）。

### [4] 会社の機関

　会社はその出資者から独立した権利義務の帰属主体となるが、自然人と異なり、自ら意思決定を行うことはできない。そのため会社の意思や行為は組織上の一定の地位にある特定の自然人を通じてなされ、その意思または行為が、会社の意思または行為となる。このような一定の地位を会社の機関という。

　株式会社における最高意思決定機関は、株主によって構成される株主総会であり、取締役会や代表取締役がその意思の執行機関であり、監査役がその執行機関の行為を監査する。なお、会社法は、会社の機関につきさまざまな組み合わせを比較的自由に選択することを可能とし、前述した機関以外にも、会社の経営を執行役が執り行う指名委員会等設置会社（会社2条12号）や会社の計算書類の作成に関与する会計参与（同333条）の設置も選択することができる。

　株式会社は、株主総会と取締役を必ず置かなければならないが、取締役3名以上によって構成される取締役会設置の有無に応じて、株主総会の役割は変化する。取締役会設置会社でない株式会社における株主総会は、当該株式会社の組織、運営、管理その他株式会社に関する一切の事項について決議することができる（会社295条1項）。そして、取締役は、定款に別段の定めがある場合を除き、株式会社の業務を執行し、会社を代表することができる（同348条1項・349条）。それに対して、取締役会設置会社における株主総会は、法令および定款に定めた事項に限り決議することができるとされ（同295条2項）、取締役会が会社の業務執行を決定する。取締役会設置会社における取締役は原則として会社の業務執行を行うことができないため、株式会社を代表する代表取締役を選定しなければならない（同362条2項）。

　代表取締役や取締役が、その職務を適正に行っているかどうかをチェックする役割を担うのが監査役である。大会社は、1人以上の監査役を置かなくてはならない。また、監査役が3人以上いる大会社では、監査役会を

組織することができる（会社328条1項）。さらに、大会社に対しては、会計監査人（公認会計士や監査法人）による会計監査も要求されている（同項）。これは、経営の不正の多くが粉飾決算によることが多いため、会社外部の経理の専門家に、外部監査を行ってもらう必要があるためである。

その他、株式会社は取締役会内に、指名・監査・報酬各委員会（各委員会は3人以上の委員によって組織され、各委員会の委員の過半数は社外取締役でなければならない）を設置する会社（指名委員会等設置会社）となること、取締役会内に前記3委員会を設置せず監査等委員会（監査等委員となる取締役は3人以上で、その過半数は社外取締役でなければならない）を設置する会社（監査等委員会設置会社）となることもできる。

## F　法人の活動と責任

法人は登記が完了した時点で成立することから、法人の権利能力が発生する時期も設立登記の完了時点となる。ただ、法人の権利能力については、自然人とは異なり、①性質上の制限、②法令上の制限、③目的による制限、がそれぞれ加えられる。

まず①は、法人は自然人のように肉体や生命をもたない存在であるから婚姻や相続といった身分に関する行為は法人の性質上行うことができないという制限である。

次に②は、法人自体が法によって権利能力を認められた存在であることから（民34条）、法人の権利能力は法令によって制限され得る。

最後に③は、法人は定款その他の基本約款によって定められた目的の範囲内において権利、義務を有するものである（同条）。そこで当該目的の範囲外の問題については権利能力を有しないことになる。もっとも、ここでの「目的」の範囲というのは相当に広く、目的として明示された事項のみではなく、その目的を達成するために有用な事項は広く目的の範囲に含まれることになるから、それほど制限されているわけではない。つまり、法人の行為が法人の目的の範囲に属するかどうかは、それが法人の活動のうえで必要な行動であるかどうかを客観的・抽象的に観察して判断されることになる（最判昭和27・2・15民集6巻2号77頁）。このように理解するとなると「目的の範囲」という観念は大変に広く、定款に記載された目的という

ことにとどまらず、これを遂行するために必要とされる事項はすべて含まれるというべきことになる（最判昭和 33・3・28 民集 12 巻 4 号 648 頁）。

## ┃┃コラム┃┃ 会社の政治献金

　自然人と同様に法人も法的主体であるため、憲法上の各種人権規定が法人にも適用されることは通説・判例の認めるところである。

　ただ、法人の権利能力に対しては、各面において制限がなされている。人権規定に目を向けてみると、自然人とだけ結合していると考えられる選挙権や生存権といった規定は法人に保障されていない。

　そのため、法人固有の性質と矛盾しない範囲で人権規定は適用されるべきところ、会社による政治献金は社会的貢献の側面を有しているため一概に行為自体を否定することは難しい。すなわち、憲法上、経済的自由権が法人にどこまで認められているのか、また、会社法上、政治献金が法人の目的の範囲内の行為であるといえるのか、が問題となる。

　判例は、「会社は定款に定められた目的の範囲内において権利能力を有するわけであるが、目的の範囲内の行為とは、定款に明示された目的自体に限局されるものではなく、その目的を遂行するうえに直接または間接に必要な行為であれば、すべてこれに包含されるものと解するのを相当とする。そして、必要なりや否やは、当該行為が目的遂行上現実に必要であつたかどうかをもつてこれを決すべきではなく、行為の客観的な性質に即し、抽象的に判断されなければならない」としたうえで、会社の社会的役割を果たすためにされたと認められる以上は、会社の目的の範囲に属するとした（最判昭和 45・6・24 民集 24 巻 6 号 625 頁）。

　なお、この事件は株式会社が特定の政党に政治献金を行ったことについて、株主が代表訴訟を提起して取締役の責任を追及した事案であり、直接政治献金の効力が争われたわけではない。

---

**もっと知りたい方へ**

- 戸波江二編『企業の憲法的基礎』（日本評論社、2010）
- 畠田公明『会社の目的と取締役の義務・責任―CSR をめぐる法的考察』（中央経済社、2014）

## G 法人の行為能力

　法人は権利能力を有する範囲で行為能力を有することとなる。ただ、法人は自ら行動することができないため、法人の行為は自然人である代表者を通じてなされる。

　一般社団法人では理事が代表者であり（一般法人 77 条）、代表理事その他の代表者がその職務を行うについて第三者に加えた損害を賠償する責任を負う（同 78 条）。ここにいう「職務を行うについて」は、使用者責任（民 715 条）の「事業の執行について」と同様に外形から判断される。

　株式会社では、取締役会設置会社においては取締役の中から選定される代表取締役が（会社 349 条 4 項）、取締役会非設置会社においては各取締役が（同 348 条 1 項、349 条 1 項）、それぞれ会社を代表する。

## H 法人の消滅

　法人は、法が意図的に作り出した人であるため、自然人のように死亡することはない。すなわち、法人は自然人とは異なり、死亡によって法人格が消滅することは発生し得ない。

　法人が消滅する例としては、定款で定めた存続期間の満了や定款で定めた解散事由の発生、破産手続開始の決定、また社団法人にあって総会の解散決議があったような場合に法人は解散する。これによって法人はもはや目的遂行のための活動を続けられなくなり、消滅することになる。

　一般社団法人・一般財団法人の解散事由については以下のとおりである。

　①定款で定めた存続期間の満了、②定款で定めた解散の事由の発生、③社員総会の決議、④社員が欠けたこと、⑤合併（合併により当該一般社団・財団法人が消滅する場合に限る）、⑥破産手続開始の決定、⑦解散を命ずる裁判、などである（一般法人 148 条・202 条ないし 205 条。④を除いて、株式会社の解散事由も同様である（会社 471 条））。

　ただ、前記事由により法人は消滅することになるが、清算が終了するまでは、その清算目的の範囲内においては権利能力を喪失しない（一般法人 207 条）。この清算手続は、原則として理事が清算人となり、現務の結了、債権の取立ておよび債務の弁済、残余財産の引渡しなどが実行されることになり、その完了によって法人は消滅することになる。

# 3 非法人企業

## A 組合の意義

　前述したように、人の集まりである団体に権利能力が与えられたものが法人である。そのほか民法では、同じように人の集まった団体として組合も規定している。ただ、民法上の組合は権利能力を有する法人ではない。

　民法上の組合は、設立手続に従って成立する法人とは異なり、組合員間の契約（組合契約）によって成立する。この組合契約は、各組合員が出資をして共同の事業を営むことを約することによって効力を生ずる（民667条）。また、各組合員の出資その他の組合財産は、総組合員の共有に属する（同668条）。したがって、組合の事業によって生じた法律関係は組合員全員に生じることとなる。なお、同条にいう共有とは、いつでも自由に単独所有に分割することが可能である状態を意味するが、組合財産にはそれが認められていない。そこで、自由に分割したり持分を処分することができない状態を共有と分けて「合有」といい、さらに、団体的拘束が強く、個々の構成員に収益機能しか残っていない状態を「総有」という。そのため、組合員による財産所有状態は、詳しく見ると共有ではなく合有である。

　組合活動によって生じる損益については、組合員が定めた分配割合に従い、分配割合を定めなかったときは、各組合員の出資の価額に応じて定められる（同674条1項）。また、各組合員は組合の債務について直接無限責任を負う。組合は、その目的である事業の成功またはその成功の不能によって解散する（同682条）。やむを得ない事由があるときは、各組合員は、組合の解散を請求することができる（同683条）。

　なお、組合には民法上の組合のほか、匿名組合、有限責任事業組合も存在する。

　まず匿名組合とは、商法上の組合であり、当事者の一方が相手方の営業のために出資をなし、相手方はその営業より生ずる利益を分配することを約することによって成立する契約である（商535条）。すなわち、匿名組合は出資を目的とするための出資契約である。

　次に有限責任事業組合とは、有限責任事業組合契約によって成立する組

合である（有限組合2条）。有限責任事業組合契約とは、個人または法人が出資して、それぞれの出資の価額を責任の限度として共同で営利を目的とする事業を営むことを約し、各当事者がそれぞれの出資に係る払込みまたは給付の全部を履行することによって効力を生ずる契約である（同3条）。有限責任事業組合は、民法上の組合と同様に将来解散することを前提とした一時的な共同事業を行う場合を念頭に置いているものの、当該事業に対する組合員の責任は、民法上の組合とは異なり有限責任が認められている。

## B　組合とその機能

　組合は組合員間の契約によって成立することから、各組合員の個性が前面に出ることとなる。たとえば、他の組合員より多くの資金・技術を拠出した組合員に、得られた事業収益からの取り分をより多く与えることなどが可能であり、組合内の組織運営は組合員（組合契約の内容）によって比較的自由に構築することができる。そのため、組合は法人や権利能力なき社団・財団と比べ、事業を行う際の自由度が比較的高い。

　バブル経済の崩壊などを要因として、物的資産に競争力の源を求める産業資本主義の時代から、差異そのものを次々と生み出す人的資産に競争力の源を求めるポスト産業資本主義に経済は変わりつつある。こうした時代の潮流は、組合に代表される人的組織の再評価をもたらしている。

　民法上の組合を利用するメリットは、将来、事業目的が達成された場合に解散することを前提とするような一時的な共同事業に適している点である。たとえば、投資ファンドとして各組合員から集めた資金を運用する場合や、大規模な建設工事や工場プラント工事などに見られるように、事業に必要な資金や技術の関係から、あるいはリスク回避の関係から、単独では受注の困難な事業を、複数の企業が共同で受注する場合などが挙げられる。

　それに対してデメリットは、各組合員は組合の債務について直接無限責任を負わなければならない点である。すなわち、たとえそれがある組合員の失敗によるものであったとしても、結果的に組合が多額の負債を抱えてしまった場合は、当該失敗と直接関係のない組合員にも組合の負債に対して連帯して責任を取らなければならない。

　なお、匿名組合員（出資者）や有限責任事業組合員は出資の価額を責任の限度としており、民法上の組合における前記デメリットは発生しないものの、いずれの組合も法人格を有していないため、組合は法人とは異なり権利義務の主体となることはできない。

## 4　企業の活動（商取引）

### A　商取引の特徴

　以下では企業のうち、営利法人に焦点を当て、かかる企業の行う活動に対する法規制を概観する。

　民法の役割が、広く一般人の私的利益を調整することにあるとすれば、商法の役割は、企業に関わる私的利益を調整することにある。すなわち、商法は企業が行う商取引をその対象としている。

　そのような企業が行う商取引の特徴は、民法が対象とする取引と比べて、大量性、迅速性そして反復継続性という性質を持っていることである。

　これは企業が営利を目的としていることに起因している。つまり、究極的には企業は利益を得るために商取引を行っており、この目的を達成するため、計画的に商取引を行うことが必然的に要求される。さらには、商取引によって得られる利益をより効率的に、より大きなものにするため、企業は取引自体を反復継続させ、大量に行うこととなる。そして、そのような取引を行う、あるいはその決定をする際には迅速性、つまりスピードが要求されるのである。

　民法にも取引に関する規定が置かれているものの、当事者間での単発的な法律関係を念頭に置いているため、大量性、迅速性、反復継続性をもつ商取引用（いわばプロ向け）の法律として商法が必要となる。

　そのような商法が商取引を規定する際に用いる基礎概念は、以下で説明する商人概念と商行為概念である。

## B 商人概念と商行為概念

### [1] 商人概念

商人は、①固有の商人（商4条1項）、②擬制商人（同条2項）から成る。

①は、自己の名をもって商行為をすることを業とする者である。具体的には、商号（＝企業の名前）によって企業自身が権利義務の主体となった上で、以下 **[2]** で述べる各商行為を、営業として行う（＝業とする）者のことである。②は、店舗その他これに類似する設備によって物品を販売することを業とする者または鉱業を営む者である。

前者は、企業が一定の設備を備えた上で販売行為を行った場合に商人性が認められるため、後者は、掘削作業や搬出作業など、鉱業を行うには大規模な設備が必要であり商人性が認められるため、それぞれ商人であるとみなされる（＝擬制される）。

### [2] 商行為概念

商行為は、①絶対的商行為（商501条）、②営業的商行為（同502条）そして③附属的商行為（同503条）に大別される。

まず①は、たとえ1回限りでなされた行為であっても商行為となる行為である。具体的には以下のとおりである。

- 有価証券などを安く購入し、後に高く売却し利益を得ようとする行為（投機購買およびその実行行為・商501条1号）
- 有価証券などを高く売りつけた後、安く目的物を取得し、利益を得ようとする行為（投機売却およびその実行行為・同条2号）
- 大量かつ反復継続してなされる商品取引所などでの売買や取次（取引所においてする取引・同条3号）
- 株券、社債券、手形、小切手などに関係してなされる行為（手形その他の商業証券に関する行為・同条4号）

次に②は、反復継続的になされることによってはじめて商行為となる行為である。具体的には商法502条において取引類型ごとに計13個規定されている。主なものは以下のとおりである。

- 取得もしくは賃借りした財産の賃貸し行為（投機貸借およびその実行行為・商502条1号）

- 運送引受け行為（運送に関する行為・同条4号）
- 旅館など公衆の来集を目的とする設備を設けたうえで、それを利用させる行為（客の来集を目的とする場屋における取引・同条7号）
- 他人のために物を保管することを引き受ける行為（寄託の引受け・同条10号）

　最後に③は、商人がその営業のためにすることによって商行為となる行為である。通常、商人によってなされた行為が営業のためであるのかについては、その商人が掲げる営業目的によって決定される。ただし、商人が行った行為は営業のためになされたものと推定される（商503条2項）。

　①と②が、前述のとおり商人概念を決定付ける要素となっているのに対して、③は、それとは逆に商人概念によって導かれるものである点に留意が必要である。

　つまり、商人概念を形作る商行為が絶対的商行為と営業的商行為であり、その形作られた商人概念によってさらに形作られるのが附属的商行為である。

　図12-2によれば、前者が④であり、後者が⑧である。この図のように、商人と商行為を概念上切り分けて規定する方法を折衷主義という。

　なお、会社がその事業としてする行為およびその事業のためにする行為は商行為であるとされ（会社5条）、かかる商行為も附属的商行為に該当する。また、そのような商行為を行っている会社は商人である。

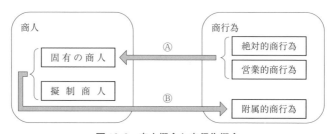

図12-2　商人概念と商行為概念

## C　企業の各種設備

　Bにおいて述べたとおり、商法では基礎概念としてまず商人概念と商行為概念を設けて商法の適用範囲を明らかにしている。ただ、実際に企業が

商取引を行うためには各種設備を整える必要がある。そこで商法は、物的設備である商号と人的設備である商業使用人を規定している。

## [1] 企業の商号

　商号とは、商人概念の説明箇所において触れたように企業の名前である。すなわち、企業が営業活動において商人である企業自身を表すために用いる名称が商号である。

　個人企業の場合、どのような商号にするのかは原則自由であり、このことを商号選定自由の原則という（商11条1項）。それに対して、個人企業でない企業（会社）の場合、会社の種類に応じた商号にしなければならないなど、商号の選定には一定の制限が設けられている（会社6条2項）。

　そのような商号は、年月の経過などさまざまな要因によって企業の名声や信用を示すものとなり、それによって顧客を吸引させる力をもつようになる。すなわち、無形の価値としてのいわばブランド価値が発生する。

　そこで商法は商号選定者に、選定した商号を使用できる商号使用権と、他者の使用する商号を排することができる商号専用権（両者を合わせて「商号権」という）を認め、そのような価値を有する商号が他者によって不当に侵害されることがないように、各種規定を設けて商号に対して一定の保護を図っている（商12条、会社8条）。

　なお、不正の目的をもって、他の商人であると誤認されるおそれのある名称または商号を使用した場合には、100万円以下の過料に処されることとなる（商13条、会社978条）。

## [2] 企業の人的設備

　小規模な企業であれば営業主である商人だけですべての営業活動をカバーできる可能性はあるものの、企業の規模が大きくなるにつれてその活動領域やそれに伴う作業は拡大していく。

　つまり、大きな利益を上げようとすればするほど、商人だけですべての営業活動をまかなうことは実際上困難となる。

　この点につき商法は、商業使用人という制度を規定している（会社法では"会社の使用人"）。商業使用人とは、企業内にあって営業主に従属しながら、

営業主の営業活動を補助するものである。商業使用人は有する権限に応じてさらに、支配人（商20〜24条、会社10〜13条）、部課長（商25条、会社14条）、一般商業使用人（商26条、会社15条）に大別される。

　支配人は営業主に代わって営業に関する包括代理権を、部課長は営業に関する部分的包括代理権を、一般商業使用人は個別的代理権をそれぞれ有している。それぞれ権限の違いはあるものの、商人が各商業使用人と連携を図って営業活動を行う必要があるという本質は変わらない。

## 知識を確認しよう

### 問題

(1) 法人の権利能力の発生時期がいつであるか説明しなさい。

(2) 民法上の法人と商法（会社法）上の法人との性質・内容における違いを説明しなさい。

(3) 組合をビジネスに利用することのメリットを説明しなさい。

(4) 擬制商人が商法上の商人として認められている理由を説明しなさい。

### 解答への手がかり

(1) 権利能力の主体には、自然人と法人がなることができる。両者の権利能力の発生時期にどのような違いが存在するか理解しよう。

(2) 民法が念頭においている法人と、商法が念頭においている法人とで、想定されている取引・活動にどのような違いがあるのか理解しよう。

(3) 組合などの非法人企業には法人格が存在しない。そのため、組合名義で法律行為を行うことができず、また、企業内部の権利関係の把握も複雑になることなどがデメリットである。

(4) 商人概念のうち固有の商人を形作るのは、絶対的商行為（4種類）・営業的商行為（13種類）を合わせた計17種類のみである。

## 本章のポイント

1. 労働法は民法の特別法である。市民法では解決できない社会問題に対処するために労働法が生まれた。労働法は、個別的労働関係法・集団的労働関係法・労働市場法に分かれる。

2. 労働契約を締結するということは、労働契約上の権利義務が発生する。労働契約の中身について理解し、労働契約と就業規則との関係について理解してほしい。

3. 憲法 28 条は、労働三権（団結権・団体交渉権・団体行動権）を保障し、これを具体化したのが労働組合法である。なお、公務員は労働基本権が制限されているが、それはなぜか理解してほしい。

# 1 労働法の原理

## A 労働法の意義

　労働法は、資本主義の発展の中で、市民法では解決できない社会問題に対処するために生まれた法である。民法の契約自由の原則（①締結の自由、②相手方選択の自由、③内容決定の自由、④方式の自由）をそのまま労働関係に当てはめると問題が生じる。労働者と使用者は民法が前提とする相互に対等な自由・平等・独立した個人ではなく、社会的な弱者と強者の関係にある。

　たとえば、アルバイトを探す学生（労働者）がいたとする。今の世の中の不景気で仕事が見つからない。そこで、使用者が時給300円で1日12時間労働なら雇ってもよいといったとする。このような場合、民法の世界では、労働者も使用者も私人なので、対等で、そのような契約を締結するもしないも自由ということになるのである。

　したがって、労働者保護のために、労働法が必要なのである。

## B 労働法と民法

　法のことわざに「特別法は一般法を破る」というのがある。民法と労働法の関係は、前者が一般法で、後者が特別法である。これは、特別法優位の原則により、特別法である労働法が一般法である民法に優先されるのである。

　たとえば、民法627条1項で、無期雇用の場合、「解約の申し入れの日から2週間を経過することによって終了する」という規定がある。その一方で、労働基準法20条は、「使用者は労働者を解雇しようとする場合においては、少くとも30日前に予告」しなければならないという規定がある。

　このような場合、労働法が民法に優先され、使用者が労働者を解雇しようとする場合は、30日前に予告しなければならない。また、労働者が会社を辞める場合は、特別法にはその規定がないため、一般法の規定に基づき、2週間前に解約の申し入れをすれば辞職することができるのである。

## C 労働法の体系

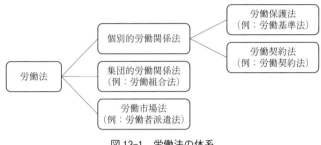

図13-1 労働法の体系

　労働法は、①労働者と使用者の関係を規律する「個別的労働関係法」、②労働組合と使用者の関係を規律する「集団的労働関係法」、③労働力の需給関係を規律する「労働市場法」に分類できる。労働法とはこれらの総称である（図13-1 参照）。

　個別的労働関係法は、憲法27条の勤労権に由来するが、国家権力が個々の労働者保護のために労働者と使用者との関係に直接的な介入を行い、労働条件の最低基準を定める。中心となる労働基準法のほか、最低賃金法、労災保険法、男女雇用機会均等法、育児介護休業法、パート労働法、労働契約法など近年、発展・充実が著しい分野である。

　集団的労働関係法は、憲法28条の労働三権に由来するが、労働者に団結権・団体交渉権・団体行動権を認めることで、労使関係における実質的不平等を克服し、よりよい労働条件の獲得をしようとするものである。中心となる労働組合法のほか、労働関係調整法などがある。

　労働市場法は、憲法27条の勤労権に由来するが、労働者が労働によって自己の生活を支えていることを考慮して、労働者に雇用機会を保障することで、その生活保障を図ることを目的とするものである。中心となる労働者派遣法のほか、雇用保険法、職業安定法、障害者雇用促進法、高年齢者雇用安定法など近年、発展・充実が著しい分野である。

## 2　個別的労働関係法

### A　労働基準法

　労働基準法は、労働条件の最低基準を定めた法律であり、最低基準に満たない労働条件を定めていた場合、その労働条件を無効にし（強行的効力）、労基法に定める基準に置き換えられる（直律的効力、労基13条）。その実現のために、労働基準監督署が、労基法違反に関する監督・摘発・指導を行っており（労基97条～105条）、労基法に違反した事業主には、刑事罰（労基117条～121条）が適用される。また、労働基準法は、労働者を1人でも使用する事業場に適用される。ただし、同居の親族のみを使用する事業所や家事使用人には適用されない（労基116条2項）。

　労基法9条の労働者に該当すれば、労基法の保護を受けることができるが、そうでなければ、保護を受けることができない。労働者と認められるためには、①使用者の指揮監督の下に労働すること、②労務提供と賃金支払いが対価関係にあることが必要である。

　近年、働き方の多様化によって、雇用契約なのか業務委託契約なのか区別しにくい働き方も増えてきており、たとえば、メッセンジャー、CE（カスタマー・エンジニア）などが挙げられる。これらの判断は、①仕事の依頼、業務指示等に対する諾否の有無（業務遂行上の指揮監督の有無、勤務場所・勤務時間に対する拘束性の有無、労務提供の代替制の有無）や②報酬の労働対償性に着目したうえで、事業者制の有無（機械器具の負担関係、事業損害に対する責任）や専属性の程度などを加味して総合的に判断している（横浜南労基署長（旭紙業）事件・最判平成8・11・28労判714号14頁）。形式で判断するのではなく、実態で判断するのである。

### B　労働契約

　民法上、労働のように一方が相手方に何らかの役務を提供する契約として雇用・請負・委任がある（表13-1）。

　雇用は労務供給そのものであり、請負は仕事の完成を目的とする。たとえば、雇用契約の場合、労働者が所定労働時間、労働に従事することで、

表 13-1　雇用・請負・委任の区別

|  | 請負（民法 632 条） | 雇用（民法 623 条） | 委任（民法 643 条） |
|---|---|---|---|
| 契約の目的 | 仕事の完成 | 労務供給自体 | 労務供給自体 |
| 労務供給の態様 | 労務供給者の裁量 | 使用者の指揮命令 | 労務供給者の裁量 |
| 典型例 | 大工の棟梁 | 工場労働者 | 医師（開業医） |

使用者の指揮命令に従って労務を提供することで債務を果たすことになるが、請負の場合、仕事が完成しないと債務を果たしたことにはならない。たとえば、建物の建築請負契約の場合、注文主が、作業の進め方について具体的な指示をするわけではなく、完成した建物を引き渡すことが契約の目的である。

　委任は、一方が他方に法律行為を行うことを委託する契約であり、雇用の場合、使用者の指揮命令に従って労務を提供するのに対して、委任は受任者が自らの裁量で労務を給付する点で異なる。たとえば、患者が医師に治療について具体的な指示をするのではなく、医師に治療をまかせる。

　労働契約は、労働者が使用者に使用されて労働し、使用者がこれに対して賃金を支払うことについて、労働者及び使用者が合意することによって成立する（労契 6 条）。労働契約は双務・有償契約であるから、労働と賃金が主たる権利義務となる。また、付随的義務として、労働者は、企業の秩序を乱さない企業秩序保持義務、職務上知りえた秘密を漏らさない秘密保持義務などを負う。一方、使用者は労働者の生命、身体の安全を確保しつつ労働することができるように配慮をする安全配慮義務（川義事件・最判昭和59・4・10 民集 38 巻 6 号 557 頁、労契 5 条）、パワハラやセクハラを防止し、働きやすい職場環境を整える職場環境配慮義務などを負っている（**表 13-2**）。

表 13-2　労働契約上の権利義務

|  | 使用者 | 労働者 |
|---|---|---|
| 主たる義務 | 賃金支払い義務<br>労務指揮権（業務命令権） | 賃金請求権<br>労務提供義務 |
| 付随的義務 | 安全配慮義務<br>職場環境配慮義務 | 企業秩序保持義務<br>秘密保持義務 |

　これら権利義務は抽象的レベルのものであり、具体化されて初めて請求可能な権利義務を構成する。たとえば、賃金はいくらもらえるのか、賞与や退職金はもらえるのか、1日何時間働くのかなどである。そこで、「使用者は、労働契約の締結に際し、労働者に対して賃金、労働時間その他の労働条件を明示しなければならない」（労基15条）。具体的には、①労働契約の期間、②就業場所・従事する業務の内容、③労働時間に関する事項、④賃金の決定・計算・支払方法・締切・支払時期に関する事項、⑤退職に関する事項（解雇の事由含む）を書面で明示することが義務付けられている。

## C　就業規則

　就業規則とは、多数の労働者を使用するため、労働条件を統一的・画一的にするために使用者が一方的に定める職場内のルールである。就業規則は、「常時10人以上の労働者を使用する使用者」に作成義務と届出義務を課している（労基89条）。常時10人未満の場合、就業規則の作成義務はないが、たとえば、労働者に懲戒処分をしたい場合、「あらかじめ就業規則において懲戒の種別及び事由を定めておくこと」（フジ興産事件・最判平成15・10・10労判861号5頁）が求められ、それがなければ、当然に懲戒処分を下すことはできない。仮に、懲戒規定があったとしても、「客観的に合理的な理由を欠き、社会通念上相当であると認められない場合」（労契15条）、権利濫用として無効となる。また、周知義務もある（労基106条）。周知されていない就業規則には、契約的効力は認められない。

　使用者が一方的に作成した就業規則が労働契約になることがある。それは、「合理的」な労働条件を定めた就業規則を「周知」させれば、就業規則所定の労働条件が労働契約の内容になる（労契7条）が、同時に使用者は就業規則の基準を下回る労働契約を締結することは許されず、就業規則を下回る労働条件を定める契約は無効となり、無効となった労働条件は就業規則の定める基準まで引き上げられる（同7条）。たとえば、労働契約書に時給900円と記載され、サインしたが、就業規則を見ると時給1000円と記載されていた場合、労働契約で交わした時給900円が無効となり（強行的効力）、無効となった部分が就業規則の定めによる時給1000円という契約になる（直律的効力）。

## D 賃金

労基法 11 条は、労基法上の賃金を「この法律で賃金とは、賃金、給料、手当、賞与その他名称の如何を問わず、労働の対償として使用者が労働者に支払うすべてのものをいう」と定義している。「労働の対償」とは、労働者が労務の提供をしたことに対する報酬として支払われるもので、労働協約・就業規則などによって支給条件が明確である場合の退職手当は賃金となる。

最低賃金額は、最低賃金法によって規定され、最低賃金額を下回る賃金の定めは無効となり、無効となった部分は最低賃金額と同じ定めをしたものとみなされる（最賃 4 条 2 項）。たとえば、2019 年 10 月 30 日の東京都内の地域別最低賃金は時給 1013 円であるため、時給 1000 円で働いていた場合、時給 1000 円が無効となり、時給 1013 円になるのである。最低賃金は毎年 10 月頃に改定されている。

賃金は、労働者の生活の糧であるため、賃金支払いの原則を労基法 24 条で①通貨払いの原則、②直接払いの原則、③全額払いの原則、④毎月 1 回以上一定期日払いの原則を定めている。①直接払いの原則とは、賃金は通貨で支払わなければならず、たとえば、商品券や会社の商品などで支払うことは許されない。近年、銀行振り込みは当たり前になっているが、労働者の同意を得た場合、労働者が指定する銀行等に対し労働者名義の預金口座へ賃金振り込みができる（労基則 7 条の 2）というのはこの例外である。②直接払いの原則は、賃金は直接労働者に支払わなければならず、たとえば、労働者の親に支払うことも許されない。③全額払いの原則とは、賃金はその全額を支払わなければならず、たとえば、労働者の同意なく、一方的に会社に損害を与えたからという理由で、賃金から損害額を差し引くなどの扱いは許されない。税金や社会保険料などが給与から引かれるのは、この例外で認められている。④賃金は毎月 1 回以上一定期日に支払わなければならず、たとえ年俸制をとっている会社であっても毎月 1 回支払わなければならない。

使用者の責めに帰すべき事由による休業の場合、使用者は、休業期間中の賃金を当該労働者に対して、休業手当として支払わなければならない。労基法 26 条は「使用者の責に帰すべき事由による休業の場合においては、

使用者は、休業期間中当該労働者に、その平均賃金の 100 分の 60 以上の手当を支払わなければならない」と規定している。一方、民法 536 条 2 項は、「債権者の責めに帰すべき事由によって債務を履行することができなくったときは、債務者は、反対給付を受ける権利を失わない」と規定しており、労基法の規定では 60% 以上の休業手当、民法の規定では 100% の休業手当ということになる。そこで両者の関係について、図 13-2 にあるように、民法 536 条 2 項の規定よりも労基法 26 条の方が概念は広いのである。

図 13-2　休業手当

## E　労働時間と休憩

　労働時間には、労基法 32 条に定められた「法定労働時間」、就業規則による労働契約上の「所定労働時間」、実際に働いた「実労働時間」があり、労働時間規制が行われている（図 13-3）。

　労基法上の労働時間は、拘束時間から休憩時間を引いた実労働時間である。使用者の指揮命令下にある時間は労働時間にあたる。そのため、作業と作業の間に待機している手待ち時間も労働時間である。また、業務に関連した準備、または後片付けが義務付けられ、または余儀なくされていれば労働時間になるため、たとえば、朝礼の時間は労働時間である。

　法定労働時間を超える時間外労働は、労基法 36 条に基づく労使協定を締結していなければならない。そして、8 時間を超えて働かせた場合、25% の割増賃金を支払わなければならない。また、1 か月の時間外労働時間数が 60 時間を超えた場合、50% の割増賃金を支払わなければならない。

　また、時間外労働の上限について月 45 時間、年 360 時間を原則とし、臨

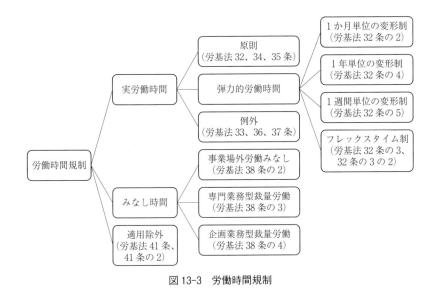

図 13-3　労働時間規制

時的な特別の事情がある場合でも年 720 時間、単月 100 時間未満、複数月平均 80 時間が限度となった。

　時期によって仕事に繁閑がある場合、忙しい時に多く働き、暇な時に少なく働く方が効率はよい。そこで、一定の期間につき総労働時間が一定の労働時間の枠の中に収まるのであれば法定労働時間を超えて働かせても割増賃金を支払わなくてもよいとする弾力的労働時間制がある。

　みなし労働時間とは、実際に 1 日何時間働いたかとは無関係にあらかじめ決められた一定の「みなし時間」を実労働時間とみなす制度である。たとえば、みなし時間を 1 日 8 時間とした場合、1 日 10 時間働いても 6 時間働いても 8 時間働いたものとみなす。

　労基法 41 条 2 号の管理監督者は時間外および休日労働の割増賃金を支払うことは義務付けられていない。この判断は、①経営者と一体的な立場にあり、②重要な職務と責任を有し、労働時間規制になじまないような立場にある者で、③その地位にふさわしい待遇がなされているかどうかで判断される。

　労基法 41 条の 2 で、新たに労働時間・休日・深夜の割増賃金等の規定を

適用除外とする高度プロフェッショナル制度が創設された。

　休憩は、労働者が労働義務から解放される時間である。労働時間が6時間を超える場合は45分以上、8時間を超える場合は1時間以上の休憩を労働者に与えなければならない（労基34条1項）。仕事が忙しい時は休憩が取れない、休憩時間中に電話番をさせられるなど行われ、その間の賃金を支払わないという取扱いは当然許されない。

　使用者は、①労働者の雇入れの日から起算して6か月以上継続勤務し、②全労働日の8割以上出勤した労働者に対して10労働日の年次有給休暇を与えなければならない（労基39条1項）。これは、正社員に限らず、パートやアルバイトであっても年休の比例付与の対象となる（表13-3）。この場合、①1週間の所定労働時間が30時間未満で、②週所定労働日数（平均週所定労働日数）が4日以下の場合、年休の比例付与がなされる。

表13-3　パート労働者に対する年休付与日数

| 週所定労働日数 | 1年間の所定労働日数 | 継続勤務期間 | | | | | | |
|---|---|---|---|---|---|---|---|---|
| | | 6か月 | 1年6か月 | 2年6か月 | 3年6か月 | 4年6か月 | 5年6か月 | 6年6か月 |
| 4日 | 169日～216日 | 7日 | 8日 | 9日 | 10日 | 12日 | 13日 | 15日 |
| 3日 | 121日～168日 | 5日 | 6日 | 6日 | 8日 | 9日 | 10日 | 11日 |
| 2日 | 73日～120日 | 3日 | 4日 | 4日 | 5日 | 6日 | 6日 | 7日 |
| 1日 | 48日～72日 | 1日 | 2日 | 2日 | 2日 | 3日 | 3日 | 3日 |

　年休取得要件を満たせば、労働者に年休権が発生し、あとは労働者が、いつ年休権を行使するか具体的に時季を指定して請求をすればよい（時季指定権の行使）。時季指定に際し、使用者の承諾は必要ない。使用者は請求された時季に年休を与えることが、「事業の正常な運営を妨げる場合」においては、他の時季に変更して与えることができる（時季変更権の行使）。人手が足りないことを理由に年休を取得させないなどの取扱いは許されず、また代替労働者の手配は使用者が行わなければならない。

　使用者は、10日以上の年休が付与される労働者に対し、5日について、毎年時季を指定して与えなければならない。

## F　労働災害

　労働災害の予防は、労働安全衛生法が、労働災害の補償は労災保険法がそれぞれ規定している。

　労働災害が発生したとき、使用者の故意・過失を問わず、被災労働者に対して災害補償が行われ、その保険料の負担は全額使用者負担である。

　労災保険の保険事故は、①労働者の業務上の事由による負傷・疾病・障害・死亡（「業務災害」という）、②通勤に伴う負傷・疾病・障害・死亡（「通勤災害」という）に分かれる。

　業務災害については、業務起因性と業務遂行性から判断する。業務起因性とは、労働者が労働契約に基づき事業主の支配ないし管理下にあることをいう。業務遂行性とは、労働者が事業主の支配下にあることに伴う危険が現実化したものと経験則上認められることをいう。一般に、出社して事業場施設内にいる限り、事業主の支配下にあると認められる。また、出張など事業場施設外で業務に従事している場合、積極的な私的行為を行うなどの特段の事情がない限り、業務災害と認められる。

　通勤とは、労働者が、就業に関し、①住居と就業の場所との往復、②就業場所から他の就業場所への移動、③単身赴任者の場合の赴任先住居と帰省先住居の移動を、合理的な経路および方法により行うこと（業務に関するものを除く）をいう。また、通勤経路からの逸脱や中断があった場合、その後は通勤とはならない。ただし、日常生活上必要な行為をやむを得ない事由により行うための最小限度の中断や逸脱の場合は、その後、合理的な経路に復した場合は通勤とみなされる。

## G　解雇と懲戒

　労働契約の終了には、①労使の合意による労働契約を終了させる合意解約、②労働者からの一方的な解約の意思表示である辞職、③使用者からの一方的な解約の意思表示である解雇がある。

　②辞職で、期間の定めのない労働契約の場合、2週間前に予告すれば「いつでも」自由に辞職できる（民627条）。そのため、仮に就業規則で、労働者の辞職は30日前の予告を義務付けてもその規定に拘束力はない。また、代わりの人が見つかるまで辞めさせないということもできない。一方、期

間の定めのある労働契約の場合、「やむを得ない事由」が必要（民628条）である。ただし、1年を超える期間の定めがある労働契約を締結した労働者は、1年を経過した日以後においては、自由に辞職することができる（労基137条）。

　労働者が退職の場合に、①使用期間、②業務の種類、③その事業における地位、④賃金、⑤退職事由（解雇の場合はその理由を含む）について証明書を請求した時には、使用者は遅滞なく交付しなければならない（労基22条）。

　③解雇には、普通解雇、整理解雇、懲戒解雇の3種類がある。普通解雇とは、たとえば、勤務成績が著しく悪く、指導しても改善の見込みがない場合などに行われる解雇である。整理解雇とは、会社の経営悪化により人員削減を行うために行われる解雇で、①経営上の必要性、②解雇回避措置、③人選の合理性、④手続の妥当性の4つの判断基準によってなされる。懲戒解雇とは経営秩序を乱したことを理由とする解雇で、たとえば、会社の金品横領、飲酒運転などで行われる解雇である。

　使用者による解雇の場合、「客観的に合理的な理由を欠き、社会通念上相当であると認められない」解雇は無効である（労契16条）。また、解雇は労働者にとって経済的打撃が大きいため、使用者に対して30日前に解雇予告をするか、30日分以上の平均賃金を支払うことを義務付けている（労基20条）。

　懲戒処分とは、業務命令などに違反した労働者に対して、使用者が制裁として行う不利益措置で、主な種類に、訓告、譴責、戒告、減給、出勤停止、降格、諭旨解雇、懲戒解雇などがある。懲戒処分は、就業規則で制裁の種類およびその事由を定めなければならない。主な懲戒事由として、経歴詐称、業務命令違反、職務懈怠、職場規律違反、兼業禁止違反、私生活上の非行、秘密保持義務違反などがある。懲戒権の行使が、「客観的に合理的な理由を欠き社会通念上相当であると認められない場合」、権利濫用として無効となる（労契15条）。

## H　非正規雇用

　非正規雇用とは、期間の定めのない労働契約で直接雇用されている正社員以外の雇用形態全般を指し、①期間の定めのある「有期労働者」、②フル

タイムでない「パート（アルバイト）」、③企業に直接雇用されていない「派遣労働者」が非正規雇用にあたる。有期労働契約の場合、契約期間に上限がある。原則3年、例外5年である（労基14条）。有期契約期間中の中途解約は「やむを得ない事由がある場合でなければ」期間途中で解雇することはできない（労契17条）。

　一方、契約期間満了後に再度労働契約を締結する契約更新は認められているが、必要以上に短い期間を定めることにより、その有期労働契約を反復して更新することのないよう配慮しなければならない。また、何度も契約を反復更新すると雇い止め法理が適用される（労契19条）。有期労働契約が繰り返し更新され、通算5年を超えた時は、労働者の申し込みにより無期労働契約に転換される（労契18条）。ただし、研究者や大学教員などは特例により通算5年から10年になる。この場合の労働条件は、別段の定めのない限り、直前の有期労働契約と同一となる。

　パート・有期法8条で、正社員と非正規社員の間で、基本給や賞与などあらゆる待遇について不合理な差を設けることが禁止され、パート・有期法11条で、非正規社員は正社員との待遇差の内容や理由などについて事業主に対して説明を求めることができる。

# 3　集団的労働関係法

## A　労働組合

　労組法上の労働組合とは、「労働者が主体となつて自主的に労働条件の維持改善その他経済的地位の向上を図ることを主たる目的として組織する団体又はその連合体」をいう（労組2条）。労働組合の主たる目的は、「労働条件の維持改善その他経済的地位の向上を図ること」であるから、主として政治運動や社会運動を目的とするものは労働組合とはいえない。また、労働組合は、「労働者が主体となって自主的に」活動するものでなければならないため、組織面で、会社役員、監督的地位にある労働者、使用者の利益代表者などは、労働組合の自主性が否定される。また、資金面で、「団体

の運営のための経費の支出につき使用者の経理上の援助を受けるもの」も自主性が否定される。

　労働組合法上の労働者とは、「職業の種類を問わず、賃金、給料その他これに準ずる収入によつて生活する者」をいう（労組3条）。労働基準法上の労働者との違いは、労組法が失業者を含むのに対し、労基法では失業者は含まれない。また、プロ野球選手は、労組法上の労働者性が認められており、労組法上の労働者概念は労基法上の労働者概念よりも広く解釈される。

## B　労働基本権

　憲法28条を根拠に労働組合やその活動が保障される。団結権とは、労働者個人が労働組合を結成し、これに加入し、組合活動に参加する権利である。団体交渉権とは、労働組合が労働協約の締結を目的として、使用者と労働条件などについて交渉・協議する権利である。団体行動権とは、その協議が決裂した場合、労働組合はストライキ（同盟罷業）を起こすことができる権利である。ストライキとは働くことの放棄である。労働組合の活動というのは、違法行為が多い。たとえば、自分らの要求を飲まなければストライキをするぞと使用者を脅すことで、刑法上の脅迫罪、強要罪、威力業務妨害罪などに該当する。また、民事上では、本来の仕事を行わないことで、債務不履行責任が生じ、使用者による解雇、懲戒処分、損害賠償責任が生じる。労働基本権を保障するということは、労働組合を合法的な団体として国家が承認をし、労働組合の行為のうち、「正当なもの」に限り、刑事免責・民事免責の効果を生ずる。

　労働基本権とは、憲法28条に規定する労働三権（団結権・団体交渉権・団体行動権）を保障したものである。しかし、公務員も憲法が保障する勤労者であるにもかかわらず、この労働基本権は制限される（**表13-4**）。

　最高裁は当初、憲法13条の「公共の福祉」を理由に争議行為の禁止を合憲としていた（国鉄弘前機関区事件〔最大判昭和28・4・8刑集7巻4号775頁〕）。その後、「国民生活全体の利益」から労働基本権の制限は最小限にすべきとし（全逓中郵事件〔最大判昭和41・10・26刑集20巻8号901頁〕）、公務員に対して労働基本権を一律禁止するのは違憲であるとした。これに対し、争議行為の全面禁止について再び合憲の判断を示す（全農林警職法事件〔最大判昭和48・

表 13-4　公務員の労働基本権の制限

|   |   | 団結権 | 団体交渉権 | 協約締結権 | 争議権 |
|---|---|---|---|---|---|
| 国家公務員 | 警察職員<br>海上保安庁職員<br>刑事施設職員<br>自衛隊員 | × | × | × | × |
|   | 現業（特独労法） | ○ | ○ | ○ | × |
|   | 非現業（国公法） | ○ | ○ | × | × |
| 地方公務員 | 警察職員<br>消防職員 | × | × | × | × |
|   | 現業（地公労法） | ○ | ○ | ○ | × |
|   | 非現業（地公法） | ○ | ○ | × | × |

4・25 刑集 27 巻 4 号 547 頁〕)。その主な理由は、①公務員の身分保障も、民間のように当該労働者保護が主目的なものではなく、公務の安定性・継続性、政治的中立性の確保のための要請というように、その目的に違いが生じるとする全体の奉仕者性、②民間の最低労働基準の法定とは異なり、民主的公務員法制の原理、法律による行政の要請と相まって、労使交渉による勤務条件設定を実際上排除する勤務条件法定主義と議会による財政コントロールの必要が、団体交渉による労働条件決定を認めることのできない重要な論拠とされている財政民主主義、③争議行為に対する十分な代償措置である。

　国家公務員制度改革基本法 12 条は、労働基本権に関して「政府は、協約締結権を付与する職員の範囲の拡大に伴う便益及び費用を含む全体像を国民に提示し、その理解のもとに、国民に開かれた自律的労使関係制度を措置するものとする」と規定する。

## C　不当労働行為

　不当労働行為とは、労働組合法 7 条 1 号から 4 号に列挙されている行為の総称で、その類型は 4 つに分けられる。

　第 1 に、不利益取扱いである。不利益取扱いとは、労働者が①労働組合の組合員であること、②労働組合に加入しもしくはそれを結成しようとしたこと、または③労働組合の正当な行為をしたことの「故をもって」、使用

者がその労働者に対し解雇その他の不利益な取扱いをすることである。ま
た、労働者が労働組合に加入せず、もしくは労働組合から脱退することを
雇用条件とする黄犬契約も禁止されている。

第2に、団交拒否である。団交拒否とは、団体交渉をすることを正当な
理由がなくて拒むことである。

第3に、支配介入である。支配介入とは、労働者が労働組合を結成した
こと、運営することを支配すること、または介入すること、労働組合のた
めの経費の支払いにつき経理上の援助を与えることである。

第4に、報復的不利益取扱いである。報復的不利益取扱いとは、労働者
が不当労働行為の申立を労働員会にしたことなどを理由とする解雇その他
の不利益取扱いをすることである。

不当労働行為が行われた場合の救済機関として、司法救済である裁判所
のほかに行政救済である労働員会が救済できる（労組 27 条）。司法救済の場
合、解雇に対しては「解雇無効確認」、団交拒否に対しては「使用者が団体
交渉に応ずべき地位の確認」、支配介入に対しては「不法行為に基づく損害
賠償」などがあるのに対し、行政救済の場合、解雇に対しては「バックペ
イ付きの現職復帰命令」、団交拒否に対しては、「団交応諾命令」、支配介入
に対しては「支配介入行為の禁止命令」「ポスト・ノーティス命令」などが
ある。司法救済は権利義務関係の確定をするため、過去の跡始末をするの
に対し、行政救済は良好な労使関係の構築に向けた柔軟な救済をすること
で、未来を見据えた手打ちをするのである。

# 4 労働市場法

## A 労働者派遣法

雇用の原則は、直接雇用であるため、間接雇用は例外となり、正社員の
雇用を脅かすことがあってはならない。そのため、派遣労働は 1985（昭和
60）年に労働者派遣法が制定されるまでは、労働者供給事業の一形態とし
て職業安定法 44 条によって全面禁止されていた。制定当初の派遣法は、

労働者派遣を原則禁止し、例外的に認める業務を規定していた（ポジティブ・リスト方式）。しかし、政府主導の規制緩和により、平成11（1999）年の改正により、労働者派遣は原則解禁となり、例外として認められない業務を規定するようになった（ネガティブ・リスト方式）。その後、偽装請負や日雇い派遣などが社会問題化し、派遣法の規制強化がなされた。

　請負は、注文主と請負業者の雇用する労働者との間に指揮命令関係が生じないため、その点で派遣と異なる（図13-4）。

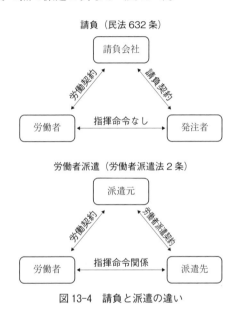

**図13-4　請負と派遣の違い**

　日雇い派遣は原則禁止されている。ただし、①政令で定める業務（例：ソフトウエア開発など）、②60歳以上の人、雇用保険の適用を受けない学生、生業収入が500万円以上で副業として日雇い派遣に従事する人、世帯収入が500万円以上で主たる生計者でない人は、例外として認められる。

　また、グループ企業の8割規制も導入された。さらに、派遣元会社は、マージン率の公開が義務付けられた。マージンとは、派遣料金（派遣先が派遣会社へ支払う料金）から賃金（派遣会社が労働者に支払う賃金）を引いたものである。

　労働契約上の使用者は派遣元であるが、労基法の適用については、派遣元だけが使用者責任を負うのではなく、一定の条文については派遣先も使用者責任を負う。たとえば、賃金未払いが生じた場合の支払い義務を負うのは派遣元であり、休憩を取らせるのは派遣先の責任である。

　平成27 (2015) 年に大きな改正が5つあった。1つ目に、労働者派遣事業の許可制への一本化である。特定労働者派遣事業と一般労働者派遣事業の区別を廃止し、新たな許可基準に基づく許可制になった。その許可基準の主なものとして、①派遣労働者のキャリア形成支援制度を有すること、②労基法26条の休業手当を支払う旨の規定があること、③雇用安定措置の義務を免れることを目的とした行為を行っており、都道府県労働局から指導され、それを是正していない者でないことなどである。

　2つ目に派遣労働者期間の制限の見直しである。それ以前は、専門26業務については派遣期間の制限がなく、専門26業務以外の自由化業務については同一業務への派遣期間を原則1年（ただし、派遣先事業所の過半数組合などの意見聴取した場合、3年まで延長可能）とされてきた。これは派遣労働者による正社員代替防止のためである。

　3つ目に、キャリアアップ措置である。派遣元事業主は、雇用している派遣労働者のキャリアアップを図るため、(a)段階的かつ体系的な教育訓練、(b)希望者に対するキャリア・コンサルティングを実施する義務がある。

　4つ目に、均衡待遇の推進である。改正前からの責務として、派遣元事業主は、派遣先で同種の業務に従事する労働者との均衡を考慮しながら、賃金の決定、教育訓練の実施、福利厚生の実施を行うよう配慮する義務があった。それに加え、新たに派遣労働者が希望する場合には、派遣元事業主は、上記の待遇の確保のために考慮した内容を、本人に説明する義務があり、その説明を求めたことを理由とする不利益取扱いを禁止した。また、派遣元事業主に無期雇用される労働者と有期雇用される派遣労働者との間における、通勤手当の支給に関する労働条件の相違は、労働契約法第20条に基づき、働き方の実態やその他の事情を考慮して不合理と認められるものであってはならない。

　5つ目に、労働契約申し込みみなし制度である。労働契約申し込みみなし制度とは、派遣先が、違法派遣と知りながら派遣労働者を受け入れてい

る場合、違法状態が発生した時点で派遣先が派遣労働者に労働契約の申し込みをしたものとみなす制度である。また、平成30 (2018) 年に、派遣労働者について、①派遣先の労働者との均等・均衡待遇、②一定の要件（同種業務の一般の労働者の平均的賃金と同等以上の賃金であること等）を満たす労使協定による待遇のいずれかを確保することの義務化、③労働者に対する待遇に関する説明義務の強化がなされた。

## コラム　労働法教育の必要性

| 給与 | 平成24 (2012) 年4月入社実績（営業職）<br>大卒・大学院卒 205,000円、専短卒 197,000円（基本給＋職務給＋OJT手当）<br>※OJT手当とは、時間外労働45時間相当額として定額で支給する手当。45時間に満たない場合であっても支給する。 |
| 勤務時間 | 1か月の変形労働時間制（ワークスケジュールによる）、所定労働時間177時間（31日/月）、休憩1時間以上 |
| 勤務地 | 首都圏を中心とした全国各店舗（内定後に配属希望アンケートを取り決定） |

　大卒の初任給は20万円前後を推移している。初任給には当然のことながら、時間外労働手当は含まれない。すると、上記募集は、大卒初任給の相場に比較して、労働条件が低い募集ということになる。これ自体は違法ではないが、労働力の安売りをしているということになる。

　近年、ブラック企業という言葉を聞くが、学生は絶対にブラック企業には就職したくないという。しかし、ブラック企業を労基法違反の会社と定義した場合、上記募集は、最低賃金を下回らない限りブラックではない。

　本来、働く前に法に関する知識や情報を得なければ、権利意識も生まれず、権利主張もできない。その逆に、たとえば、アイスケースの中に入って写真を取り、インターネット上に載せるなどし、会社から損害賠償請求をされたというケースもある。労働契約を締結することで生じる労働者の権利だけではなく、義務も学ばなければならない（**本節B労働契約の表13-2参照**）。

　そもそも、3年以内に離職しようと思って就職活動をする若者は少ない。しかし、大卒後の3年以内の離職率の高さ（平成23〔2011〕年3月に卒業した大

学新卒 32.4%）が示すように、業種によって異なるが、総じて高い。これは、いろいろな要因はあるだろうが、会社に不満があったら、不満をぶつけるのではなく、辞めるという解決が非常に多いと思われる。しかし、これでは、職場にワークルールが根付くこともなく、ブラック企業はまた新たに人を雇えばいいという使い捨てが行われてしまう。また、会社経営者が労働法に関する正しい知識を持っているとは限らない。

　自分の身を守るためにも、労働法は学ぶ必要性はあろう。平成 25（2013）年からワークルール検定というのが始まったので興味のある人は受験をしてみるのもよい。

### さらに知りたい方へ

- 菅野和夫『労働法』（弘文堂、第 11 版補正版、2017）
- 道幸哲也「ワークルール教育の課題」（『季刊労働法』244 号、2014 年）4 頁
- 松井丈晴「労働法教育の必要性」（『日本法育研究』3 号、2019 年）26 頁

## 知識を確認しよう

・・・・・・・・・・・・・・・・・・・・・・・・・・・・・

### 問題

(1) 労働契約を締結することによって生じる権利義務関係について説明しなさい。

(2) 公務員の労働基本権の制限について説明しなさい。

### 解答への手がかり

(1) まず、労働契約とその他の契約（請負・委任）との違いを整理し、次に、労働契約上の主たる義務・付随的義務について整理してみよう。

(2) 最高裁の判例の変遷に触れて、なぜ、現在、公務員の労働基本権が制限されているのか、その理由について整理してみよう。また、公務員制度改革が言われている中、あるべき公務員の姿について、最高裁の合憲論について説得力があるかどうか考えてみよう。

## 本章のポイント

1. 裁判には、民事裁判、刑事裁判、行政裁判が ある。適正な裁判をするために「三審制度」 が採用されている。
2. 裁判を行う裁判所は、最高裁判所と下級裁 判所からなる。下級裁判所には、高等裁判 所、地方裁判所、家庭裁判所、簡易裁判所の 4種類がある。
3. 裁判に関わる法律専門家として、裁判官、 検察官、弁護士がいる。これらの三者を合 わせて「法曹三者」と呼んでいる。
4. 裁判員制度の導入によって、国民が重大な 刑事事件の裁判に参加するようになってい る。

## 1　裁判の意義

　　われわれは「裁判」という言葉を聞くと、ある特殊のイメージを思い浮かべてしまう。それは、裁判というものが、われわれの日常生活にとってあまり馴染みのないものだからである。日常生活においては、たとえば、交通事故、近隣とのトラブル、金銭的トラブル、家族の問題や環境問題、国や地方公共団体などの行政との対立など、多くのさまざまな事件や争いがある。そういった争いを、法というルールによって処理・解決するのが裁判である。憲法は「何人も、裁判所において裁判を受ける権利を奪はれない」（32 条）と規定している。現代国家においては、社会紛争の解決は、原則として、自らの実力を用いて権利の回復を図るという「自力救済」は認められていないため、裁判によって紛争を解決する必要がある。

　　一般に「裁判」（司法）は、国家機関である裁判所が、公正・中立的な立場で、社会で生じる個々具体的な事件や紛争につき、法に基づいて強制的に解決することである。裁判には、民事裁判、刑事裁判、行政裁判がある。裁判においては、その手続が重要である。これらの裁判は、憲法上、司法権という国家機関（立法権、行政権、司法権）の 1 つとして、裁判所のみが担当することになっている。裁判所は、公平かつ適正な裁判を通して、不法な侵害から国民の権利と自由を守り、社会の正義を実現している。

## 2　裁判の種類

### A　民事裁判

　　民事裁判は、私人（個人）相互間の権利・義務に関する私的紛争の解決を目的とするものである。訴える人（原告）も訴えられる人（被告）も、私人対私人という形であらわれる。民事裁判（訴訟）は、私人間相互における争いについて調整・解決するためのものであり、その手続を規定している法律が「民事訴訟法」である。

　民事裁判手続については、「訴えなければ裁判なし」といわれるように、民事裁判（訴訟）は、事件の関係人からの訴えの提起によって審理が開始される。訴えの提起については、相手方を特定し、これに対する自らの紛争上の主張を明確にして、裁判所の判決を求めることになる。訴えを提起する者を「原告」といい、その相手方を「被告」という。その両者を訴訟の「当事者」という。当事者は、一般に、訴訟代理人（弁護士）を選任して訴訟に臨むが、民事訴訟の場合には、「本人訴訟」が認められているため、本人自ら訴訟を提起することも可能である。民事訴訟においては、訴えを提起するかどうかは、本人の意思に委ねられている。民事裁判を求めるときは、通常、訴えを起こす側（原告）が「訴状」と呼ばれる書面を裁判所に提出して行う（民訴133条1項）。訴状には、必ず当事者、法定代理人（弁護士）、請求の趣旨、原因を記載しなければならない（民訴133条2項）。民事裁判の訴えには、①金銭の支払いを求めるとか、物の引渡しを求める「給付の訴え」（給付訴訟）、②一定の権利関係または法律関係の存否について、その確認を求める「確認の訴え」（確認訴訟）、③離婚の訴えのように、権利関係の発生、変更または消滅を求める「形成の訴え」（形成訴訟）の3種類がある。

　民事事件の場合、第一審裁判所は、簡易裁判所と地方裁判所であるが、訴訟の目的の価額が140万円を超えない請求については、簡易裁判所が第一審の裁判権を有する（裁33条1項1号）。民事裁判における審理は、原則として公開した法廷で、当事者双方の口頭による弁論に基づいて行われる。これを「口頭弁論主義」という。当事者は、事実の主張とそれを証明する証拠をめぐって争うことになるが、当事者間で争いのある事実は、証拠によって証明しなければならない。それゆえに、証拠は、裁判所に事実の真否を確信させるのに十分なものでなければならない。裁判所が、どちらの当事者のいうことが真実なのかということを決めるについては、裁判官の良心を信頼して、当該裁判官の自由に任せられている（自由心証主義）。

　証拠には、人的証拠と物的証拠があり、これを取調べることを「証拠調べ」という。口頭弁論と証拠調べとを通じて事件の審理が十分に尽され、訴訟が裁判をなすに至ったときは、裁判所は「判決」という形式をもって、その結論を言い渡す（民訴243条1項）。判決は、必ず口頭弁論を経て、しかもその言い渡しは公開の法廷で行わなければならない。もっとも、民事訴

訟手続は、訴えの取下げ、裁判上の和解、請求の放棄・認諾によっても終了する。

## B　刑事裁判

　刑事裁判は、犯罪を行ったと疑われている人が有罪か無罪かどうかを審理し、有罪であれば、その人にどのような刑罰を科するのかを決定するための裁判であり、その手続を規定している法律が「刑事訴訟法」である。刑事裁判では、裁判を求めるのは国家を代表する検察官であり、その相手方は個人（被告人）である。犯罪が発生した場合には、国家機関としての検察官が原告となって、裁判所に裁判を請求する。これを「公訴の提起」（起訴）といい、この場合、起訴を行う権利を独占している検察官のみに認められている（刑訴247条）。これを「起訴独占主義」という。つまり、刑事裁判においては、検察官のみが原告となる。また、刑事裁判においては、犯罪を行った被告人に対して、死刑、懲役、禁錮、罰金などの刑罰を科し、被告人の利益を奪ってしまう内容になるため、この点で、民事裁判とは根本的に異なる。

　刑事裁判においては、国家の刑罰権の不当な行使から個人の権利や自由を守るために、犯罪と刑罰をあらかじめ法律で定めるべきとする「罪刑法定主義」といわれる原則がある。憲法は「何人も、法律の定める手続きによらなければ、その生命若しくは自由を奪はれ、又はその他の刑罰を科せられない」（31条）とし、個人の人権を最大限に尊重するために、適正手続の保障を規定している。これを受けて、刑事訴訟法は「刑事事件につき、公共の福祉の維持と個人の基本的人権の保障を全うしつつ、事案の真相を明らかにし、刑罰法令を適正且つ迅速に適用実現する」（刑訴1条）と定めている。正しい事実の認定、正しい法律の解釈を適用、正しい刑の量定、その執行こそが、刑事裁判の目的なのである。

　刑事事件では、犯罪の捜査から始まるが、検察官が裁判所に起訴状を提出し、公訴を提起すると、第一審の裁判手続が開始されることになる。被疑者は起訴されることにより「被告人」となる。この場合、原則として、罰金以下の刑に当たる罪などの事件については簡易裁判所が、それ以外の罪の事件については地方裁判所が第一審として事件を担当する。

　検察官による公訴（起訴）が提起されると、刑事裁判が開始され、口頭の審理が行われる（公判中心主義）。刑事裁判では、被告人の人定質問や起訴状朗読、黙秘権の告知などの冒頭手続がなされたあと、検察官は、被告人によって犯罪が行われたことを主張し、その裏付けのための証拠を法廷に提出する。証拠をめぐって、検察官と被告人による証拠に基づく立証がなされる。その審理では、基本的には、当事者が裁判のために提出した証拠を中心にして審理が進められる。そして、検察官の論告・求刑、弁護人の弁論、被告人の最終陳述という手続を経て、裁判所が判決を宣告する。

　刑事裁判では、原則として公開の法廷で行われ（公開主義）、適法な証拠と適式な証拠調べによってのみ起訴事実を認定でき（証拠裁判主義）、証拠には厳格な規定が設けられており、任意でない自白は証拠として採用できない。伝聞証拠も、原則として証拠として採用できず、また、任意の自白であっても、それ以外に何も証拠が存在しない場合には、それだけで有罪の宣告をすることはできないとされる（憲38条）。

　刑事裁判（訴訟）において、個人（被疑者や被告人）に対して厳格な手続や規定が設けられている理由は、ひとえに人権の保障を考慮するためであり、戦前において人権侵害事件が多く発生したことの反省の上に立っているからである。

## C　行政裁判

　行政裁判は、国民が原告として国や地方公共団体（都道府県・市町村）などの行政を被告として行う裁判であり、行政事件に関する裁判（訴訟）のことである。国民が行政の行った違法な処分の取消などを求める「行政訴訟」は、広い意味での民事裁判の一種に含まれるが、国民相互間の民事事件とは性質を異にするため、その裁判手続については、「行政事件訴訟法」により、特別の手続が定められている。行政の行った処分に対して不服を有する者が、処分の取消を求めるのは行政訴訟であるが、その処分によって受けた損害の賠償を国や公務員に対して請求するのは民事訴訟である。現憲法下では、民事・刑事事件だけでなく、行政事件も、すべて司法裁判所によって裁判が行われている。

# 3 裁判所の構成

## A 概説

　憲法は、「すべて司法権は、最高裁判所及び法律の定めるところにより設置する下級裁判所に属する」（76条1項）と規定している。すなわち、憲法は、最終審、最上級の裁判所として最高裁判所を設けるとともに、どのような下級裁判所（上級裁判所である最高裁判所の下位にある裁判所）を設けるかについては法律に委ねている。この規定を受け、裁判所法が下級裁判所として、高等裁判所、地方裁判所、家庭裁判所、簡易裁判所の4種類の裁判所を設け、それぞれの裁判所が取り扱う事件を定めている（図14-1）。

　また、憲法は、特別裁判所（通常の裁判所の系列とは全く別個に設けられる裁判所）の設置を禁止し、「行政機関は、終審として裁判を行ふことができない」（76条2項）と規定する。行政機関も終審でなければ、すなわち、前審としてならば審判を行うことができる（裁3条2項）とするものの、あくまでも裁判は裁判所の専権事項に属することを明らかにしている。個々の裁判所は、それぞれ独立して裁判を行い、司法権の行使については、上級裁判所が下級裁判所を指揮監督するという関係にはない。

　なお、平成17（2005）年に設置された知的財産高等裁判所は、東京高等裁判所の特別支部として知的財産に関する事件を専門的に取り扱っている（知財高裁2条）。

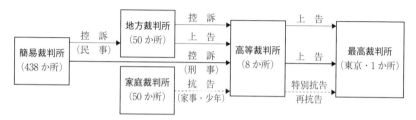

出典）裁判所ウェブサイト「裁判所ナビ」（http://www.courts.go.jp/about/pamphlet/）を一部修正。

**図 14-1　裁判所の構成**

## B　最高裁判所

　司法制度の主柱をなす最高裁判所は、終審裁判所であり、東京都に置かれている。最高裁判所は、最高裁判所長官のほかに 14 人の最高裁判所判事によって構成される。最高裁判所長官は、内閣の指名に基づいて天皇によって任命される。また、14 人の最高裁判所判事は、内閣によって任命され、天皇の認証を受ける。最高裁判所の審理および裁判は、3 人以上の裁判官で構成する小法廷か、最高裁判所の裁判官全員（15 人）で構成する大法廷において行われる（裁 9 条）。事件を大法廷で取り扱うか、それとも小法廷で取り扱うかについては、最高裁判所の定めるところによる。しかし、①当事者の主張について、法律・命令・規則などが憲法に適合するかしないかを判断するとき、②憲法その他の法令の解釈適用について、意見が以前に最高裁判所の下した裁判に反するときなど、一定の場合には、大法廷で審理および裁判をすることが必要とされる（裁 10 条）。

　最高裁判所は、一切の法律、命令、規則又は処分が憲法に適合するかしないかを決定する権限（違憲立法審査権）を有する終審裁判所である（憲 81 条）。また、最高裁判所は、高等裁判所の第二審判決に対する上告、訴訟法において特に定める抗告（特別抗告）などについての裁判権を有する（裁 7 条・8 条）。「上告」とは、民事訴訟上は、原判決に対し憲法その他の法令違背だけを理由として許される不服申立てであり、刑事訴訟上は、一般に、高等裁判所が下した第一審または第二審の判決に対する上訴のことである。これに対して、「特別抗告」とは特別上訴の 1 つで、民事訴訟法上では、憲法違反を理由とする抗告のことであり（民訴 336 条 1 項）、刑事訴訟法上では、通常の不服申立てができない決定・命令に対し憲法違反、憲法解釈の誤り、判例違反を理由とする抗告のことである（刑訴 433 条）。

　さらに、憲法は、最高裁判所に対して、①司法権の完全な独立を守るために、訴訟に関する手続、弁護士、裁判所の内部規律および司法事務処理に関する事項について規則を制定する規則制定権を、また、②下級裁判所の裁判官に任命されるべき者の指名、裁判官以外の裁判所職員の任命、裁判所に関する予算の編成への関与・実施などのいわゆる司法行政権を与えている。主要な規則の制定に関しては、民事訴訟規則、刑事訴訟規則、家事審判規則、少年審判規則などがある。最高裁判所のこれらの権限の行使

のために、附属機関として事務総局、司法研修所、裁判所職員総合研修所、最高裁判所図書館が設置されている。最高裁判所は、このようにして行政府及び立法府からの干渉を排除し、裁判所の運営を自主的に行っている。

最高裁判所の裁判官は、その任命後初めて行われる衆議院議員選挙の際とその後 10 年を経過するごとに初めて行われる衆議院議員選挙の際に国民審査に付され、その場合、投票者の多数がその裁判官の罷免を可とするときには罷免される（憲 79 条 2・3 項）。

## C 高等裁判所

高等裁判所は、下級裁判所の中で最上位の裁判所である。全国 8 か所（東京、大阪、名古屋、広島、福岡、仙台、札幌、高松）に置かれている。高等裁判所は、高等裁判所長官および判事によって構成されている。高等裁判所長官は、内閣によって任命され、天皇の認証を受ける（裁 40 条）。

高等裁判所の権限は、民事事件に関しては、地方裁判所が第一審である事件および家庭裁判所の判決の控訴審（控訴とは、判決に対する第二審への上訴）、地方裁判所が第二審である事件の上告審である。刑事事件に関しては、簡易裁判所、地方裁判所の第一審判決に対する控訴審であると同時に、例外的に内乱に関する罪（刑 77 条～79 条）や、特に他の法律で高等裁判所へ出訴すべきものと定められている事件（裁 17 条。たとえば、公職選挙法に基づく選挙・当選の効力に関する訴訟など）の第一審事件を取り扱う。さらに、東京高等裁判所は、公正取引委員会や特許庁のような準司法的機関の審決に対する取消訴訟について、第一審裁判権を有している。

知的財産高等裁判所は、東京高等裁判所の管轄に属する事件のうち、特許権に関する地方裁判所の判決に対する控訴、特許庁が行った審決に対する取消訴訟など、一定の知的財産に関する事件を取り扱う。

高等裁判所における裁判は、原則として、3 人の裁判官で構成された合議体で事件を取り扱う。ただし、内乱に関する事件の裁判については、5 人の裁判官で構成された合議体で行う（裁 18 条）。

## D 地方裁判所

地方裁判所は、全国で本庁が 50 か所、支部が 203 か所あり、各都府県に

1つずつ、北海道に4か所（札幌・函館・旭川・釧路）設けられている。地方裁判所は、最も原則的な第一審裁判所であり、他の裁判所が第一審専属管轄権を有する特別なものを除いて、第一審事件のすべてを裁判することができるものとされている。民事事件では、訴訟の目的の価額が140万円を超える場合（裁24条1号）、刑事事件では、簡易裁判所が第一審裁判権を有しない事件（刑77条〜79条の内乱に関する罪を除く）の第一審裁判所である。さらに、地方裁判所は、簡易裁判所の民事の判決に対する控訴事件および簡易裁判所の決定・命令に対する抗告事件について裁判権を有している（裁24条3号・4号）。

　地方裁判所では、原則として、1人の裁判官が事件を取り扱うが（裁26条1項）、簡易裁判所の判決および命令に対する抗告事件（裁26条2項3号）、および重要な案件や他の法律において定められた案件については、3人の裁判官の合議体で行う（裁26条3項）。

## E　家庭裁判所

　家庭裁判所は、全国で本庁が50か所、支部が203か所あり、それぞれ地方裁判所とその支部の所在地と同じ場所にある。このほか、特に必要性の高いところに家庭裁判所出張所が設けられている。家庭裁判所は、家庭の平和を維持し、少年の健全な育成を図るという理念の下に設置されている。家庭事件の審判および調停、少年法で定める少年の保護事件や人事訴訟についての第一審裁判の権限を有する裁判所である（裁31条の3）。そして、地方裁判所と同格の下級裁判所である。

　家庭裁判所は、紛争や非行の背後にある原因を探り、どのようにすれば、家庭や親族の間で生じるさまざまな問題が円満に解決され、非行を犯した少年が健全に更生していくことができるのかということを第一に考えて、それぞれの事案に応じた適切かつ妥当な措置を講じ、将来を展望した解決を図るという理念に基づいた裁判所である。そのために家庭裁判所調査官という職種が置かれ、心理学、社会学、社会福祉学、教育学などの人間関係諸科学の知識や技法を活用した事実の調査や人間関係の調整を行っている。

　家庭裁判所は、一般の民事・刑事事件を審判する裁判所ではなく、主と

して家庭事件（家族や相続に関する事件）と少年法で定める少年保護事件の審判を取り扱う裁判所である。原則的には、民事・刑事の訴訟事件を審判する権限を有さず、民事事件では、家事審判と家事調停のみをその権限とし、その裁判手続も公開の訴訟手続によらず、非公開の審判または調停の形で行われる。家庭裁判所の下した決定・命令に対しては、高等裁判所に抗告することができる。また、平成16 (2004) 年4月から、人事訴訟法の施行に伴い、夫婦や親子等の関係をめぐる訴訟についても取り扱っている。それにより、国民にとって手続がより利用しやすくなっている。

　家庭裁判所では、原則として、1人の裁判官が審判または裁判を行う（裁31条の4）。また、当事者の話し合いによる解決方法である調停も行われる。

## F　簡易裁判所

　簡易裁判所は、全国に438か所あり、民事事件については、訴訟の目的となる価額が140万円を超えない請求事件について、また刑事事件については、罰金以下の刑に当たる罪および窃盗、横領などの比較的軽い罪の訴訟事件などについて、第一審の裁判権を有している（裁33条）。簡易裁判所は、その管轄に属する事件について、罰金以下の刑または3年以下の懲役刑しか科することができない。

　簡易裁判所においては、民事・刑事事件について、簡易に処理する特別な手続を利用することができる。民事事件では、裁判所は60万円以下の金銭の支払を求める事件について、原告の申出があり、被告に異議がなければ、原則として1回の期日で審理を終えたうえ、分割払などの判決をすることができる。また、刑事事件では、被告人に異議がないときに限り、検察官の請求により、その管轄に属する事件について証拠書類だけを調べて100万円以下の罰金または科料を科することができる。この簡易手続は、債務者・被告人の通常手続による裁判を受ける権利を奪うものではない。

　また、簡易裁判所には、身近な民事紛争を話し合いで解決するための調停制度もある。民事調停は、費用も安く、裁判官または民事調停官と2人以上の民事調停委員によって構成された調停委員会が当事者双方の言い分を十分に聴いて双方の合意を目指している。調停で合意が成立し、その内容が調書に記載されると、その調書の記載は、裁判所が下した判決と同じ

効力を有することになる。簡易裁判所に対する民事の訴訟や調停の申立ては、口頭ですることもできる。簡易裁判所におけるすべての事件は、1人の裁判官によって審理および裁判が行われる（裁35条）。

# 4 三審制度

　前記のように、裁判所には、最高裁判所、高等裁判所、地方裁判所、家庭裁判所、簡易裁判所の5種類があり、それぞれ役割分担がなされている。最初の裁判（第一審）は、事件の内容によって、簡易裁判所か地方裁判所あるいは家庭裁判所で行われる。裁判所の審理は適正かつ公平に行われる必要がある一方で、裁判で敗訴した当事者や有罪となった被告人としては、一回の裁判だけでは不満の場合もある。

　そこで、第一審の裁判所の判決に不服のある当事者は、第二審の裁判所に不服申立てをすることができる。これを「控訴」という。さらに、その第二審の裁判所の判決にも不服のある当事者は、第三審の裁判所に不服申立てをすることができる。これを「上告」という。このように、日本では、適正な裁判をするため、第一審、第二審、第三審の3つの審級の裁判所を設けて、当事者が望めば、1つの事件につき、原則的として3回までの反復審理が受けられるという制度を採用している。これを「三審制度」と呼んでいる。この制度は、①慎重に審理を重ねることによって、裁判の誤りを防止し、人権を保護することと、②上級の裁判所による法令解釈の統一を図るという2つの要請から採用されている。

　このような審級関係において、上位にある裁判所を「上級裁判所」、下位にある裁判所を「下級裁判所といい、不服申立ての控訴と上告を併せて「上訴」という。この場合、事実関係についての審理は第一審と第二審だけであり、上告審はもっぱら法律の適用のみを判断する。このことから、第一審と第二審を「事実審」といい、第三審を「法律審」という。つまり、事実関係の争いは高等裁判所までで、最高裁判所への上告は、原則として憲法や過去の判例に違反した場合に限られている。特に最高裁判所は、終審

の裁判所のであるため、その裁判は最終のものとなる。この点について、憲法は、「最高裁判所は、一切の法律、命令、規則又は処分が憲法に適合するかしないかを決定する権限を有する終審裁判所である」(81条)と規定し、「憲法の番人」としての役割を期待している。

　個々の裁判所は、それぞれ独立して裁判権を行使する(司法権の独立)。たとえ下級裁判所であっても、上級裁判所の指揮監督を受けることはない。下級裁判所の裁判に不服のある当事者から上訴があったときは、上級裁判所は、下級裁判所の裁判の当否を審査する権限を有し、当該事件に関する限り、上級裁判所の判断が下級裁判所の判断よりも優先される。

## 5　裁判公開の原則

　裁判自体の公正さを確保するためには、裁判の公開の保障が必要不可欠である。憲法は、裁判の公正さを確保するために、「裁判の対審及び判決は、公開法廷でこれを行ふ」(憲82条1項)とし、「裁判公開の原則」を定める。ここにいう「対審」とは、裁判官の面前において、裁判の当事者が口頭でそれぞれの主張を述べることをいい、民事訴訟における口頭弁論手続および刑事訴訟における公判手続がこれに該当する。このような対審の公開が保障されるのは、それが裁判手続の核心的部分をなすからである。また、「公開」とは、広く国民に公開されるという一般公開、具体的には国民一般の傍聴を許すことであり、この傍聴の自由には、報道の自由が含まれると解されている。政治犯罪、出版関連犯罪または憲法が保障する国民の権利に関する事件の対審は、常に公開されなければならない(憲82条2項ただし書、裁70条)。したがって、裁判の傍聴は自由に認められなければならないが、当事者のプライヴァシー保護や法廷秩序の維持などのため、これが制限される場合がある。今日では、法廷内でメモをとることは、原則として自由に行うことができる。

## ▐▌コラム▐▌　法テラス（日本司法支援センター）

　「法テラス」とは、平成16（2004）年の総合法律支援法に基づき、平成18（2006）年4月に設立された法的紛争解決のための総合案内所のことである。その正式名称は、「日本司法支援センター」という。司法制度改革の一環として、国民向けの法的支援を行う中心的な機関として設立された法人である。法テラスでは、誰もが、いつでも、どこでも、法による紛争の解決に必要な情報やサービスの提供が受けられる社会の実現を目指している。

　その業務内容には、次のようなものがある。①「情報提供業務」は、利用者からの問い合わせ内容に応じて、法制度に関する情報と、相談機関・団体など（弁護士会、司法書士会、地方公共団体の相談窓口など）に関する情報を無料で提供する。②「民事法律扶助業務」は、経済的に余裕がない人が法的紛争にあったときに、無料で法律相談を行い、弁護士・司法書士の費用の立替えを行う。③「司法過疎対策業務」は、身近に法律家がいない、あるいは法律サービスへのアクセスが容易でない司法過疎地域の解消のために法テラスの地域事務所の設置などを行う。④「犯罪被害者支援業務」は、犯罪被害者支援を行っている機関・団体との連携の下で、各地の相談窓口の情報を収集し、その人に必要な支援を行う窓口を案内する。また、被害を受けた人や家族などが、その被害に係る刑事手続に適切に関与し、受けた損害・苦痛の回復・軽減を図るための法制度に関する情報を提供する。⑤「国選弁護等関連業務」は、国選弁護事件に関し、法テラスにおいてスタッフ弁護士を含めた契約弁護士を確保し、全国的に充実した弁護活動などを提供する。⑥「受託業務」は、国・地方公共団体・非営利法人などからの委託を受けて行うものである。このように、法テラスは公益性の高いサービスを行っている。法テラスでの相談は無料である。法律問題か否かがわからないものを含めて、まずは、法テラスに相談することで、適切なアドバイスを受けることができる。詳しくは、「法テラス」（日本司法支援センター）のウェブサイト（http://www.houterasu.or.jp/）を参照。

# 6 ● 法曹三者

## A 法曹三者の意義

　裁判に関わる法律専門家として、裁判官、検察官、弁護士がいる。この法律専門家のことを「法曹」といい、三者を合わせて一般に「法曹三者」と呼んでいる。法曹三者になる資格を「法曹資格」といい、法曹資格は、原則として司法試験に合格することが要求される。司法試験は、裁判官・検察官・弁護士となろうとする者に、必要な学識・応用能力を備えているかどうかを判定するための国家試験であり、法科大学院課程の修了者および司法試験予備試験（平成23〔2011〕から開始）の合格者を対象に行われる。法科大学院（ロースクール）は、司法制度改革の一環として平成16（2004）年に創設されたもので、そこでの2年ないし3年間の教育を修了した後、司法試験を受験することができる。司法試験の合格者は、司法修習を受けた後、法曹三者のいずれかを選択して、その職業に就くことになる。

## B 裁判官

　裁判官は、国家機関において、立法（国会）、行政（内閣）、司法（裁判所）という三権の中で「司法」を担当する職分に属する。裁判官は、最高裁判所および下級裁判所の裁判官から構成される。最高裁判所の裁判官は、その長たる裁判官を最高裁判所長官とし、その他の裁判官を最高裁判所判事とする。下級裁判所の裁判官は、高等裁判所の長たる裁判官を高等裁判所長官とし、その他の裁判官を判事、判事補および簡易裁判所判事とする（裁5条1・2項）。裁判官の職務や身分については、憲法、裁判所法、裁判官分限法、最高裁判所裁判官国民審査法などによって規定されていて、その身分保障には手厚い保障が与えられている。この裁判官に対する手厚い身分保障の意図するところは、行政権や立法権による不当な干渉・介入を排除し、公平な裁判を期するためである（司法権の独立）。さらに、このことは、行政権、立法権から独立した存在であることを宣言し、ひいては国民の基本的人権の保障を全うさせることに主眼を置いていることになる。

　憲法および裁判所法は、各裁判官について、それぞれ任命資格と任命手

続を定めている。最高裁判所長官（1人）は、内閣の指名に基づいて天皇が
これを任命し、その長官以外の最高裁判所判事（14人）は、内閣が任命して
天皇がこれを認証する。最高裁判所の裁判官は、70歳に達すると定年退官
する。内閣による最高裁判所裁判官の任命権に対し、それを民主的にコン
トロールするため、任命後に初めて行われる衆議院議員総選挙の際、国民
審査が行われ、その後10年を経過した後に初めて行われる衆議院総選挙
の際、さらに国民審査され、その後も同様に繰り返される（憲79条2項）。

　下級裁判所の裁判官は、最高裁判所の指名した者の名簿に基づいて内閣
により任命される。そのうち、高等裁判所長官の任免は、天皇が認証する。
下級裁判所の裁判官は、任期が10年であり、再任が可能である（憲80条1
項）。ただし、下級裁判所の裁判官は65歳に、簡易裁判所の裁判官は70歳
に達したときに定年退官する（裁50条）。裁判官は、憲法や法律に拘束され
るほかは、良心に従って、独立して各事件について判断を行う（憲76条3
項）。具体的な職務としては、民事事件では、訴訟を提起した原告とその相
手方である被告の双方の主張を聴き、提出された証拠を調べて、法律を適
用し、原告の請求を認めるかどうかについて判断する。

　刑事事件では、罪を犯したとして検察官に起訴された被告人について、
検察官から提出された証拠を調べ、被告人やその弁護人の言い分や証拠も
調べて、被告人が罪を犯したのかどうかについて判断する。そのうえで、
罪を犯したと認められる場合には、どのような刑罰を科すべきかについて
判断する。また、捜査機関が強制捜査をする場合には、逮捕状や捜索差押
令状などの令状を発付するか否かの判断することも裁判官の職務である。

　家事事件のうち「審判」という手続では、裁判官が当事者の言い分を聴
いたり、当事者が提出する証拠を調べるなどして、事案に応じて、家庭裁
判所調査官の報告や参与員の意見を聴くなどしたうえで審判をする。少年
審判では、裁判官は、捜査機関から送られた記録などを調査したうえで、
少年・保護者・付添人の言い分を聴いたり、家庭裁判所調査官の調査結果
の報告と意見を聴いたりして、少年が非行を犯したかどうか、今後の更生
のためにはどのような処分が適当かどうかについて判断するなどである。

　裁判官は、原則として、司法試験に合格し、司法修習を終えた人の中か
ら任命される。ただ、裁判官の中でも、最高裁判所判事は、裁判官出身者、

検察官出身者、行政官や外交官であった者、弁護士、学者、学識経験者などから任命されることがある。簡易裁判所判事については、司法修習を終えた人でなくても必要な知識があれば、任命されることがある。また、裁判の公正を保つために、裁判官には身分保障が与えられており、憲法上、一定の手続によって罷免される場合を除いては、その意思に反して免官・転官・転所・停職・報酬の減額を受けることはない（憲78条、裁48条）。

## C 検察官

検察官は、主に刑事訴訟の分野で、国家機関として社会秩序の維持と社会正義の実現のために活動する法律家である。検察官は検事総長、次長検事、検事長、検事、副検事からなり（検察3条）、すべて検察官は、検事総長の下で上命下服の関係に置かれている（検察官一体の原則）。

検察官の行う事務を統括する検察庁は、裁判所の区分に応じて、最高検察庁、高等検察庁、地方検察庁、区検察庁の4種類に分かれて構成され、それぞれの検察庁は、対応する各裁判所の裁判に関連する事務を取り扱う（検察1条・2条）。検察庁は、検事総長を頂点として、厳しい上下関係・階層秩序の下に成り立っており、裁判所とは別の国家機関である。法務大臣は、検察官の事務に関し、検察官を一般に指揮監督できる。ただし、個々の事件の取調・処分については、検事総長のみを指揮することができる（検察14条）。なお、そのことによって検事総長は、当該法務大臣の指揮に従わなくても、その意に反して官を失うことはない。

検察官は、原則として司法修習生の修習を終えた者が任命される。しかし、副検事については、公務員の経歴などがあって選考審査会の選考を経た者にも、任命資格が認められている（検察18条2項）。検事総長や検事長は、内閣が任命して天皇が認証する。検事、副検事は法務大臣が任命する。

検察官は、刑事について公訴（起訴）を行い、裁判所に法の正当な適用を請求し、かつ裁判の執行を監督し、また裁判所の権限に属するその他の事項についても、職務上必要であると認めるときは、裁判所に通知を求め、または意見を述べ、また公益の代表者として他の法令がその権限に属させた事務を行うことを職務とする（検察法4条）。検察官は、裁判に関わる公益の代表者として、刑事事件では原告として裁判所に公訴を提起する権限

を有しているが、行政権の中の「法務省」に属し、司法権の中の裁判所に属するものではない。

検察官は、刑事手続に関して広い権限を有し、いかなる犯罪についても捜査することができる。通常事件については警察が主体となって捜査をするが、高度の法律判断や慎重な配慮が要請される事件は——たとえば、政治家の贈収賄事件や複雑な経済事件などは、検察官が主体となって捜査をする。捜査が終了し、起訴すべきかどうかの決定は、検察官の独占的な職務に属している。その際、検察官は有罪判決を得る可能性が高いかどうか、および犯人の性格・年齢・境遇・犯罪の軽重・情状などを考慮して決定する。これを「起訴便宜主義」という（刑訴248条）。公判においては、原告として被告人・弁護人に対立して公判活動をする。

検察官は、外部からの不当な圧力に屈することがないように、身分の保障が認められ、検察官適格審査会による罷免および懲戒処分による場合以外に、その意に反してその官を失い職務を停止され、または給料を減額されることがない（検察25条）。検察官の定年については、検事総長は年齢65歳、その他の検察官は63歳に達したときに退官する（検察22条）。

## D　弁護士

弁護士は、基本的人権を擁護し、社会正義を実現することを使命とし、誠実にその職務を行い、社会秩序の維持および法律制度の改善に努力しなければならないとされる（弁護1条）。弁護士は、当事者その他の関係人の依頼によって、または官公署の委嘱によって、民事・刑事の訴訟事件、その他一般の法律事務を行うことを職務とする（弁護3条）。こうして、弁護士は、一般国民や企業などの依頼を受けて、法律問題に関するあらゆる種類の業務を引き受けることができる。その中心となるのが、民事事件の代理人、刑事事件の弁護人として法廷の内外で活動することである。また、司法制度を支え、社会正義を実現する重要な職務のため、無料法律相談や人権擁護のためのさまざまな活動なども行っている。

その職務としては、民事事件のうち、一般的な民事訴訟においては、当事者である原告または被告から依頼を受けて、代理人として、各種書類の作成や法廷での主張・立証活動をし、和解などの場では相手方との交渉を

行っている。それ以外の調停や民事執行手続、倒産手続についても、基本的には当事者等の代理人として民事訴訟手続の場合と同じような活動をしている。刑事事件では、犯罪を行ったとして検察官から起訴された被告人の弁護人として、被告人の正当な権利利益を擁護するため、被告人にとって有利な事情を主張・立証している。そのための準備として、弁護人は訴訟記録を検討したり、被告人と会って事情を聴くなどしている。また、刑事事件では、弱い立場にある被疑者・被告人の基本的人権を擁護するため、私選弁護人の依頼権を憲法は認めている（憲34条）。そして、経済的理由などで弁護士を依頼できないときは、国選弁護人を国費で付ける制度を設け（憲37条3項）、重大な犯罪については必ず弁護士を付さなければならない（刑訴289条）など、被告人の保護には、十分な配慮がなされている。

少年事件では、少年の付添人として、家庭裁判所に協力して少年の健全育成という目的を適正に実現させる役割と、少年の権利利益を守る弁護人的な役割を果たしている。少年事件における付添人の選任については、基本的には少年やその保護者などから依頼を受けた場合（私選付添人）であるが、一部の事件については、審判に検察官の出席を求める場合において、少年に弁護士である付添人がいないときは、裁判所が選任する（国選付添人）ことになっている。家事事件では、審判でも調停でも、民事事件と同様に当事者から依頼を受けて代理人として、手続上必要な書類の作成や主張・立証活動などを行っている。なお、弁護士はその職務上知り得た秘密を保持する権利を有し、義務を負うものとされる（弁護23条、守秘義務）。

弁護士になるためには、原則として、司法試験に合格し、司法修習を終えることが必要である。そのうえで、日本弁護士連合会に弁護士として登録をするとともに、全国にある弁護士会のどれかに入会すると、弁護士として活動することができる。

# 7 裁判員制度

「裁判員制度」とは、一般国民が裁判員として刑事裁判に参加して、被告

人が有罪かどうか、有罪の場合にはどのような刑にするのかを裁判官と一緒に決める制度である。司法改革の一環として、平成16（2004）年に「裁判員の参加する刑事裁判に関する法律」（裁判員法）が成立し、平成21（2009）年5月から裁判員制度による刑事裁判が始まっている。裁判員裁判では、衆議院議員の選挙権を有する者の中から無作為に抽選によって選ばれた裁判員6人と（職業）裁判官3人とが、合議のうえで判決を下している。裁判員制度は、これまで法律専門家だけが行ってきた裁判の構造を大きく変動させるものである。このように、一般国民が刑事裁判に参加することによって、裁判に国民の意見・常識が反映され、国民にとって裁判が身近で分かりやすいものとなり、裁判（司法）に対する国民の理解の増進とその信頼の向上につながることが期待されている。

　裁判員制度の対象となる事件は、刑事事件の中でも、殺人、強盗致死傷、傷害致死、危険運転致死、現住建造物放火、身代金目的誘拐、保護責任者遺棄致死、覚せい剤取締法違反など、一定の重大な刑事事件の裁判に限定されている。さらにまた、裁判員が参加する裁判は、地方裁判所で行われる刑事裁判（第一審）に限られている。したがって、裁判員が参加する裁判（第一審）での判決に対して、被告人が控訴した場合には、専門の裁判官のみによる判決が下されることになる。

　裁判員選任手続としては、選挙人名簿（くじ）→裁判員候補者名簿（名簿に載った人には、名簿に載ったという知らせが来る）→裁判員候補者呼出し（裁判員裁判が行われる日）→裁判員を選ぶ手続（裁判員になれないという欠格事由のある人〔裁判員法14条〜18条に該当する場合〕は、裁判員に選ばれない）→裁判員に決定（くじ）という流れになる。理由があって辞退したいときは、その旨を裁判官に申し出をして裁判官が辞退を認めるかどうかを判断する。裁判員候補者に選ばれた人は、裁判所からの呼出状の送達によって、指定された日時に裁判所に出向くことになる。

　裁判員に選ばれた場合の職務内容は、公判に出席して評議・評決を行うことである。刑事事件の裁判では、被告人が有罪であるかどうかの判断が中心となり、有罪となれば、刑罰を科すことになる。一般国民が裁判員に選ばれると、裁判官と一緒に、刑事事件の法廷（公判）に立ち会い、判決まで関与することになる。公判では、証拠書類を取り調べるほか、証人や被

告人に対する質問が行われる。裁判員から、証人や被告人に対して質問を
することもできる。証拠をすべて調べ終えた後、事実を認定し、被告人が
有罪か無罪か、有罪の場合にはどのような刑にするべきかを、裁判官と一
緒に議論（評議）し、決定（評決）することになる。評議を尽くしても、意見
の全員一致が得られなかったとき、評決は、多数決により行われる。ただ
し、裁判員だけによる意見では、被告人に不利な判断（被告人が有罪か無罪か
の評決の場面では、有罪の判断）をすることはできず、裁判官 1 人以上が多数
意見に賛成していることが必要とされる。評決内容が決まると、法廷で裁
判長が判決を宣告することになる。裁判員としての職務・役割は、判決の
宣告により終了する。裁判員には守秘義務があり、裁判員は評決後、評議
室における事件に関する裁判官・裁判員の述べた意見や評議の経過などと
いった、裁判員として知り得た秘密を漏らしてはならないとされている（裁
判員法 9 条 2 項）。

## 知識を確認しよう

・・・・・・・・・・・・・・・・・・・・・・・・・・・・・・

**問題**

(1) 民事裁判と刑事裁判の違いについて説明しなさい。

(2) 法曹三者について説明しなさい。

(3) 下級裁判所について説明しなさい。

**解答への手がかり**

(1) 民事裁判と刑事裁判とは、基本的に別個のものであり、特に当事者の
   違いや裁判手続の流れの違いなどについて考えてみよう。

(2) 法曹三者は、裁判官、検察官、弁護士を指す。裁判に関わる法律専門
   家としてのそれぞれの使命・役割・職務などについて考えてみよう。

(3) 下級裁判所には、高等裁判所、地方裁判所、家庭裁判所、簡易裁判所
   の 4 種類があり、それぞれの構成・権限・特色などについて考えてみ
   よう。

## 本章のポイント

1. 行政は、市民社会の自治によっては解決できない公共的課題に取り組むため、さまざまな活動形式を用いる。

2. 行政活動は公共的課題の解決のため私人の権利・利益に大きな影響を与えるから、議会の定める法律に従って行われなければならない。

3. 行政活動によって私人の権利・利益が侵害されることがあり、それに対して与えられる法的救済を行政救済という。行政救済は、違法に生じた法的状態の修正を図る行政争訟と、侵害された利益の金銭による補塡を図る国家補償に大別される。

4. 行政活動は内容だけでなく手続も適正に行われる必要があり、行政活動の手続を定める一般法として「行政手続法」がある。

5. 近年、行政による政策判断のプロセスへの市民参加を拡充させる必要性が論じられるようになり、とりわけ地方行政では参加の機会が整いつつある。

# 1 行政の意義

## A 行政の概念
### [1] 行政の役割
　行政は市民生活の至るところに関わりをもつ。市民社会においては、対等な市民同士が自由な意思に基づいて法律関係に入るのであって、当人同士で収拾できないトラブルが発生した場合には、裁判で事後的な解決を図ることが原則となる。しかし現代社会では、この原則どおりでは妥当な結果が得られないケースも少なくない。

　たとえば、科学技術の専門性が高まり、かつ大量生産・大量消費が進むと、ある企業の製品を購入しなければ生活が成り立たなくなり、社会的な実力のうえでは一方の当事者が圧倒的優位に立つ、という状況が固定化してくる。そうした製品の欠陥が原因となった被害について、損害賠償請求等の民事訴訟で争うことは可能だが、一般市民には技術に関する専門知識が乏しく、また訴訟を継続していく資金力にも欠けることが少なくないため、救済として充分に機能しない可能性がある。そもそも、被害が生命や健康に関わるものである場合、仮に裁判に勝って金銭で償ってもらったところで、元の健康状態を回復できないのであれば、それは問題の根本的な解決とはいえないであろう。

　こうした被害を事前に防ぐには、企業に対し、製品の原料や製造方法の安全性を確保させ、製品に関する情報を市民に提供させるなどの対応を取らせることが有効である。しかし市民がそれを望んだとしても、社会的な実力で圧倒的優位に立つ企業が、自発的にそうした措置を講じるとは限らず、一定の強制力をもって臨む必要がある。刑罰規定を背景として実行を促すこともできるが、刑罰は事後的にしか科することができず、被害発生を防止するよう状況に応じて柔軟に対処するには、必ずしも適さない。

　こうした、市民法秩序や刑事法秩序だけでは充分な解決を導くのが難しい、社会的な規模の問題に柔軟かつ適切に対処することが、行政の役割である。

## [2] 行政の定義

　しかし、時とともに社会が変化すれば新しい課題も次々と生起するのであり、行政の果たすべき役割は、質的にも量的にも増大していく。また、行政組織の編制もそれに合わせて変化させざるを得ない。今日わが国で効力を持つ約 2000 の法律のうち、およそ 9 割は行政法規だともいわれる。市民法における民法典や刑事法における刑法典のような、行政の法現象に全般的に関わりをもつ「行政法」という名前の法典は存在せず、行政の活動や組織などに関する法律の一群が領域として行政法と呼ばれる。そうしたことから、行政に統一的な定義を与えることは困難であり、国家作用から司法作用と立法作用を除いた残りを行政とする控除説（消極説ともいう）が通説である。そして行政法学の主たる目的は、一見すると雑多にも見える種々の行政法規から、共通する性質を析出することにある。

## B　行政活動

### [1] 行政活動の分類

　行政を積極的に定義付けることは困難だが、行政活動をさまざまな角度から種別することはできる。

### (1) 権力的行為と非権力的行為

　行政活動の相手方である私人の同意を得ずに、一方的に私人の権利を制限したり義務を課したり、あるいは身体や財産に強制を加える行為を権力的行為と呼び、そうした権力性を持たない行為を非権力的行為と呼ぶ。権力的行為は、社会的利益（公益）を実現するために私人の利益や法的地位に影響を与えるべく、行政に特に与えられた権限の行使として行われるものである点で、行政法学の関心の中心に位置付けられてきた。

### (2) 法行為と事実行為

　私人の権利や義務を変動させる行為が法行為である。権利の制限や義務の賦課はもちろんのこと、社会保障の給付決定のように、権利を設定する行為も含まれる。これに対し事実行為とは、私人の権利や義務の変動を内容としない行為である。たとえば、路上で寝ている泥酔者を警察官が保護する行為（警職 3 条 1 項 1 号）は、道路から退去するという法的義務を課しているわけではない点で、事実行為に該当する。

## (3) 規制行政・給付行政・調達行政

　行政活動の最終的な目的からする種別である。一定の職種について許可を取るよう求めるなど、私人の権利や自由を制約することを目的とするのが規制行政、教育や道路整備など、私人に金銭やサービスを給付することで生活上の福祉の向上を図るのが給付行政、徴税など行政に必要な金銭や物品を調達することを目的とするのが調達行政である。

## (4) 侵害行為・授益行為

　行政活動が、私人にとって不利益を与えるものであるか、利益を与えるものであるかによって、侵害行為と授益行為という種別がなされる。きわめてシンプルな種別であるが、行政手続法はこの種別に沿った枠組みを採用している。また、1 つの行政活動がある者にとっては利益となり、別のある者にとっては不利益になるなど、両方の性質を併せもつことがある点に留意しなければならない (二重効果処分)。これは、行政訴訟における原告適格の議論を考えるための前提となる。

## [2] 行政活動の分類

　行政機関は公共的課題の解決のため、さまざまな活動形式を用いる。活動形式の違いは、活動目的が達せられなかった場合に実効性を確保するため行政が取り得る手段の違いや、私人が行政活動に不服を抱いた場合に求め得る救済手段の違いを生む。

## (1) 行政行為

　行政機関が法律によって与えられた権限を行使し、一方的な判断によって私人の権利や義務を変動させる行為を行政行為という。良好な衛生状態を維持するために、法令の衛生基準を満たさない食品取扱業者に対して営業停止を命ずる行為 (食品 56 条)、法令の基準を満たした者に自動車の運転免許を付与する行為 (道交 84 条 1 項) などが該当する。

## (2) 行政指導

　行政機関が私人に対し任意の協力を求める形で、行政目的の実現を図る活動形式を行政指導という。任意であるから、指導を受けた私人がそれに従う義務はない。とはいえ種々の権限を有する行政機関の影響力は大きく、その意向に反する対応をとるのが難しいこともあるので、行政指導が事実

上の強制にならないよう、法的な制約をかける必要がある。

### (3) 行政契約

　行政活動として締結される契約を行政契約という。行政活動は税金を原資として行われるものであるから、公金支出の妥当性が強く要請されるし、契約の相手方も公正に選定される必要があり、私人間の契約とは異なる論理が働く余地がある。

### (4) 行政立法

　たとえばある行為について法律が許可制を採用している場合、許可基準について法律では詳細を定めず、行政機関が制定する政令・省令等の規範に、基準の詳細化を委ねていることが多い。このように制定される行政機関による規範を、行政立法と呼ぶ。また、法令を執行する行政各部で対応がバラバラにならないようにするため、通達という内部規範を作り、法令の解釈基準や判断基準を統一することもある。

### (5) 行政計画

　行政機関は、時間的にも地理的にも一定の広がりの中で活動することを求められるので、限られた資源を有効活用しながら目的を確実に実現させるべく、計画を立てる必要がある。これを行政計画という。計画の策定には専門性と経験の積み重ねが要るため、行政機関に広い裁量が認められるが、他方で多くの市民に影響を及ぼしやすいものでもあり、法的な統制をどう制度化するかが論点となる。

### (6) 行政調査

　行政活動のために行われる情報収集を行政調査という。公共目的のための情報収集であるから、行政行為のための事前調査には、一定の強制力が認められることもある。違法行為に対応するための強制力のある調査という点で、刑事捜査と共通する部分があるが、あくまで行政目的での調査であるがゆえの相違はどこにあるのか、が主要な論点となる。

### (7) 行政上の実効性確保

　行政行為によって義務を課しても私人が従わない場合、それを放置していては、社会的利益が実現できない。そこで、行政機関が強制的に義務を履行させる、もしくは義務を履行したのと同じ状況を作り出す仕組みが必要となる。義務を課された本人でなくとも実行できる代替的義務について

は代執行という手段が取られ、本人でなければ実現できない非代替的義務
や不作為義務については、刑罰や過料といった間接的手段を用意すること
で自発的な義務履行を促す。

　また、前述の警察官による泥酔者保護のように、私人の自発的な義務履
行を待つことが妥当でない場合には、行政行為で義務を課すことを経ずに、
いきなり私人の身体や財産に強制を加える即時強制が法律で認められる。

## 2　法律による行政の原理

### A　行政法の基本原則

　行政機関はさまざまな活動形式を駆使し、時として私人の権利や自由を
制約しながら、市民同士では容易に実現できない社会的利益の実現を図る。
しかしそれは、行政機関が本来的に私人に対する優越的地位に立っている
からではなく、市民に代わって利益を実現することを委ねられているから
である。したがって行政機関も、信頼保護原則（民1条2項）や権利濫用禁
止原則（同3項）といった、市民社会における法の一般原則には従わなけれ
ばならない。また、憲法が国家に対して要求する平等原則（憲14条）や比例
原則（同13条）が行政上の法律関係に妥当することも、当然である。これら
に加え、行政法の基本原理として最重要視されているのが「法律による行
政の原理」である。

### B　法律による行政の原理の内容

#### [1]　法治主義

　国民が法を守らなければならないだけでなく、国家の運営も法に従って
なされなければならない、という考え方を法治主義と呼ぶ。法治主義は、
私人の自由と財産に関わる行政活動については法の根拠を求め、また、違
法な活動による利益侵害に対しては裁判でその是正を求めることを可能と
する。立憲主義の下では、最も重要な「法」は憲法と法律であるから、法
治主義は、行政活動は国民代表機関である議会が定める法律に従って行わ

れなければならない、という考え方につながる。これが「法律による行政の原理」である。

## [2] 法律による行政の原理の内容

　法律による行政の原理はドイツの行政法学において展開された学説で、その内容はさらに3つの原則に分けられるものと考えられている。

### (1) 法律の法規創造力の原則

　国民の権利や義務に関する一般的・抽象的規範（これを法規という）を定めることができるのは、議会が制定する法律だけである。今日では、日本国憲法41条が国会を唯一の立法機関であると規定しており、この原則を確認している。行政機関が法規を定めることができるのは、法律による明示的な委任がある場合に限られる。

### (2) 法律の優位の原則

　行政活動が法律の規定に抵触する場合には、法律が優位に立ち、違法な行政活動の効果は否定される。至極当然のように見えるが、市民間の法律関係においては「私的自治の原則」が妥当し、民法が裁判規範として機能するのに対し、行政法規は行政に対し一定の活動を命ずる行為規範として機能し、法律と異なる独自判断を行政機関に許さないことを示す原則である。

### (3) 法律の留保の原則

　行政機関は「法律の優位の原則」により、既存の法律に違反した活動をしてはならないが、それだけでなく、ある種の行政活動を行う場合には事前に法律でその根拠が定められていなければならない。もっとも、法律による授権を必要とする行政活動の範囲については、学説上の争いがある。

　①「侵害留保説」は、私人の自由と財産を侵害する効果のある行政活動に、法律の根拠を求める考え方である。もともと法律の留保の原則は、君主が行政権を独占していた時代に、君主の手から国民の権利や自由を守るために、それらを脅かす可能性のある活動については議会の定める法律による同意が必要だ、と論じられたことから発したものである。その点で歴史的正統性があるが、行政活動が多様化している今日において、国民の権利や自由の侵害に該当しなければ法律の根拠は不要だとする考え方には、

疑問が残る。もっとも、立法実務や行政実務は侵害留保説の前提に立って行われている。

②それに対して、国民主権の原理を採用した日本国憲法の下では、すべての行政活動が国民の意思である法律に基づいて行われるべきだ、との考え方が「全部留保説」である。この説によれば、補助金給付のような私人に利益を与える活動も、私人に義務を課すわけではない行政指導も、公共目的の活動であればすべて法律の根拠が必要となる。しかし、新たに社会的課題が発生しても法律が整備されていなければ行政機関は何もできないことになり、非現実的だとの批判がある。

この他に、③私人の利益を侵害するものか否かに関わらず、行政機関の一方的な判断で私人の権利や義務、法的地位などに影響する性質をもつ権力的行為については法律の根拠が必要だとする「権力留保説」や、④行政活動の本質に関わる重要な事柄については法律の根拠が必要だとする「重要事項留保説（本質性理論ともいう）」などが展開されている。

## C　法律による行政の原理の限界と例外

### [1] 私人の利益との調整

法律による行政の原理は、行政活動を主権者である国民の意思に従わせるための、きわめて重要な理論である。しかし個々の場面では、この原理に忠実であろうとすることが、かえって私人の利益を脅かす結果になることがある。

私人が違法行為をしている場合、法律による行政の原理に照らせば行政行為をすることが正しいとしても、私人の行為が行政の誤った助言に基づいているとすれば、私人の信頼を保護するべき、との考え方も成り立ちうる。また、私人に対する利益処分の誤りに気付いた場合も、私人がそれを前提として新たに生成させた法律関係の安定性を考慮するなら、取消しを無条件で認めることはできないと考えられる（職権取消しの制限）。

違法状態の解消と私人の利益の保護のいずれを優先させるかは、違法の程度や不利益の程度、不利益を緩和する措置の可否など、個々のケースの事情によって判断することになる。

### [2] 行政裁量

　行政活動の中でも、一方的な判断によって私人の権利や義務を変動させる行政行為については、どのような場合にどのような内容の行政行為が行われるのか、要件と効果を法律で明らかにしておくことが特に強く要請されるはずである。条文上、要件と効果が明確になっている行政行為を羈束行為と呼ぶ。しかし実際は、現実に発生する社会的課題に対し、行政機関が専門性と経験の蓄積に基づいて柔軟に対応できるよう、あえて要件あるいは効果に関する文言に解釈の幅を与えてある裁量行為が、行政行為の大半を占める。

　もちろん裁量行為だからといって、行政機関の判断が無制約に行われてよいはずはない。裁量行為を行うに際して権限行使の適正化と透明化を図るため、裁量基準を設定することが求められる（行手5条・12条）。また、裁量行為も「裁量権の範囲をこえ又はその濫用があつた場合」（行訴30条）は、裁判所による取消しの対象となる。判例は、裁量権の逸脱および濫用に関する審査の基準を具体化し、方法を精緻化することによって、裁量行為についても裁判所がより広範かつ実質的に審査できるよう方向付けてきた。

## 3　行政救済

### A　行政救済制度の概要

### [1] 権利・利益の侵害の多様性

　行政活動は法律に基づいて適切に実行されるべきものだが、実際には、違法または不当に行われて、国民の権利・利益を侵害することもある。あるいは、適法に行われた場合であっても、社会的利益のために特定個人の権利を制限する結果になることがある。こうした、行政活動に伴う権利・利益の侵害に対して与えられる法的救済のことを、行政救済と呼ぶ。

　行政救済は、どのような権利・利益の回復を図りたいのか、どのように回復したいのかによって、多岐にわたる。たとえば、トラック運転手Aが運転免許停止の行政処分を受けたが、その処分内容に不服がある、という

ケースを考えてみよう。行政処分は、違法であったとしても取り消される
までは有効なものとして扱われるので、A は不服があってもひとまず処分
に従い、そのうえで処分の取消しを求めて行政機関に対して不服申立てを
行うか、裁判所に取消訴訟等の行政訴訟を提起することになるだろう。も
し A の言い分が受け容れられて免許停止処分が取り消されれば、自動車
を適法に運転できる法的地位を回復できることになる。

　しかし、これで A が失った法的利益をすべて回復できたとはいえない。
行政が法を適切に執行していれば存在しなかったはずの免許停止処分のせ
いで、A は一定期間とはいえトラックを運転することができず、営業上の
損害を被っている可能性が高いからである。こうした損害を金銭的に埋め
合わせる制度も、また必要なのである。

## [2] 行政救済の体系

　行政法学では、行政救済を4つの系統として捉えるのが一般的である。
　まず、行政機関の違法または不当な活動について、本来あるべき適法ま
たは妥当な法的状態を実現すべく争う「行政争訟」と呼ばれる領域がある。
そのうち、裁判所に出訴して当該活動の取消しなどを求めるのが行政訴訟
であり、行政事件訴訟法が一般法となる。他方、行政機関に対して当該活
動の取消し等を求めるのが行政上の不服申立てであり、一般法として行政
不服審査法がある。
　次に、行政活動によって発生した損失を金銭的に埋め合わせることを求
めるのが「国家補償」と呼ばれる領域である。そのうち、違法な活動によ
って発生した損害の補填を求めるのが行政上の損害賠償であり、一般法と
して国家賠償法がある。他方、法律に基づく適法な行政活動によって発生
する損失の補填に関わるのが損失補償であるが、損失補償については一般
法に相当する法律は存在せず、当該活動の根拠法それぞれに損失補償に関
する規定が置かれることが多い。
　行政事件訴訟法、行政不服審査法、国家賠償法は行政救済制度の中核を
成す法律であり、しばしば救済三法と総称される。

## B　行政訴訟

### [1]　行政訴訟の意義

　明治憲法下では、民事・刑事の事件を扱う司法裁判所とは別に、行政事件のみを扱う行政裁判所が存在したが、行政裁判法において出訴事項が限定されるなど、私人の救済制度としては不充分なものであった。日本国憲法 76 条は特別裁判所の設置を禁じており、行政事件も司法裁判所が扱うことになった。しかし、行政活動は社会的利益の実現を目的とし、権力的に行われることもあるため、民事事件とは異なる特有の訴訟制度が整備されてきた。現在の行政事件訴訟法は、私人の権利・利益の救済機能を高めることを目指して平成 16 (2004) 年に大幅に改正されたものである。

### [2]　訴訟類型

　行政活動にはさまざまな形式があり、それによって惹き起こされる法的問題も多様であるから、行政事件訴訟法にはそれらに合わせた多種の争い方が規定されている。

### (1)　抗告訴訟

　抗告訴訟とは「行政庁の公権力の行使に関する不服の訴訟」(行訴 3 条 1 項) である。よって行政活動全般を対象とするものではなく、「処分その他公権力の行使に当たる行為」(同 2 項) に該当しない活動形式を抗告訴訟で争うことはできない。この定義に該当する行政活動には「処分性がある」とされ、抗告訴訟の対象となるが、その範囲は明確ではない。さしあたり、行政行為に処分性があることは確かである。

　抗告訴訟はさらに、違法な処分の種類や争うタイミングによって分かれ、6 種類が法定されている。①処分の取消しの訴え (同 2 項) は、違法な処分の効果を処分成立時に遡って消滅させることを求めるものであり、②裁決の取消しの訴え (同 3 項) は、私人からの不服申立てに対する行政機関の裁決の取消しを求めるものである。行政訴訟の中心に位置するのは処分の取消しの訴え (取消訴訟) であり、行政事件訴訟法の条文の多くは取消訴訟に関する規定である。③無効等確認の訴え (同 4 項) のうち無効確認の訴えとは、著しい瑕疵がある処分について、何ら効果を発生させていないことの確認を求めるものである。④不作為の違法確認の訴え (同 5 項) とは、私人

が法令に基づく申請をしたのに対し、行政機関が一定期間経過後も何ら処分をしないことの違法性の確認を求める訴えである。

　⑤義務付けの訴え（同 6 項）と⑥差止めの訴え（同 7 項）は、平成 16（2004）年の改正で追加された訴訟類型である。前者は、私人が法令に基づく申請をしたのに対し、行政機関が一定期間経過後も何ら処分をしない場合に、私人が求める内容の処分をするよう義務付けることを求める申請型義務付け訴訟（同 6 項 2 号）と、第三者への規制権限の行使を義務付けることを求める非申請型義務付け訴訟（同 6 項 1 号）とに分かれる。差止めの訴えは、一定の処分がなされることが明らかな場合に、その処分をしないよう命ずることを求めるものである。

### (2) その他の訴訟類型

　行政事件訴訟法は、抗告訴訟と並ぶ訴訟類型として、当事者訴訟、民衆訴訟、機関訴訟を挙げている。

　①当事者訴訟（同 4 条）は、実質的当事者訴訟と形式的当事者訴訟の 2 種類に分かれるが、私人の救済により幅広く影響するのは前者である。実質的当事者訴訟とは「公法上の法律関係に関する訴訟」であるが、平成 16（2004）年の改正で新たな文言が追加されたのを契機として、処分性を認められない行政活動を争うために当事者訴訟としての確認訴訟を活用すべき、との機運が高まった。たとえば、国外に居住する日本国民が衆議院選挙で選挙権を行使することを制限する公職選挙法の規定の合憲性が争われた事案で、最高裁は、今後直近に実施される国政選挙で選挙権を行使できる法的地位があることの確認の訴えを認めている（最大判平成 17・9・14 民集 59 巻 7 号 2087 頁）。実質的当事者訴訟の活用範囲については、まだ学説も判例も展開途上にあり、今後の展開が注目される。

　②民衆訴訟（同 5 条）とは、行政の適法性を確保するため、国民あるいは住民が自己の権利・利益に関わりなく提起する訴訟である。代表的なものとして、選挙の無効確認訴訟（公選 204 条）や、地方公共団体の財務会計行為の違法性を問う住民訴訟（自治 242 条の 2・242 条の 3）がある。また③機関訴訟（行訴 6 条）は、国または地方公共団体の機関相互間の権限に関する紛争についての訴訟である。例として、地方公共団体の議会の議決に関する議会と長の間の訴訟（自治 176 条）がある。民衆訴訟と機関訴訟は、自己の法

律上の利益と関わりなく提起できる特殊なもので（そうした性質をもつ訴訟類型を客観訴訟と呼ぶ）、個別法で特に制度化されている場合にのみ可能となる。

## [3] 取消訴訟の訴訟要件

　わが国の裁判所は、取消訴訟の訴訟要件をきわめて厳格に解釈し、多くの訴訟を不適法として却下してきた。そのため、行政法学も訴訟要件に関する議論に力を注いできた面がある。ここでは、特に問題となることが多い3つの訴訟要件を概説する。

### (1) 処分性

　前述のとおり、取消訴訟を含む抗告訴訟で争うことができる行政活動は、処分としての性質を認められたものに限られる。しかし行政事件訴訟法には「処分」の定義がないため、解釈や理論によって解明していくしかない。さしあたり行政行為（および不服申立てに対する裁決）に処分性があることに争いはない。また、感染症患者等の強制入院（感染症予防法19条3項）のような、継続的な性質を持つ公権力的事実行為も取消訴訟の対象とされている。議論の対象になるのは、それ以外の行政活動に処分性が認められるのはどのような場合か、である。

　処分性をめぐっては多くの判例があり、明確な定式が導かれているわけでもない。総じていえば、当該行政活動によって私人の権利・利益が変動したのと同様の効果が生じたと考えられるか、その活動によって失われる私人の利益を回復するには、後続の行政行為などを待って取消訴訟を提起させるのでは遅きに失するといえるかなどが、判断の分かれ目といえよう。

### (2) 原告適格

　取消訴訟を提起できるのは、処分の「取消しを求めるにつき法律上の利益を有する者」（行訴9条1項）に限られる。処分の名宛人（相手方）となる私人は、当該処分によって権利・利益に影響を受けるから、取消しを求める法律上の利益を有することは当然である。問題になるのは、他者を名宛人とする行政処分の取消しを求める第三者がいた場合に、その者が被る不利益が法律上の利益に該当すると言えるか、である。

　この点については、争われている行政処分の根拠になる法令の文言から第三者の利益の保護が読み取れるか、を重視する「法律上保護された利益」

説と、法令の文言よりも利害関係の実態に目を向け、第三者の利益が裁判で保護すべき利益といえるか、を重視する「法的な保護に値する利益」説とが対立してきた。最高裁は当初、法律上保護された利益説を提示し、そこでいう「法律」を処分の根拠条文を含む法律だけを指すものと厳格に捉えていたが、やがて、関連する諸法令まで含めて体系的に理解するという形に緩和し、さらに、第三者が侵害されることになる利益の性質をも考慮するようになった。現在の行政事件訴訟法9条2項は、こうした最高裁判例の展開を踏まえ、原告適格をより柔軟に解釈することを求める指針として、平成16（2004）年の改正で付加されたものである。

### (3) 訴えの客観的利益

　勝訴によって回復できる利益が訴訟の途中で消滅すると、裁判をするに値する実益が失われるので、訴えは却下される。たとえば、運転免許の停止処分を争う取消訴訟が継続している間に、停止期間が終了して運転できる法的地位が回復された場合などが該当する。期間の経過以外の消滅理由としては、許可を必要とする事業が完了した場合、訴訟中に行政機関が行政行為を職権で取り消した場合などが想定される。

　もっとも、行政事件訴訟法9条1項括弧書は、処分の効果が消滅しても「なお処分…の取消しによつて回復すべき法律上の利益を有する者」には訴えの利益があることを定めている。たとえば、法令違反の前歴が将来の法令違反に対する処分を重たくするなど、派生的効果が残る場合には、なお訴えの客観的利益があると判断されることになる。

## [4] 取消訴訟のその他の論点

### (1) 仮の救済

　判決が出るまでの間、原告の権利・利益を暫定的に保護することを仮の救済という。取消訴訟においては、民事保全法による仮処分をすることができず（同44条）、また訴訟提起によっては争いの対象となっている処分の執行が停止しないことを原則としているが（執行不停止原則、同25条1項）、原告の申立てにより、裁判所が処分の執行停止を決定する制度を設けている（同25条2項以下）。もっとも、執行停止が行われないことで生じる「重大な損害を避けるため緊急の必要がある」（同25条2項）場合など、厳格な要

件を充たさなければ執行停止は認められない。また、裁判所による決定の前後に関わらず、内閣総理大臣が異議を述べれば、執行停止はできなくなる（同27条）。

### (2) 事情判決

取消訴訟の判決には、訴訟要件を充たさない場合に下される却下判決、本案審理を行った結果、原告の請求に理由があり処分を取り消す認容判決、原告の請求に理由がなく訴えを退ける棄却判決がある。加えて、取消訴訟における棄却判決には、事情判決と呼ばれる特殊な類型がある。すなわち、行政処分に違法性はあるものの取り消すことが公共の福祉に適合しないと認められる場合、裁判所は請求を棄却することができる（同31条）。ただし、判決の主文において処分が違法であることを宣言しなければならない。

## C 行政上の不服申立て

法的問題を最終的に判断する権限は裁判所にあるが、最終解決を図る場であるがゆえに、裁判手続には時間的・金銭的なコストがかかる。また、裁判所は法的問題を扱う場であるがゆえに、行政活動が適法か否かを審理することはできても、いずれも適法な複数の選択肢の間でより妥当な行政活動はどれであったかという問題を扱うことができない。行政活動をめぐる不服について、より簡便かつ迅速な救済の道を与えるのが、行政上の不服申立てである。すぐに訴訟を提起するか、まず不服申立てを行うかは、原則として私人が自由に選択できる。

不服申立ての対象になる行政活動が「処分その他公権力の行使」に限られること（行審1条）、不服申立てを行う資格について、行政不服審査法は特段の規定を設けていないが、判例により「当該処分により自己の権利若しくは法律上保護された利益を侵害され又は必然的に侵害されるおそれのある者」とされていること（最判昭和53・3・14民集32巻2号211頁）等、取消訴訟における訴訟要件と同様、不服申立ての要件を充たしていることが求められる。

現在の行政不服審査法は、審査庁から諮問を受ける第三者機関の設置を新たに義務付けるなど、審査の公正性の向上を主眼として全面的に改正され、平成28（2016）年に施行されたものである。

## D 国家賠償

### [1] 国家賠償制度の意義

明治憲法下で行政事件を所管していた行政裁判所は、行政活動に関する損害賠償請求を受理しなかった (行政裁判法16条)。他方、民事事件を管轄する司法裁判所も、公権力の行使に起因する損害の賠償請求を管轄せず、ただ公共施設の管理等に起因する損害についてのみ、判例により、民法717条に基づく賠償請求が可能とされていた (大判大正5・6・1民録22輯1088頁)。こうした経緯を踏まえ、日本国憲法は17条で国家賠償請求権を保障し、それを具体化する法律として国家賠償法が制定された。

### [2] 公権力の行使と国賠責任

国家賠償法1条1項は「公権力の行使に当る公務員が、その職務を行うについて、故意又は過失によつて違法に他人に損害を加えたときは、国又は公共団体が、これを賠償する責に任ずる」と規定する。ここでいう公権力の行使は、行政訴訟や不服申立てにおけるそれとは異なり、行政指導や国公立学校での教育活動などの非権力的な性質の行政活動を含むものと理解されている。また、立法作用や司法作用を担う公務員の加害行為による損害も、国家賠償の対象となり得る。他方、公権力の行使が違法に行われたために発生した損害であっても、公務員に過失がなければ賠償は認められない。

近年では、企業活動によって多くの人々に健康被害や財産被害が発生する事件について、公務員が規制権限を行使すべき場合に行使しない不作為が被害の発生・拡大を招いたとして、国家賠償訴訟が提起される例が増加しており、賠償責任の判断基準に関する判例の展開が注目される。

### [3] 営造物の設置・管理と国賠責任

国家賠償法2条1項は「道路、河川その他の公の営造物の設置又は管理に瑕疵があつたために他人に損害を生じたときは、国又は公共団体は、これを賠償する責に任ずる」と規定する。ここでいう瑕疵について、最高裁は「営造物が通常有すべき安全性を欠いていること」であり、また「過失の存在を必要としない」と述べる (最判昭和45・8・20民集24巻9号1268頁)。

しかし実際には、本来は過失判断の要件であるはずの、危険または被害発生の予見可能性と回避可能性があったかどうかを賠償責任の判断基準とする裁判例が多く、瑕疵の判断が過失の判断と類似しているということができる。

その背景には、条文が河川を例に挙げるように、自然公物が公の営造物に含まれていることがある。河川水害をめぐって国賠訴訟が提起されることも多いが、河川管理には財政面その他の多くの制約が伴うため、賠償責任が認められるケースは限定的である。

### E　損失補償

適法な行政活動によって私人に発生する損失を金銭で補填する仕組みを損失補償という。個別法に損失補償に関する規定がない場合も、財産権を保障する憲法29条3項に基づく補償請求を認めるのが、学説および判例の立場である（最大判昭和43・11・27刑集22巻12号1402頁）。損失補償の内容をめぐっては、憲法29条3項が求める「正当な補償」といえるか否かが問われる。また、行政活動の多くは何らかの形で私人の財産に制約を加えることになるので、私人の損失が補償の対象とすべき「特別の犠牲」に該当するか否かも論点となる。

# 4　行政手続

## A　行政手続の意義

行政活動を適正な手続で行うことは、実体的な適法を確保するために不可欠であり、行政活動の対象となる私人の尊厳を尊重することにもつながる。古来、適正手続の要請はとりわけ英米法において重視されてきたもので、ドイツ法の影響を強く受けたわが国では手続法制の整備が遅れたが、行政行為における「公正な手続」を要求する裁判例が積み重ねられたのち、平成5（1993）年に行政手続法が制定されるにいたった。

手続が適正であるか否かは、行政活動の形式や対象となる私人の権利・

利益の性質等によって異なる。一定の能率性を確保しつつ、意思決定過程に私人を参加させ、しかも正確な判断を導くのに資する手続が理想的であろう。そのためには、私人に対する事前の告知、主張の機会の確保、決定理由の提示、そして決定者の公正性などの要素が求められることになる。

## B 行政手続法の概要

### [1] 対象

行政手続法はわが国の行政手続法制の一般法だが、すべての行政活動が規律対象となるわけではない。

#### (1) 対象となる活動形式

行政手続法は当初、行政行為（行政処分）、行政指導、および届出の手続のみを包含するものとして制定され、そののち平成17 (2005) 年の改正により、行政立法（命令制定）手続として意見公募手続が付加された。行政計画や行政契約等の活動形式については、手続の通則を定める法律は存在しない。

#### (2) 適用除外

また、規律対象となる活動形式であっても、行政手続法の適用を除外されるものが少なくない。

①個別法で特に固有の手続を定めていれば、行政手続法は適用されない。たとえば、生活保護法29条の2は「この章の規定による処分については、行政手続法第三章の規定は、適用しない」と規定し、生活保護の支給の停止や廃止の決定にあたっては、固有の手続によることとしている。同様の条文を含む法律は、社会保障や租税の分野で多く見られる。

②行政手続法においても、行政処分および行政指導について多くの適用除外事項が挙げられている（行手3条1項）。一部を類型化するなら、国会や裁判所の行う処分や犯罪捜査に関して行われる処分等、一般的な行政機関のする行政活動とは性質が異なるもの（同1号〜6号）、学校の在学関係・刑務所の入所関係・公務員関係等、一般の行政上の法関係とは異質と捉えられてきた関係での行政処分・行政指導（同7号〜9号）、外国人に対する出入国・難民認定・帰化に関して行われる行政処分・行政指導（同10号）などである。このうち後二者については、合理的根拠に乏しいとの批判もある。

③地方公共団体が行う行政処分につき、国の法令に基づくものは行政手

続法の規律対象となるが、条例・規則にのみ根拠を持つものには適用されない（同3条3項）。行政指導はすべて適用除外である。それぞれ、各地方公共団体の行政手続条例による規律が期待されている（同46条）。

## [2] 行政処分の手続

　行政手続法は、行政処分を申請に対する処分と不利益処分に大別し、それぞれ異なる手続を定める。「申請に対する処分」と称されているのは、利益処分が通常、私人からの申請を受けてなされるものだからである。

### (1) 申請に対する処分

　行政手続法は申請に対する処分の手続として、行政機関に以下のことを義務付けている。①行政機関の意思決定に対する予測可能性を与えるため、できるだけ具体的な審査基準を設定し、行政上の支障がない限り公表しなければならない（同5条）。②処分までに要する標準処理期間を設定するよう努め、設定した場合には公表しなければならない（同6条）。③申請が事務所に到達したら遅滞なく審査を開始し、形式要件を充たさない申請に対しては、速やかに補正を求めるか拒否処分をしなければならない（同7条）。④拒否処分をするにあたっては、理由を提示しなければならない（同8条）。理由の提示には、行政の判断の慎重・公正を促す機能と、私人が不服を申し立てる際の便宜を与える機能があり、単に根拠条文を示すにとどまらない具体性が要求される。

　この他の手続義務として、情報の提供（同9条）、公聴会等の開催（同10条）、複数の行政庁が関与する場合の審査の促進（同11条）がある。

### (2) 不利益処分

　不利益処分とは、私人に義務を課し、または権利を制限する行政処分であり、許認可の取消しや法的地位の剥奪も該当する。不利益処分をする際には、行政機関は以下のことを義務付けられる。①行政機関は処分に先立ち、できるだけ具体的な処分基準を設定し、公にしておくよう努めなければならない（同12条）。審査基準と異なり努力義務とされているのは、基準公表により脱法的行為を助長することが懸念されたからといわれている。

　不利益処分は私人の権利を制限し、または義務を課する行為であり、私人の言い分を聞いたうえで正確な事実認定の下に行われるべきものなので、

②事前の通知をし、③意見陳述の機会を与えなければならない。通知は書面により、予定される不利益処分の内容、根拠法令の条項、弁明の機会の実施概要等を知らせることで、私人に充分な反論の機会を保障する（同30条・15条1項）。意見陳述の機会は、予定される不利益処分の程度によって2種類あり、私人の既得の権利を剥奪するような重大な不利益を課す場合には聴聞手続を、聴聞手続によらない場合には弁明手続をとる。弁明手続は書面審理を原則とし、私人は弁明書と証拠書類等を提出することができる（同29条）。他方、聴聞手続は口頭審理であり、処分の権限を持つ行政機関（処分庁）と私人が、処分庁から一定の独立性をもつ聴聞主宰者の前で、口頭で意見陳述をして証拠書類を提出する（同16条以下）。聴聞主宰者は聴聞期日ごとに調書を作成し、終了後には自身の意見を記載した報告書を作成して処分庁に提出する。処分庁は不利益処分の決定に当たり、調書および報告書を充分に参酌しなければならない（同26条）。

　④不利益処分をするにあたっては、理由を提示しなければならない（同14条1項）。理由に一定の具体性が要求されることは申請拒否処分の場合と同様だが、不利益処分をめぐっては、理由の提示が不充分であったという手続的瑕疵のゆえに処分を取り消した判例もある（最判平成23・6・7民集65巻4号2081頁）。

## (3) 処分等の求め

　平成26（2014）年の改正により、行政手続法に新たに「4章の2 処分等の求め」が設けられ、36条の3が置かれた。同条は、法令違反の事実があると思料する者は誰でも、書面により、その是正のための行政処分（または法令に根拠のある行政指導）をするよう行政機関に求めることができる、と規定する。行政機関による職権発動を促すための仕組みであり、行政機関が申出をした者に直接応答する義務はないが、処分等の必要性を調査し、必要があれば処分等を行う義務は生じる。従来、行政手続法は処分の相手方に対する手続保障として機能してきたが、36条の3は、第三者の手続保障を制度化したものと捉えることもでき、今後の運用が注目される。

## [3] その他の手続

### (1) 行政指導の手続

　行政指導は私人に義務を課すものではないが、事実上の強制力として機能することもあるため、行政手続法によって法的統制を図ることとなった。行政手続法はまず、行政指導に従うかは任意であり、従わないことを理由に不利益な取扱いをしてはならないこと（同32条）、私人が従わない旨を表明した場合には指導を継続してはならないこと（同33条）、許認可権限を殊更に示すことで指導に従わざるを得なくしてはならないこと（同34条）など、実体的な規制を規定する。そして形式面での規制として、行政指導の内容や責任者を明確にし、相手方の求めがあれば書面を交付すること（同35条）、複数の者に行政指導をする場合には行政指導指針を定めて原則として公表すること（同36条）を義務付けている。さらに平成26（2014）年の改正により、法令に根拠のある行政指導について私人から中止等の求めがあった場合には必要な措置を取る義務が付加された（同36条の2）。

### (2) 届出

　行政法規の中には、私人に対して行政機関に一定の情報を通知するよう義務付けているものがある。これを届出という。かつて行政実務上、形式的要件を充たした届出を受理しない、または返戻するという取扱いが少なくなかった。そこで行政手続法は、形式的要件を充たした届出が行政機関の事務所に到達したときには届出の義務が履行されたものとする、と定めている（同37条）。

### (3) 意見公募手続

　行政手続法は、行政機関が「命令等」に該当する規範を制定する際の意見公募手続を定めている。命令等とは、法律に基づく政令・省令のほか、審査基準、処分基準、行政指導指針を指す（同2条8号）。行政機関は、命令等の案および資料を公示し、30日以上の期間を定めて広く一般の意見を求めなければならず（同39条）、提出された意見を充分に考慮する義務を負う（同42条）。命令等を定めた場合には、提出された意見とそれを考慮した結果および理由を公示する（同43条）。この手続は地方公共団体による命令等の制定には適用されないが（同3条3項）、パブリック・コメント条例を制定するなどして同様の手続を採用している地方公共団体も多い。

# 5 市民参加と行政

## A 市民参加の意義

　近年、行政過程に市民を参加させる仕組みが注目され、次第に整えられ
つつある。市民参加には、行政活動の対象になる者から情報を収集するこ
とで、活動の適法性を確保する役割がある。しかし同時に、行政の役割が
公共的課題の解決にあるのだとすれば、行政に対する民主的コントロール
を充実させる役割も期待される。こと後者の役割のためには、行政立法や
行政計画のような公共的課題の明確化ともいうべき活動形式においてこそ、
市民参加の拡充がより強く要請されるであろう。**本章4節**で見た、命令等
を制定する際の意見公募手続は、その具体化の一例といえる。

　なお、本稿では参加の手法にしか言及できないが、市民参加について考
えるときに視野に収めるべき論点を付け加えておく。①市民参加を実効的
なものとするためには、充分な情報が必要になる。行政による積極的な情
報公表や、私人からの求めに応じた情報公開が、制度として機能していな
ければならない（16章を参照）。②参加の主体は、必ずしも個人としての市
民（住民）に限定されるものではない。企業等の事業者を市民に含むべき場
合もあるし、一定の専門性を有する NPO、NGO などとの協働が期待され
る領域もある。

## B 計画策定への市民参加

　環境・開発分野における行政計画は、とりわけ広域かつ長期にわたって
市民生活に影響を及ぼす。行政手続法の立法時の議論では、この種の行政
計画に共通する策定手続の導入が検討されたが、今もって立法化にいたっ
ていない。もっとも、個々の行政計画に関する法令の中で計画策定手続が
定められていることも多く、ある程度、共通性を見出すことができる。具
体的には、①行政機関外の有識者から成る審議会への諮問の義務付け、②
利害関係人から意見聴取をするための公聴会の開催、③計画案を一般に公
示し広く意見書の提出を促す、といった手法が挙げられる。もっとも、審
議会については人選の公正さに疑問が残る例も少なくないし、集められた

意見がどのように最終判断に反映されるか必ずしも明らかではない。また、誰をもって利害関係者とするかは、議論の帰趨を決しかねないので、影響の範囲が限定的な計画の策定においては紛糾の種となり得る。市民参加を充実させるにはさらなる工夫が要るだろう。

## C　地方行政への市民参加

### [1]　地方自治法の定める参加制度

　市民生活に身近なサービスを実施する地方行政においては、市民（住民）参加の拡充を求める声はより強い。地方自治法は住民の直接参加の仕組みとして、条例の制定改廃の請求（自治74条～74条の4）、事務監査請求（同75条）、議会の解散請求（同76条～79条）、議員、長および役員の解職請求（同80条～88条）を規定し、住民監査請求（同242条）とそれに続く住民訴訟（同242条の2）も、市民が財務会計の側面から地方行政をチェックする仕組みとして活発に利用されている。しかし、地方自治とりわけ住民自治の充実のためには、この他の仕組みの可能性も探る必要がある。

### [2]　住民投票

　住民参加の仕組みは行政過程の各段階において多様に設けることができるが、住民の意思を最も明確に示すのは住民投票であろう。かつては、原子力発電所や産業廃棄物処理施設の受入れ等、地域の意見を二分する特定の問題について個別に条例化して実施する例が多かった。しかし近年では、一般的な制度として常設することを目的とした条例を制定する地方公共団体も増えつつある。

　もっとも、住民投票制度にはさまざまな制約あるいは困難が伴う。たとえば、低投票率での意思決定を避けるための最低投票率を設定するか、常設型の場合は対象となる事項をどのように限定するか。また、住民投票の結果に法的拘束力をもたせることは、地方自治法が定める長と議会の権限と抵触するため認められないとの説が有力であり、条例では首長らに結果の尊重義務を課するに留めざるを得ない。他にも解決すべき難題は多いが、それでも、投票によって住民の多数意思が数値化されることの事実上の影響力は大きく、最も有力な住民参加手段の1つであることは間違いない。

┃┃**コラム**┃┃　**住民参加の進展とその背景**

　平成12 (2000) 年の北海道ニセコ町を皮切りに、全国各地の地方公共団体で、自治体運営の基本原則を示す自治基本条例を制定する動きが進んだ。その多くは、主権者たる地域住民の地方行政への参加・協働の重要性を謳う。具体的な仕組みとして、本文で述べた常設型住民投票制度のほか、基本計画等の重要施策の決定過程でパブリック・コメントを実施することの義務付け、審議会の委員に一定割合の市民公募委員を含むことの義務付け等が考えられるが、どれを採用するかは地方公共団体それぞれである。

　その背景には、1990年代末から地方分権が具体化し、国から地方公共団体への関与のあり方が変わって、自治体運営に自主性と創造性が要求されるようになったことがある。また今後、人口減少が加速すれば行政サービスの見直しが必要になり、住民間の利害調整も困難さを増すだろう。地方行政で住民参加の制度整備と実践が積み重ねられれば、いずれ国レベルを含む市民参加の発展につながる可能性もあり、注目に値する。

## ・・・・・・・・・・　知識を確認しよう　・・・・・・・・・・

**┃問題┃**

(1)　行政事件訴訟法の規定する抗告訴訟の訴訟類型について、説明せよ。

(2)　手続にのみ瑕疵のある行政行為（行政処分）は取り消されるべきか、論ぜよ。

**┃解答への手がかり┃**

(1)　同じく「公権力の行使」を争うのでも、その内容やタイミングによって、争うのに適した訴訟類型が異なることに留意しよう。

(2)　行政手続の存在意義や、行政機関に課される手続的義務の多様性に留意しよう。

## 本章のポイント

1. インターネットの発達は個人による情報発
   信を容易にしたが、情報の受け手・情報を取
   得される客体としての側面に光を当てる必
   要性は、今も減じていない。
2. 「知る権利」やプライバシー権には、国家に
   よる妨害や干渉を避ける受動的な権利の側
   面だけでなく、国家に対し、情報提供を求め、
   自己情報の保有・利用をコントロールすると
   いう、能動的な権利の側面がある。
3. 行政機関情報公開制度は、行政情報を国民に
   開示させるものであり、国民による行政の監
   視に重要な役割を果たす。
4. 行政機関個人情報保護制度は、行政活動の対
   象となる個人の情報を正しく取得・管理・利
   用させるものであり、行政活動の適法性の確
   保に重要な役割を果たす。

# 1 情報化社会

　情報の収集と活用は、社会において他者と関わりながら生活するための基礎的な行為である。通信技術が発達するたび、人々が入手できる情報の量・種類・地理的範囲は増大し、市民間の取引の手法や相互関係も複雑化してきた。さらに 1990 年代にインターネットが一般的に利用されるようになって以降、人々は情報の受け手であるに留まらず、不特定多数に向けた情報の送り手にもなり得る状況が生まれ、時として、経済や政治の体制を揺るがす大きなうねりを呼び起こすことすらある。

　もう少し日常レベルの現象に限って見ても、顔の見えづらい情報発信者の登場は、新しいタイプの紛争を生み出してきた。たとえば、インターネットを介した商取引は、とりわけ個人レベルでは遠隔地の者同士が互いに素性を知らないまま行われることも多く、トラブルを生じやすい。また、ウェブ・ページなどで利用されるデジタル情報は複製も送付も容易であるため、知的財産権の侵害を招きやすい。企業が大量あるいは多種にわたって収集する顧客情報は、営業上の利用価値が高いため不正に持ち出されて闇取引の対象になり、個人情報漏洩の事例が次々と発生する。また、著作権侵害や名誉棄損などの犯罪行為が誘発されるのみならず、不正アクセスやコンピュータ・ウィルスの作成など、伝統的な刑法の犯罪類型では対処が難しいウェブ社会ならではの行為を、新たに処罰対象に加えて取り締まるための立法もなされてきた。これらはインターネットに関連して生ずる紛争のわずかな例に過ぎないが、民事法・刑事法いずれの分野を問わず法の実務と理論に多大な影響を与え、新たな展開を促してきたのである。

　むろん、インターネットの普及によって従来にはなかった経済活動が開拓され、人々の意見交換が活発化するなど、正の側面の成果も計り知れないほど大きい。パブリック・コメント制度の活用など、行政への市民参加の拡充も、インターネットなしには実現できなかったであろう。他方で、情報にまつわる法律問題をインターネットだけを軸として捉えることは、適当ではない。すべての個人が情報を収集・分析・発信する能力を充分に備えているわけではなく、相対的な地位の低下はあるにしても、情報発信

者としてマスメディアが果たす役割は今なお大きい。また、行政活動は市民生活全般に関わりを持っており、公的機関が市民の個人情報を含む膨大な行政情報を収集・管理・利用していることは、インターネットが普及する以前も今も変わらない。本章では特に、情報の受け手として、または情報を取得される客体としての市民に着目する。

## ┃┃コラム┃┃ 忘れられる権利

　ひとたびインターネット上に公開された情報は、人々の耳目を惹くものであればあるほど繰り返し複製され、やがて完全に消去することが著しく困難になる。そのため、たとえばポータルサイトの検索ボックスに個人名を入力すると、まったく事実無根の情報が掲載されたウェブ・ページが上位に表示されるとか、いわば若気の至りでSNSに投稿した写真が就職内定先の関係者の目に触れ、職務不適格として内定がフイになる、といった社会生活に支障を来たす事態も生じかねない。情報の管理者が限定されていれば個別の削除要請が可能かも知れないが、あまりに多数に拡散してしまっている場合には、検索機能の運営者に対して検索結果に表示しない対応を求めなければ、知られたくない過去の情報を不特定多数の人たちに次々と知られてしまうことになる。

　情報そのものを管理しているわけではない検索機能の運営者に対し、対応を求めるための法的根拠として多くの国で注目されているのが「忘れられる権利（right to be forgotten）」という概念である。その内容に関する議論は緒についたばかりであり、わが国の裁判例の中にも「忘れられる権利」に言及するものが現れてはいるものの、従来のプライバシー侵害や名誉棄損などの問題との関係は、必ずしも明確とは言い難い。それでも議論が活発化しているのは、人間から忘却という機能を奪ったウェブ社会が私たちの生活に深く浸透し、切っても切り離せない存在になったことの証左であろう。そうであるがゆえに、「忘れられる権利」をめぐっては、インターネットを通じた情報の自由なやりとりがもたらす利益との調整や、検索事業の運営者が自発的に削除を行う場合にそれが「私的な検閲」にならないかなど、幅広い視野から検討すべき課題が数多くある。

## 2 知る権利とプライバシー権

### A 知る権利

#### [1] 国家による妨害を排除するものとしての「知る権利」

　民主主義は、公的な空間における意見の交換を不可欠の要素とする。憲法 21 条が保障する表現の自由が情報の送り手にとっての自由であるのは当然だが、情報の受け手がそれを獲得する自由をも保障するものでなければ、真に民主主義を支えることにはならない。このようなことは、かつて人々の生活範囲が狭く限定され、自然と入ってくる情報だけで生活を成り立たせられた時代には、特に議論する必要もなかった。しかし社会のあり方が大きく変化し、普通選挙の実現によって皆が選挙権を持って政治に参加できるようになり、企業によって生産された商品が広く流通し大量に消費される生活スタイルが定着すると、自分から遠く離れた場所で生じる問題を把握しておく必要が出てくる。19 世紀末から 20 世紀初頭に急速に進展した大衆社会では、情報の重みが格段に増し、それにつれて、情報を専門的に収集・編集・発信することを業とするマスメディアと、マスメディアから情報を受け取って生活に役立てる受け手としての大衆、という関係が固定化してきた。

　大衆の生活が、政治的にも経済的にもマスメディアが提供する情報を基盤として成立するようになると、表現の自由の片面である大衆の情報獲得の自由すなわち「知る権利」の保障が強く求められるようになった。もし国家がマスメディアから大衆への情報伝達を遮断しようとするなら、それは送り手たるマスメディアの表現の自由を侵害するのみならず、受け手たる大衆の「知る権利」の侵害でもあり、許されない。わが国の憲法が行政機関による検閲を禁止し（21 条 2 項前段）、裁判所による出版差止めなどの事前抑制が判例によって例外的にのみ許されるものとされてきた（最大判昭和 61・6・11 民集 40 巻 4 号 872 頁）のは、そのためである。

#### [2] 国家に対し情報提供を求めるものとしての「知る権利」

　しかし今日では、情報獲得を国家に妨害させないという意味に留まらず、

国家がもつ情報を「知る権利」という、いわば積極的側面も重視されるにいたっている。すなわち、国家は膨大な情報を保有しているが、それは公共の利益を実現するためなのだから、主権者である国民が国家の保有する情報を調べ、国家の活動を評価しコントロールする材料にできるのは当然だ、というのである。もっとも、情報開示は国家に積極的な行動を求めるものであるから、一定の基準と手続を法制化する必要があった。世界各国では1960年代から情報公開制度の整備が進んだが、わが国ではやや遅れて1980年代から一部の地方公共団体で条例化が進み、国の制度として「行政機関の保有する情報の公開に関する法律（行政機関情報公開法）」が成立したのは平成11（1999）年のことである。

　行政機関情報公開法は「知る権利」を明記していないものの、1条において、制度の基礎が国民主権の理念にあることを謳っている。このことは、情報公開が人権保障の役割を担うだけでなく、公権力を付託された政府に対し、民主政治を正常に運営していくための前提として、国民への説明責任を果たすよう求める機能ももつことを示している。実際、とりわけ地方公共団体では、条例に基づく情報公開が端緒となって不適切な公金支出が明らかになり、首長らが法的あるいは政治的に責任を追及される事例も目立つようになってきた。

　とはいえ、情報の中には個人のプライバシーに関わるものや、公開されることで国家の活動に支障を来して公共の利益の実現を妨げるものもあるので、すべてが開示に適しているわけではない。国民の「知る権利」や民主的機能との間でバランスを取るためには、公開できない「不開示情報」の種類や範囲を法律によって明確に限定し、適切に運用していくことが求められる。わが国の行政機関情報公開制度の具体的な内容については**本章3節**で概説する。

## B　プライバシー権
### [1]　一人にしてもらう権利

　プライバシー権は元もとアメリカにおいて、マスメディアによる私生活暴露をされない法的利益である「一人にしてもらう権利(right to be let alone)」として発展したものである。わが国においてプライバシー権を最初に認め

た裁判例は、選挙を題材にした小説において、実際の候補者が登場人物のモデルとされて私生活を公にされたとして損害賠償請求をした、いわゆる「小説『宴のあと』事件」（東京地判昭和39・9・28下民集15巻9号2317頁）であった。東京地裁は、①私生活上の、②秘密にしておきたい、③一般に知られていない事実を「みだりに」公表した場合、憲法13条に基礎付けられた権利の侵害にあたる、と判示している。その後も、弁護士が地方公共団体にある人物の前科について照会し、地方公共団体が安易に情報提供した事例（最判昭和56・4・14民集35巻3号620頁）などが、プライバシーを法的に保護されるべき利益と認めている。

　過去の経歴や私生活での行動を本人の承諾なしに「みだりに」公開されれば、社会において自律的に生活することは困難になる。表現の自由との関係では、何をもって「みだりに」とするかが問題となるが、さしあたりプライバシー権には、個人の私的領域に他者が侵入してくることを排除する（1人で放っておいてもらう）、という意味合いがあるものと理解することができる。憲法の個別条文による保障はないものの、13条の保障する幸福追求権から導かれる「新しい人権」（7章を参照）の1つとして、プライバシーの権利は判例・学説によって比較的早期に受容されたといえよう。

### [2] 自己情報コントロール権

　しかし情報技術が発達し、社会生活のさまざまな場面において自己に関する情報の提供を求められるようになると、いつの間にか知らないところで自己情報が蓄積・流通・利用されている、という状況が生まれる。とりわけ、規模の大きい民間事業者や公的機関は、多岐にわたる活動を円滑に展開するため、多くの人々の個人情報を保有している。こうした状況下では、それまでのプライバシー権のように、秘密にしておきたい私的な事柄を知られないという利益だけでなく、むしろ積極的に、他者が保有する自己情報をコントロールするという利益をも保障の対象に含めなければ、個人の自律的な社会生活を保つことができない。

　そもそも、政府と私人との紛争でプライバシーという用語を初めて法廷意見中に用いた最高裁判例は、公開を前提とされていない指紋の押捺を外国人に義務付ける制度の合憲性が問われた事例であった（最判平成7・12・15

刑集49巻10号842頁)。さらに、私立大学主催の講演会に出席した者の名簿を同大学が警察に提出した事例で、最高裁は、提供された情報そのものは私的な内容と言えなくても、情報をみだりに開示されないことへの期待を保護すべきだとしている（最判平成15・9・12民集57巻8号973頁）。プライバシー権は、かつて「宴のあと」事件で示された枠組みに収まらない、新たな意味合いをもつようになったのである。

　個人情報を適切に管理させるためには、市民が個人情報を閲覧してチェックし、不必要なものについては抹消を請求し、誤ったものについては訂正を請求できなければならない。そこで平成15（2003）年に、個人情報保護に関する複数の法律が制定された。制度の基本法に相当するのが「個人情報の保護に関する法律（個人情報保護法）」であり、基本理念や基本施策を確認し、同時に民間事業者に対する規制を定めている。しかし国の行政機関については、私人の同意の有無に関わらず情報収集を行う必要がある場合があること、社会生活の多面にわたる膨大な情報を照合することにより個人を全面的に管理し得る危険性を否定できないことなど、民間事業者による情報収集と同一視はできない。もともと、コンピュータで処理された個人情報に限って保護を図る「行政機関の保有する電子計算機処理に係る個人情報の保護に関する法律」が昭和63（1988）年に制定されていたため、同法を改正するかたちで、個人情報保護法で示された基本理念に立脚して個人情報全般を適切に管理するよう義務付ける「行政機関の保有する個人情報の保護に関する法律（行政機関個人情報保護法）」を制定した。行政機関個人情報保護制度の具体的な内容については**本章4節**で概説する。

# 3　情報公開

## A　行政機関が保有する行政情報の公開

　国民が行政情報を入手するための仕組みは、情報公開制度に限られるものではない。行政への市民参加を促す観点からは、行政機関からの情報提供が積極的になされることが望ましいし、近年では取組みが進みつつある。

とはいえ行政情報すべての公表は、その性質や量に鑑みて現実的ではなく、取捨選択があるのはやむを得ない。情報公開制度は、行政による提供情報の取捨選択が適切であるか否かを国民がチェックする機能も果たす。ここでは、行政機関情報公開法が定める制度の枠組みを概説する。

### [1] 対象

#### (1) 対象機関

　国の行政機関すべてが対象機関になり、内閣から独立した機関である会計検査院も含まれる（2条1項）。国家機関であっても国会や裁判所は含まれない。また独立行政法人については、別に独立行政法人情報公開法が制定されており、地方公共団体については、それぞれが定める情報公開条例に基づく公開制度によることになる。

#### (2) 対象文書

　「文書」と称しているが、紙媒体の書類化されたものに限らず、磁気ディスクや光ディスクなどの電磁的記録も対象になる（2条2項）。また「当該行政機関の職員が組織的に用いるもの」（組織共用文書）が明記されていることは重要である。すなわち、決済を経て組織としての意思決定を終えた文書だけではなく、決済のための起案文書も公開の対象になる。情報公開制度の主たる役割である、行政の政策形成過程に対する国民のチェック機能を十全に果たさせるには、決済前の文書が含まれることの意味は大きい。

### [2] 開示請求

#### (1) 開示請求権者

　開示請求は、外国人も含む「何人も」行うことができる（3条）。

#### (2) 請求手続

　開示請求は、氏名・住所・対象文書を特定するに足りる情報等を記載した書面の提出により行う（4条）。請求理由は問われない。地方公共団体の情報公開制度では手数料不要の例が多いが、国の情報公開制度では1件ごとの手数料を要する（16条）。請求があった場合、原則として、対象機関の長は当該文書を公開しなければならず（5条）、請求があった日から30日以内に開示・不開示の決定をしなければならない（10条1項）。対象機関の迅

速かつ積極的な対応を促す趣旨である。公開請求された文書中に第三者に関する情報が含まれている場合、対象機関の長は当該第三者に対し、意見提出の機会を与えることができる（13条1項）。開示は、文書や図画であれば閲覧または写しの交付により、電磁的記録の場合は、その種別や情報化の進展状況等を勘案して適切な方法で行われる（14条1項）。

## [3] 開示の基準
### (1) 不開示情報

　行政文書は原則として公開されるが、私人の権利・利益や公益（社会的利益）を保護するためには不開示とすべき場合もあり、情報公開法は以下の6種類の情報を含む行政文書を不開示にすることを認めている（5条1号〜6号）。①特定の個人を識別できるか、識別できなくても公開により個人の権利・利益を害するおそれのある情報。②法人や事業者としての個人に関する情報で、公開により事業に関わる利益を害するおそれがあるか、行政機関の要請を受けて非公開を前提に任意で提供された情報。③公開により、国の安全を害したり、国際関係での信頼や交渉上の利益を害するおそれがある情報。④公開により、犯罪の予防や捜査、刑の執行等に支障を及ぼすおそれがある情報。⑤国の機関等が行う審議、検討または協議に関する情報で、公開により、率直な意見交換や審議の中立性を損なうおそれがあるもの。⑥国の機関等が行う事務または事業に関する情報で、公開により、適正な遂行に支障を及ぼすおそれがあるもの。

　なお条文上、①②⑤⑥は公開により支障を及ぼす「おそれがある」ものと規定されているのに対し、③④は「おそれがあると行政機関の長が認めることにつき相当の理由がある」ものと規定されており、対象機関の長に一定の裁量を認めたものと理解される。

### (2) 部分開示、裁量的開示、存否応答拒否

　不開示情報を含む行政文書がすべて不開示になるとは限らない。①不開示情報が記録されている部分を取り除くことが容易である場合、残りの部分を開示しなければならない（部分開示、6条1項）。②行政機関の長が公益上特に必要があると認めるときは、不開示情報が記録されている文書でも開示することができる（裁量的開示、7条）。この場合、当該文書に情報が含

まれている第三者に対し、必ず意見提出の機会を与えなければならない（13条2項）。

不開示決定の特殊な類型として、③公開請求された文書が存在しているか否かを明らかにせずに請求を拒否できることがある（存否応答拒否、8条）。たとえばAさんの入院記録の開示請求があった場合、個人情報に該当するとして不開示決定をすると、入院記録の存在を認めることになるため、入院していたという個人情報を開示したのと同じ結果になってしまう。そこで、記録の存否自体を明らかにせずに請求を拒否するのである。

### [4] 公開請求が拒否された場合の救済

行政機関情報公開法は開示請求を権利として保障したものであり、開示・不開示の決定は行政処分に該当するため、行政不服審査法による不服申立ての対象になる。不服申立てがあった場合、対象機関の長は、申立てを不適法として却下するか、申立てに沿って全部開示に処分を変更するのでない限り、情報公開・個人情報保護審査会に諮問をしなければならない（18条）。審査会の答申に法的拘束力はないが、専門家の判断として尊重されている。審査会では、請求対象となっている行政文書を委員が直接見て審議することができる（インカメラ審理、情報公開・個人情報保護審査会設置法9条）。このインカメラ審理は、不開示決定の取消訴訟が係属する裁判所では行われていない。原告が見ることができない書類を裁判官だけで証拠調べすることになり、裁判の公開原則（憲82条1項）に抵触するおそれがあるからである。

## B　行政情報の管理に関わる諸制度
### [1] 公文書管理法

国の情報公開制度が運用され始めた後も、文書不存在を理由とした不開示決定が下されることが珍しくなかった。公文書が適切に作成・管理されていなければ、情報公開は機能不全に陥るし、重要な政策決定を後世の人々が検証・評価する機会も失われる。そこで平成21（2009）年に「公文書等の管理に関する法律」が制定された。これにより国の行政機関は、意思決定の過程をも合理的に跡付けることのできる行政文書を作成し（4条）、その

保存期間と保存期間満了日を設定し（5条1項）、期間満了後は廃棄か国立公文書館等への移管措置をとる（同条5項、8条1項）ことを義務付けられた。もっとも、廃棄か移管かの判断が適正に行われているかチェックする機関は内閣府に設置されており、より第三者的な立場からの審査を可能にする制度改正を求める声もある。

　なお最近では、行政機関情報公開法、公文書管理法、行政機関個人情報保護法を「行政情報3法」と呼ぶことがある。

## [2] 特定秘密保護法

　政府が保有する情報のうち、安全保障分野の重要な情報の漏洩を防ぐことを目的として、平成25（2013）年に「特定秘密の保護に関する法律」が制定された（翌年施行）。具体的には、防衛・外交・特定有害活動の防止・テロリズムの防止に関する情報の一部を、行政機関の長が「特定秘密」に指定し、これを漏洩した者を処罰するものである。しかし同法に対しては、①特定秘密とされる事項や範囲（3条、別表）が不明確かつ広範にわたり濫用の恐れがあること、②秘密指定の有効期間（4条）は5年までとされているが半永久的な期間にまで延長される可能性があること、③公務員が特定秘密の取扱業務に就いた場合に漏洩の恐れがないかの適性評価（12条）が詳細な個人情報にまで及ぶことなど、多くの疑念が呈されている。

　行政機関情報公開法は「国の安全が害されるおそれ」のある情報を不開示情報としており、一般市民が安全保障に関する情報を入手することは困難だが、これはマスメディアが取材によって情報を得ることを妨げるものではない。特定秘密保護法22条は「国民の知る権利の保障に資する報道又は取材の自由に十分に配慮しなければならない」と規定するものの責務規定にすぎず、運用次第では、マスメディアによる報道が事実上の制約を受け、国が保有する行政情報の少なからぬ部分が国民の監視の目を免れることになりかねない。過去には、外務省の事務官から機密情報を入手し公表した新聞記者が、公務員の守秘義務違反の「そそのかし」（国公111）に該当するとして有罪判決を受けた事例もある（最判昭和53・5・31刑集32巻3号457頁）。情報公開制度の主たる存在意義が民主主義に資する機能であることに鑑みると、今後の運用を注視していく必要がある。

# 4 個人情報保護

## A 行政機関が保有する個人情報の保護

　行政機関が個人情報を取得・管理するのは社会的利益の実現のためであるから、行政機関個人情報保護法1条に規定されているように、行政の適正かつ円滑な運営と個人の権利・利益の保護を両立させなければならない。したがって個人情報保護制度は、①対象となる個人情報のあり方を明確にしたうえで、②行政機関による情報の収集が適切であること、③取得後の管理と利用が適切であること、④保有された情報の正確さが保たれること、の各段階に分けて考える必要がある。

### [1] 対象
### （1）対象機関

　国の行政機関すべてが対象機関になり、内閣から独立した機関である会計検査院も含まれる（2条1項）。国家機関であっても国会や裁判所は含まれていない。また独立行政法人については、別に独立行政法人個人情報保護法が制定されており、地方公共団体については、それぞれが定める個人情報保護条例に基づく制度によることになる。

### （2）対象情報

　制度の対象となる「個人情報」とは、生存する個人に関する情報であって「当該情報に含まれる氏名、生年月日その他の記述等により特定の個人を識別することができるもの」をいう（2条2項）。法人等の団体に関する情報は、役員等の個人名を除いて対象外となる。個人情報が行政機関の職員によって取得または作成され、組織的に利用するため行政機関によって保有されると、それは「保有個人情報」と呼ばれる（同5項）。さらに、保有個人情報を含む情報をデータベースで利用するために体系化したものが「個人情報ファイル」と呼ばれる（同6項）。行政機関が個人情報ファイルを保有しようとするときは、あらかじめ総務大臣に対し、個人情報ファイルの名称、利用目的、記録される項目、個人情報の収集方法、個人情報の提供先等を通知しなければならない（10条1項）。ただし、国の安全、外交上の

秘密、犯罪の捜査等のために作成した個人情報ファイルについては、通知する必要がない（同2項）。

## [2]　取扱いの原則

### (1)　保有の制限

　行政機関による情報の保有は、法令の定める所掌事務の遂行に必要な場合に限り認められ、利用目的を可能な限り特定するよう求められる（3条1項）。また、利用目的に必要な範囲を超える個人情報の保有は許されない（同2項）。

### (2)　利用目的の明示

　本人から直接書面により個人情報を取得するときは、原則として事前に利用目的を明示するよう義務付けられている（4条）。ただし、人の生命・身体・財産の保護のため緊急の必要がある場合や、利用目的を本人に明示すると事務の適正な遂行に支障を及ぼすおそれがある場合などには、利用目的の明示は不要である。

### (3)　正確性の確保

　行政機関の長は、保有個人情報を過去または現在の事実と合致させる努力義務を負う（5条）。ただし同条は「利用目的の達成に必要な範囲内で」と規定しており、個人情報が常に最新の状態に保たれるわけではない。

### (4)　安全確保の措置

　行政機関の長は、保有個人情報の漏洩や滅失の防止その他の適切な管理のため、必要な措置を講じなければならない（6条1項）。個人情報の取扱いを私人に委託する場合も同様である。

### (5)　利用と提供の制限

　行政機関は、法令に基づく場合を除き、利用目的以外の目的のために保有個人情報を自ら利用・提供してはならない（8条1項）。もっとも、①本人の同意がある場合、②所掌事務の遂行に必要な限度で内部利用する場合、③他の行政機関や行政主体が法令の定める事務を遂行するのに必要な限度で利用する場合は、本人又は第三者の権利利益を不当に侵害するおそれがなければ、利用目的以外の目的のために保有個人情報を利用・提供することができる（同2項）。行政の円滑な運営を担保するための規定である。

　しかし行政機関個人情報保護法の施行後、特に②③をめぐって行政実務でもある種の「個人情報保護の過剰適応」が生じ、情報不足のため行政サービスの提供に支障を来たす例もあるという。たとえば、いちどきに多くの人々が被災する大規模災害において、要援護者の情報が有効活用できなければ、救護活動が停滞し深刻な結果を招くことになりかねない。部署や主体の壁を超える総合的な行政の推進は望ましいことであるが、個人情報保護と対立する局面もあるため、両者の適切なバランスを見出す努力が必要になる。

## [3] 開示、訂正、利用停止の請求

　行政活動が適切に行われるためには、その基礎にある行政情報が正確でなければならない。誤った情報によって私人が不利益な取扱いを受けることを避けるため、私人には①自己情報の開示請求権（12条）、②内容が事実でないと思われる場合の訂正請求権（27条）、③行政機関による個人情報の取得・利用・提供が違法に行われていると思われる場合の利用停止請求権（36条）が与えられている。開示請求があっても、不開示情報に該当する場合には開示されないし（14条）、部分開示（15条）、裁量的開示（16条）、存否応答拒否（17条）の対応があり得ることは、情報公開制度と同様である。訂正請求があった場合、行政機関の長は、請求に理由があると認めるときは、当該保有個人情報を訂正する義務を負う（29条）。利用停止請求についても同様だが、例外として、利用停止により事務の適正な遂行に著しい支障を及ぼすおそれがあると認められるときは、停止義務を生じない（38条）。

　なお、行政活動は法人等の団体を名宛人として行われることも少なくないが、法人等の情報は本法の保護対象に含まれていないため、開示・訂正・利用停止の権利も保障されていない。別に法人等情報保護制度を設けるべき、との議論もある。

## [4] 開示、訂正、利用停止の請求が拒否された場合の救済

　開示決定・訂正決定・利用停止決定は行政処分に該当するため、行政不服審査法による不服申立ての対象になる。不服申立てがあった場合、対象機関の長は、申立てを不適法として却下するか、申立てに全面的に沿った

処分に変更するのでない限り、情報公開・個人情報保護審査会に諮問をしなければならない（43条）。

## B　個人情報の統合と活用に関わる諸制度

　近年、行政の各部署あるいは異なる行政主体が個別に保有する国民の個人情報を、統合的に活用するためのシステムを導入する動きが続いている。平成11 (1999) 年には住民基本台帳法が改正され、各市町村が保有する住民基本台帳上の一定の個人情報と住民票コードからなる「本人確認情報」を、市町村間で共有し確認できる住民基本台帳ネットワークが構築された。行政機関等に対して本人確認情報を提供したり、区域を越えた住民基本台帳に関する事務の処理を行うためのしくみだと説明されている。

　また平成25 (2013) 年には「行政手続における特定の個人を識別するための番号の利用等に関する法律」（通称「番号法」）が制定され、国民ひとりひとりに個人番号（マイナンバー）が付されることになった (7条)。制度導入の利点として、①人々の所得等に関する情報が正しく把握できるようになり、税や社会保障の負担の公正さが高まること、②マイナンバーを用いることで行政機関への申請等に必要な情報を簡単に集約でき、私人にとっても行政機関にとっても事務的負担が減ること、が挙げられる。また、行政機関が個人番号の付いた情報をいつ、どことやりとりしたのか確認できる「情報提供等記録開示システム（マイナポータル）」と呼ばれる機能も運用されており、国民による自己情報コントロールの具体的な手立てになると同時に、個人のニーズに適合すると考えられる行政情報を行政機関の側から「プッシュ型情報提供」するチャネルとしても活用されることになる。

　こうしたシステムは、適切に運用されれば利便性を著しく向上させるが、他方でプライバシー侵害に対する懸念も生じさせる。すなわち、①公務員等が個人情報を恣意的に統合・分析するのではないか、②個人の行動を跡付けることが容易になるため国家による監視につながるのではないか、③そうしたリスクの可能性を払拭できないことが個人の行動を萎縮させる効果をもたらすのではないか、といったおそれである。そのため、住民基本台帳ネットワークについては各地で憲法訴訟が提起されるにいたった。この点につき最高裁は、憲法13条は個人情報をみだりに第三者に開示また

は公表されない自由を保障しているとの認識のもと、住民基本台帳ネットワークには個人情報を「みだりに」公表することになる具体的な危険性はない、として合憲と判断している（最判平成 20・3・6 民集 62 巻 3 号 665 頁）。番号法に基づいて整備されるシステムでは、個人の収入など、住民基本台帳ネットワークで扱われてきた情報以上にセンシティブな個人情報が扱われている。また、同法 3 条 4 項は「社会保障制度、税制、災害対策その他の行政分野」での利用促進を図ると定めており、将来的にはいっそう幅広い行政分野で利用されることが含意されている。今後、不正な運用を監視する体制を強固なものとし、情報流出を防ぐ対策を充分に講じることに成功しなければ、個人情報を「みだりに」公表する恐れがあるとして合憲性を問われることにもなり得よう。

## 知識を確認しよう

### 問題

(1) 公文書管理法が制定された意義を、行政機関情報公開法との関連から論じなさい。

(2) 介護サービスの提供のために収集した個人情報を、災害発生時の救助のために用いることが許されるか、論じなさい。

### 解答への手がかり

(1) 情報公開制度が国民の民主的コントロールの手段であること、また、文書が存在しなければ情報公開が実現されないことに留意しよう。

(2) 個人情報の目的外利用及び提供の禁止という原則に抵触せずに済むにはどうすればよいか、行政機関個人情報保護法 8 条 2 項を元に具体的に考えてみよう。

# 参考文献

**第 1 章**

田中英夫編『実定法学入門』（東京大学出版会、第 3 版、1974）

長尾龍一『文学の中の法』（慈学社叢書、慈学社出版、新版、2006）

三原憲三編『市民のための法学入門』（成文堂、第 2 版、2008）

池田真朗編『プレステップ法学』（弘文堂、第 3 版、2016）

吉田利宏『新法令用語の常識』（日本評論社、2014）

中野次雄編『判例とその読み方』（有斐閣、3 訂版、2009）


**第 2 章**

田中成明『法学入門』（有斐閣、新版、2016）

田中成明『現代法理学』（有斐閣、2011）

笹倉秀夫『法哲学講義』（東京大学出版会、2002）

加藤新平『法哲学概論』（有斐閣、1976）

ホセ・ヨンパルト『法哲学入門』（成文堂、1975）

尾高朝雄『法哲学概論』（学生社、改訂版、1978）

尾高朝雄（久留都茂子補訂）『法学概論』（有斐閣、第 3 版、1984）

吉原達也ほか編『リーガル・マキシム―現代に生きる法の名言・格言』（三修社、2013）

山川一陽ほか編『アプローチ法学入門』（弘文堂、2017）

大塚滋『説き語り法実証主義』（成文堂、2014）

伊藤正己＝加藤一郎編『現代法学入門』（有斐閣、第 4 版、2005）

山田卓生『法学入門―社会生活と法』（信山社、2013）


**第 3 章**

団藤重光『法学入門』（現代法学全集 1、筑摩書房、増補版、1988）

団藤重光『法学の基礎』（有斐閣、第 2 版、2007）

水辺芳郎編『演習ノート　法学』（法学書院、第 4 版、2010）

天野聖悦『法学と憲法の教科書』（八千代出版、2014）

青柳幸一ほか『図解による法律用語辞典』（自由国民社、補訂 4 版追補版、2013）

八木鉄男『法哲学史―要説と年表』（世界思想社、第 2 版、1974）

山形道文『われ判事の職にあり　山口良忠』（肥前佐賀文庫 4、出門堂、2010）

碧海純一『新版　法哲学概論』（弘文堂、全訂第 2 版補正版、2000）

## 第4章
芦部信喜（高橋和之補訂）『憲法』（岩波書店、第7版、2019）
池村正道編『行政法』（弘文堂、第3版、2017）
池村正道＝髙橋雅夫『概説行政法』（学陽書房、2007）
伊藤正己＝加藤一郎編『現代法学入門』（有斐閣、第4版、2005）
川﨑政司『法律学の基礎技法』（法学書院、第2版、2013）
櫻井敬子＝橋本博之『行政法』（弘文堂、第6版、2019）
澤木敬郎ほか『ホーンブック　法学原理』（北樹出版、第4版、2015）
末川博編『法学入門』（有斐閣、第6版補訂版、2014）
田中成明『法学入門』（有斐閣、新版、2016）
丹羽重博編『やさしい法学』（法学書院、第3版、2006）

## 第5章
団藤重光『法学の基礎』（有斐閣、第2版、2007）
高梨公之『法学』（八千代出版、全訂版、1996）
青木清相監修／稲田俊信編『法学概論―法の基礎理論と法律』（青林書院、1996）
茂野隆晴編『プライマリー法学―日本法のシステム』（芦書房、2008）
粕谷進『法学入門』（和広出版、改訂新版、2009）
田中成明『法学入門』（有斐閣、新版、2016）

## 第6章
池村正道編『法学と憲法』（八千代出版、新版、2010）
高橋和之ほか編『法律学小辞典』（有斐閣、第5版、2016）
齋藤康輝＝高畑英一郎編『憲法』（弘文堂、第2版、2017）
杉山嘉尚ほか『現代日本の法制』（南窓社、新版、2005）
田中成明『法理学講義』（有斐閣、1994）
団藤重光『法学の基礎』（有斐閣、第2版、2007）
森泉章編『法学』（第4版、2006）
ラートブルフ，G.著（碧海純一訳）『法学入門』（東京大学出版会、改訂版、1964）

## 第7章
芦部信喜（高橋和之補訂）『憲法』（岩波書店、第7版、2019）
阪本昌成『憲法2　基本権クラシック』（有信堂高文社、第4版、2011）
長谷部恭男『憲法』（新世社、第7版、2018）
大石眞『憲法講義2』（有斐閣、第2版、2012）
渋谷秀樹『憲法』（有斐閣、第3版、2017）

**第8章**

芦部信喜（高橋和之補訂）『憲法』（岩波書店、第7版、2019）

初宿正典ほか『目で見る憲法』（有斐閣、第5版、2018）

高橋和之編『新・判例ハンドブック　憲法』（日本評論社、第2版、2018）

戸松秀典＝初宿正典編『憲法判例』（有斐閣、第8版、2018）

野中俊彦ほか『憲法Ⅰ・Ⅱ』（有斐閣、第5版、2012）


**第9章**

中川善之助＝泉久雄『相続法』（有斐閣、第4版、2000）

泉久雄『親族法』（有斐閣、1997）

島津一郎＝松川正毅編『親族』（日本評論社、第5版、2008）

島津一郎＝松川正毅編『相続』（日本評論社、第5版、2007）

松川正毅『医学の発展と親子法』（有斐閣、2008）

潮見佳男編『民法（相続関係）改正法の概要』（きんざい、2019）

法務省ウェブサイト（http://www.moj.go.jp/content/001276857.pdf）


**第10章**

内田貴『民法Ⅰ　総則・物権総論』（東京大学出版会、第4版、2008）

内田貴『民法Ⅱ　債権各論』（東京大学出版会、第3版、2011）

本田純一ほか『新ハイブリッド民法2　物権・担保物権法』（法律文化社、2019）

近江幸治『民法講義Ⅱ　物権法』（成文堂、第3版、2006）

近江幸治『民法講義Ⅵ　事務管理・不当利得・不法行為』（成文堂、第3版、2018）

松岡久和ほか『新プリメール民法3　債権総論』（法律文化社、2018）

水辺芳郎『債権総論』（法律文化社、第3版、2006）


**第11章**

団藤重光『刑法綱要総論』（創文社、第3版、1990）

前田雅英『刑法総論講義』（東京大学出版会、第7版、2019）

西田典之（橋爪隆補訂）『刑法総論』（弘文堂、第3版、2019）

山口厚『刑法総論』（有斐閣、第3版、2016）

大谷實『刑法総論』（成文堂、第5版、2018）


**第12章**

江頭憲治郎『株式会社法』（有斐閣、第7版、2017）

神作裕之＝藤田友敬編『商法判例百選』（別冊ジュリスト243、有斐閣、2019）

山川陽一＝根田正樹編『ビジネス法務の基礎知識』（弘文堂、第2版、2012）

根田正樹『アプローチ商法』（弘文堂、2014）

松嶋隆弘＝鬼頭俊泰『ビジネス法務の理論と実践』（芦書房、2019）

## 第13章

菅野和夫『労働法』（弘文堂、第11版補正版、2017）

新谷眞人編『労働法』（弘文堂、第2版、2019）

神尾真知子ほか『フロンティア労働法』（法律文化社、第2版、2014）

川端敏樹＝松嶋隆弘編『スタンダード法学』（芦書房、2018）

吉原達也ほか編『リーガル・マキシム―現代に生きる法の名言・格言』（三修社、2013）

松嶋隆弘＝鬼頭俊泰『ビジネス法務の理論と実践』（芦書房、2019）

## 第14章

木佐茂男ほか『テキストブック現代司法』（日本評論社、第6版、2015）

池村正道編『法学と憲法』（八千代出版、新版、2010）

齊藤信宰『現代社会における法学入門』（成文堂、第3版、2013）

小田司編『民事訴訟法』（弘文堂、第2版、2016）

関正晴編『刑事訴訟法』（弘文堂、第2版、2019）

裁判所ウェブサイト（http://www.courts.go.jp/）

## 第15章

大橋洋一『社会とつながる行政法入門』（有斐閣、2017）

藤田宙靖『行政法入門』（有斐閣、第7版、2016）

櫻井敬子＝橋本博之『行政法』（弘文堂、第6版、2019）

宇賀克也『行政法概説Ⅰ―行政法総論』（有斐閣、第6版、2017）

宇賀克也『行政法概説Ⅱ―行政救済法』（有斐閣、第6版、2018）

田村悦一『住民参加の法的課題』（有斐閣、2006）

## 第16章

宇賀克也＝長谷部恭男編『情報法』（有斐閣、2012）

曽我部真裕ほか『情報法概説』（弘文堂、第2版、2019）

宇賀克也『新・情報公開法の逐条解説』（有斐閣、第8版、2018）

宇賀克也『個人情報保護法の逐条解説』（有斐閣、第6版、2018）

奥田喜道編『ネット社会と忘れられる権利―個人データ削除の裁判例とその法理』（現代
人文社、2015）

# 事項索引

# 判例索引

288

## 編者・執筆分担

髙橋雅夫（たかはし　まさお）……………………………はじめに、第1章
日本大学法学部　特任教授

## 執筆者（五十音順）・執筆分担

鬼頭俊泰（きとう　としやす）………………………………… 第12章
日本大学商学部　教授

齋藤康輝（さいとう　こうき）………………………………… 第6章
日本大学法学部　教授

佐藤由佳（さとう　ゆか）……………………………………… 第9章
志學館大学法学部　専任講師

末澤国彦（すえざわ　くにひこ）………………… 第5章、第7章、第11章
日本大学法学部　専任講師

髙須則行（たかす　のりゆき）………………………………… 第2章
八戸学院大学地域経営学部　教授

髙梨文彦（たかなし　ふみひこ）……………………… 第15章、第16章
朝日大学法学部　教授

西原雄二（にしはら　ゆうじ）………………………………… 第14章
日本大学法学部　教授

西山智之（にしやま　ともゆき）……………………………… 第4章
日本大学法学部　専任講師

増尾均（ますお　ひとし）……………………………………… 第10章
松本大学総合経営学部　教授

松井丈晴（まつい　たけはる）………………………………… 第13章
日本大学文理学部　非常勤講師

柳瀬昇（やなせ　のぼる）・・・・・・・・・・・・・・・・・・・・・・・・・・・・・・・・・・・・・・・・ 第8章
日本大学法学部　教授

山田朋生（やまだ　ともき）・・・・・・・・・・・・・・・・・・・・・・・・・・・・・・・・・・・・ 第3章
日本大学工学部　准教授

**Next教科書シリーズ 法学［第3版］**

2015（平成27）年2月20日　初　版1刷発行
2017（平成29）年1月30日　第2版1刷発行
2020（令和2）年3月15日　第3版1刷発行
2023（令和5）年5月30日　同　4刷発行

編　者　髙橋　雅夫
発行者　鯉渕　友南
発行所　株式会社　弘文堂　　101-0062　東京都千代田区神田駿河台1の7
　　　　　　　　　　　　　　TEL 03(3294)4801　　振替 00120-6-53909
　　　　　　　　　　　　　　https://www.koubundou.co.jp

装　丁　水木喜美男
印　刷　三美印刷
製　本　井上製本所

# Next 教科書シリーズ

■ 好評既刊

授業の予習や独習に適した初学者向けの大学テキスト

（刊行順）

『心理学』［第4版］　和田万紀＝編
定価（本体2100円＋税）　ISBN978-4-335-00246-5

『政治学』［第3版］　渡邉容一郎＝編
定価（本体2300円＋税）　ISBN978-4-335-00252-6

『行政学』［第2版］　外山公美＝編
定価（本体2600円＋税）　ISBN978-4-335-00222-9

『国際法』［第4版］　渡部茂己・河合利修＝編
定価（本体2200円＋税）　ISBN978-4-335-00247-2

『現代商取引法』　藤田勝利・工藤聡一＝編
定価（本体2800円＋税）　ISBN978-4-335-00193-2

『刑事訴訟法』［第2版］　関　正晴＝編
定価（本体2500円＋税）　ISBN978-4-335-00236-6

『行政法』［第4版］　池村正道＝編
定価（本体2800円＋税）　ISBN978-4-335-00248-9

『民事訴訟法』［第2版］　小田　司＝編
定価（本体2200円＋税）　ISBN978-4-335-00223-6

『日本経済論』　稲葉陽二・乾友彦・伊ヶ崎大理＝編
定価（本体2200円＋税）　ISBN978-4-335-00200-7

『地方自治論』［第2版］　福島康仁＝編
定価（本体2000円＋税）　ISBN978-4-335-00234-2

『教育政策・行政』　安藤忠・壽福隆人＝編
定価（本体2200円＋税）　ISBN978-4-335-00201-4

『国際関係論』［第3版］　佐渡友哲・信夫隆司・柑本英雄＝編
定価（本体2200円＋税）　ISBN978-4-335-00233-5

『労働法』［第2版］　新谷眞人＝編
定価（本体2000円＋税）　ISBN978-4-335-00237-3

『刑事法入門』　船山泰範＝編
定価（本体2000円＋税）　ISBN978-4-335-00210-6

『西洋政治史』　杉本　稔＝編
定価（本体2000円＋税）　ISBN978-4-335-00202-1

『社会保障』　神尾真知子・古橋エツ子＝編
定価（本体2000円＋税）　ISBN978-4-335-00208-3

『民事執行法・民事保全法』　小田　司＝編
定価（本体2500円＋税）　ISBN978-4-335-00207-6

『教育心理学』　和田万紀＝編
定価（本体2000円＋税）　ISBN978-4-335-00212-0

『教育相談』［第2版］　津川律子・山口義枝・北村世都＝編
定価（本体2200円＋税）　ISBN978-4-335-00251-9

『法学』［第3版］　髙橋雅夫＝編
定価（本体2200円＋税）　ISBN978-4-335-00243-4

# Next 教科書シリーズ